中国传统文化的继承传播研究

靖国华 著

哈尔滨出版社

图书在版编目（CIP）数据

中国传统文化的继承传播研究／靖国华著. — 哈尔滨：哈尔滨出版社，2022.6

ISBN 978-7-5484-6575-1

Ⅰ.①中… Ⅱ.①靖… Ⅲ.①中华文化－文化传播－研究 Ⅳ.①G125

中国版本图书馆 CIP 数据核字（2022）第 106465 号

书　　名：中国传统文化的继承传播研究

ZHONGGUO CHUANTONG WENHUA DE JICHENG CHUANBO YANJIU

作　　者：靖国华　著
责任编辑：李金秋
装帧设计：中图时代
出版发行：哈尔滨出版社（Harbin Publishing House）
社　　址：哈尔滨市香坊区泰山路 82-9 号　　邮编：150090
经　　销：全国新华书店
印　　刷：三河市嵩川印刷有限公司
网　　址：www.hrbcbs.com
E－mail：hrbcbs@yeah.net
编辑版权热线：（0451）87900271　87900272
销售热线：（0451）87900202　87900203
开　　本：710 mm×1000 mm　1/16　印张：12.75　字数：190 千字
版　　次：2023 年 1 月第 1 版
印　　次：2023 年 1 月第 1 次印刷
书　　号：ISBN 978-7-5484-6575-1
定　　价：68.00 元

凡购本社图书发现印装错误，请与本社印制部联系调换。

服务热线：（0451）87900279

目 录

第一章 中国传统文化概述 ·············· 1
第一节 中国传统文化的定义 ·············· 1
第二节 中国传统文化的类型 ·············· 2
第三节 中国传统文化的特点 ·············· 3

第二章 中国传统文化的发展历程 ·············· 5
第一节 中国传统文化产生与发展的基础 ·············· 5
第二节 中国传统文化的发展历程 ·············· 9

第三章 中国传统文化的基本精神 ·············· 21
第一节 中国传统文化基本精神的内涵 ·············· 21
第二节 中国传统文化基本精神的内容 ·············· 26
第三节 中国传统文化基本精神的功能 ·············· 44

第四章 中国传统文化的价值 ·············· 49
第一节 中国传统文化的价值体系 ·············· 49
第二节 中国传统理想人格和修身之道 ·············· 68

第五章 中国传统伦理道德 ·············· 77
第一节 中国传统伦理道德概述 ·············· 77
第二节 中国传统伦理理想的发展历程 ·············· 80
第三节 中国传统伦理道德的内容 ·············· 87

第六章 中国传统教育 ·············· 110
第一节 中国传统教育与文化 ·············· 110
第二节 中国传统学校教育 ·············· 111
第三节 中国传统教育思想 ·············· 116

第七章 中国传统哲学 ... 122
第一节 中国传统哲学的整体特征 ... 122
第二节 中国传统哲学的学派 ... 126

第八章 中国传统文学 ... 139
第一节 中国传统文学与文化 ... 139
第二节 中国传统文学的发展历程 ... 140
第三节 中国传统文学观念 ... 166

第九章 中国传统艺术 ... 171
第一节 中国传统艺术与文化 ... 171
第二节 中国传统艺术的成就 ... 176
第三节 中国传统艺术精神 ... 195

参考文献 ... 198

第一章　中国传统文化概述

伟大的民族必然有伟大的文化,历史悠久的中华民族以伟阔宏大、精深神奇的文化著称于世。中国的传统文化就是一座宏伟的殿堂,许多人以毕生精力都难以穷尽其底蕴。作为中华儿女,我们每个人都应该以作为中华民族的一员而感到由衷地自豪。因此,我们要尽可能多地了解本民族的传统文化,以便更好地继承和弘扬民族文化。

第一节　中国传统文化的定义

所谓传统文化,是指在长期的历史发展过程中形成和发展起来的,保留在每个民族中间具有稳定形态的文化。它是一个民族的历史遗产在现实生活中的展现,有着特定的内涵和占主导地位的基本精神。它负载着一个民族的价值取向,影响着一个民族的行为方式和生活方式,汇集出一个民族自我认同的凝聚力。中国传统文化是指在长期的历史发展过程中形成和发展起来的,保留在中华民族中间具有稳定形态的中国文化,具体包括思想观念、思维方式、价值取向、道德情操、礼仪制度、风俗习惯、行为方式、生活方式、文学艺术、教育科技、文物典籍等。它是中华民族团结奋进、继往开来、开创美好明天的坚实基础。

第二节 中国传统文化的类型

中国传统文化依据不同的标准可分为以下几类。

一、依据地理环境

按照地理环境的不同,中国传统文化可分为河谷型、草原型、山岳型、海洋型。中国传统文化以河谷型为主。

河谷型的突出特点是内聚力和容纳性强,草原型的流动性和外向性比较明显,山岳型的封闭性和排他性较为突出,海洋型则以开放性和冒险性为主。河谷型文化是一种以农业为主体的混合型文化,由于其自身的内聚力和容纳性,所以几千年来融合、同化了周围众多其他文化类型,并使其内涵逐渐丰富起来,最终成为中国传统文化的主要类型。

二、依据生产方式

按照生产方式的不同,中国传统文化可分为农业文化、工商文化、游牧文化。中国传统文化以农业文化为主。

中国传统文化孕育在一个农业宗法社会的母体之中,农业经济一直是中国古代社会的主干。长期的农耕生活使中国人形成了安土重迁、追求稳定和缺乏冒险精神的性格特征,甚至把工商贸易视为"末业"加以抑制。

三、依据哲学思想

按照哲学思想的不同,中国传统文化可分为儒家文化、道家文化、法家文化等。中国传统文化的核心内容由多家思想共同构成,但儒家思想始终处于主导地位。在这一格局下,各家思想相通互补、互为关联,从而形成了中华民族共同的理想人格、价值观念和思维定式。

中国传统文化特别强调"德政"思想,强调道德的感化作用和身教作用,不仅把道德的实现视为人生实现的内容，而且视为政治上的最终目标。在中国封建社会，道德人格在社会生活和政治生活中有着无形且强大的影响，是一种比法律更为有效的手段。人们首先考虑的不是遵从国家法律，而是如何在人际关系中履行好道德伦理义务。因此，中国传统文化就是一种趋善求治的伦理政治型文化。

第三节 中国传统文化的特点

一、崇尚统一，追求稳定

秦朝大一统后，特别是汉朝董仲舒对"大一统"的观念进行理论阐述后，统一便逐渐转化为民族文化深层结构的社会心理，形成了我们民族的独特政治思维定式，即以江山统一为乐，以社稷分裂为忧，是中华民族天经地义和矢志不移的政治价值取向。各朝各代的统治者与被统治者都认同统一，认为只有统一才能创造开明的政治、繁荣的经济和文明的社会，国家才能强盛，百姓才能安居乐业。

中国传统文化在其历史发展的长河中，逐渐形成了一个以华夏文化为中心，同时汇集了国内各民族文化的统一体。这个统一体发挥了强有力的同化作用，在中国历史上的任何时刻都未曾分裂和瓦解过。即使在内忧外患的危急存亡关头，在政治纷乱、国家分裂的情况下，它仍能够保持完整和统一。这一特征是在世界任何民族的文化中都难以找到的。

二、伦理至上，群体至上

在中国封建社会，人们的注意力集中在家庭，邦国内部的父子、长幼、上下、尊卑的人伦关系上，对人伦关系的重视远远超过对宇宙、自然及生产技术的探索，重伦理、轻自然的特点非常显著。这就造成了中国封建社会真正实验意义上的自然科学始终不发达，直到19世纪，中国思想史上从来没有出现一次科学革命，中国的自然科学长期停留在经验或技术的水平上，没有形成近现代形态的各种自然科学理论体系。

同时，中国古代也十分强调群体至上原则，在两千多年里一直延续着"家族本位"传统。传统主流思想认为：是家而不是个人构成了社会的本体，作为个体的每一个人，对家以上的群体要承担无限的义务与责任，个体对社会应具有服从甚至牺牲奉献精神。个体的社会角色首先是家庭成员，然后才是社会公民，家庭的命运就是个人的命运，而家族是家庭的扩大，国家则是家族的扩大和延伸，人的个体价值只能在社会价值实现的基础上才能实现。中华民族的群体意识对维护社会稳定起到了重要作用，促进了个体对家国义务的履行，所谓"在家尽孝，在外尽忠"，但也因此严重抑制了个体的自由发展，使个体普遍染上了一种惰性。

三、尊老尚古，贵中尚和

在中国人的观念中，老者是智慧与经验的化身，所以要"尊老尚古"，以孝为本。儒、墨、法、道各家皆以"法先王"的方式推行其政治理想，即"述而不作，信而好古"，一切可能给生活带来不确定性和风险的东西都不要去想，也不要去说，更不要去做。"中"，即不偏不倚，既不要不够也不要过头，也就是孟子所说的"中庸"。"和"，即和气、和睦、和平、和谐。传统观念认为，不同人、不同对象、不同时间空间做事的尺度不尽相同，因人、因时、因地而为才是人们应该追求的境界。只有"贵中"才能调和事物的矛盾，才能"尚和"，才能使社会和谐。中国人一贯追求群体和谐、社会和谐、天人和谐，认为"天时不如地利，地利不如人和"。和谐之美在传统思想中被看作最高境界。

四、兼容并包，丰富多彩

中国人历来认为只有包容、兼容，吸纳不同的意见，汇集不同的声音，在矛盾的对立统一中才能体现自身的价值。汉朝以后，尽管儒家学说一直占据主导地位，但法家、墨家、道家等思想并没有因此消失或中断，仍然占有一席之地，显示出多元共存的格局。中国传统文化中的不少内容来源于周边各少数民族或世界各地，正是由于不断地吸纳和兼收，中国传统文化才得以不断丰富和发展起来。

第二章　中国传统文化的发展历程

第一节　中国传统文化产生与发展的基础

一、中国传统文化产生的地理环境

中国不但疆域辽阔，而且地理位置优越。中国的大部分地域处于中纬度，气候温和，又位于全球最大的陆地——欧亚大陆的东部和全球最大的海洋——太平洋的西岸，西南距印度洋也不远，季风气候发达。大部分地区雨热同季，温度和水分条件配合良好，为农业的发展提供了良好的条件。

第一，这种半封闭的地理环境和相对良好的气候，为中国古代农业文明的起源、发展以及与其相适应的人文哲学思想的生成、发展创造了条件。在这种相对发达的农业文明社会里，人们适应了日出而作、日落而息的生存方式，也养成了中华民族重农、尚农的社会共识，重实际而黜玄想的务实精神，安土乐天而缺少竞争的生活方式。

第二，它助长了华夏中心主义的思想，把"天下"视为中国，把环绕在华夏周围的邻邦视为夷狄蛮戎。"中国"一词的内涵就是中国人富于尊严感的"自我意识"的具体体现。这种构想，是中国能够长期维持大一统局面的思想基础，也是中华民族能够在长期复杂的历史发展过程中不断发展、壮大的原因之一。

第三，这种相对隔绝的地理位置，形成了中国文化的"保护反应机制"。历史上虽有外族入侵，但幅员辽阔、回旋余地宽广的地理环境使中国能对周边民族潜移默化，始终保持着自己的文化风格和传承体系，使中国文化具有超强的连续性和稳定性。中国的中原文化则像一个巨大的雪球一样越滚越大，同化了周边地区的相对滞后的文化并且带动着农业文明同步发展。

二、中国传统文化植根的经济基础

人类文化的类别大致有游牧、农耕、商业三种类型。游牧、商业文化起源于内部经济不足、需向外寻求，文化特性常常为侵略性的。农耕文化可自给自足，无须外求，文化特性表现为和平性的。

中国地处东亚大陆，地域辽阔，黄河、长江哺育着亚洲东部这片广袤而肥沃的土地；太平洋吹来的东南季风，给中原大地带来了充沛的雨水；雨热同期的气候条件，使江河得以有效灌溉，这些都为中华先民从事精耕细作的农业生产提供了极为优越的条件。得天独厚的自然条件和地理生态环境，孕育了中华民族以农耕经济为主体的经济生产模式。

中国古代统治者深知农业繁荣是国固邦宁的根底所在，都把农业作为立国之本，农本商末、重农轻商的观念在中国式的农业社会可谓根深蒂固。统治者的重视，加上农耕工具的改造和耕作技术的提高，极大地促进了农业文明的发展，为传统文化的产生和发展提供了经济基础。在中国传统社会里，人们通常把人民划分为士、农、工、商四等。其中士通常来自地主阶级，农就是从事农业生产的农民。那些读书人虽然不耕地，但他们的家业兴衰往往和农业生产有直接的联系。

中国农耕经济不仅塑造了国民的性格和生活方式，而且对中国文化的持续性、包容性等都产生了重大的影响。

第一，中国农耕经济的持续性造就了中国文化的持续性。自从三代以来，中国的农耕社会经历了无数次大大小小的天灾人祸的考验，始终未曾陷入难以克服的困境，而循环式的复苏和进步则周而复始，使农业自然经济得以长期延续。农耕经济的持续性造就了中国文化的持续性，传统农业的持续发展保证了中华文明的绵延不断，使其具有极大的承受力、愈合力和凝聚力。

第二，中国农耕经济的多元成分结构，促成了中国文化兼收并蓄的包容性格，彰显了强健的生命延续力。中国不同区域文化的格局导致了中国文化的多元结构，然而随着中国农耕经济的周边扩展，中国文化的包容性格，又促使这些区域文化相辅相成，渐趋合一。

第三，农耕经济的多元成分结构，促进了中国封建社会经济的充分发育，造就了灿烂辉煌的中国古代文化。但是，中国农耕经济既早熟又不成熟，造成了中国文化的早熟性和凝重性格。随着中国封建社会从前期过渡到后期，中国文化日益露出凝重的保守性格，特别是晚清统治者盲目自负，唯我独尊，等到了近现代以来，中国人前赴后继，卧薪尝胆，砥砺自强，发奋改革，焕发出自强自新之道，才使中国文化重获新生。

三、中国传统文化所依赖的政治结构

中国传统社会的政治结构，主要体现在宗法色彩浓厚和君主专制制度高度发达这两个方面的特征上。

宗法制度是中国古代维护贵族世袭的一种制度。所谓宗法，就是中国古代规定嫡、庶系统的法则。宗法关系是由氏族社会的家长制蜕变而来的一种以血缘关系为基础的社会关系。宗法建立在宗族的基础之上，宗族由若干个同血缘的家族集合而成，由家庭而家族，再集合成宗族，结成乡社，进而成为国家的基石。可见，宗法制度的本质就是家族制度的政治化。在宗法制度下，家族—宗族是以血缘关系为纽带，以统治和服从为内核的政治、经济和道德的共同体。它对国家与社会具有维系秩序的功能，同时，对国民性格的塑造也有深刻的影响。

宗法制度中包括嫡长子继承制、封邦建国制和宗庙祭祀制度等的确立，奠定了中国传统社会的基本模式。从先秦迄于明清，尽管社会形态有所变化，但以血缘为纽带的宗法等级结构却长期沿袭未变，导致了"家国同构"的格局，所谓"忠孝相通""求忠臣于孝子之门""家国同构""忠孝同义"，都是宗法制度长期遗存的结果。故梁启超说："吾中国社会之组织，以家族为单位，不以个人为单位，所谓家齐而后国治是也。周代宗法之制，在今日，其形式虽废，其精神犹存也。"这是符合实际的。

社会结构的宗法性特征，导致中国文化形成伦理型范式。这种范式所带来的正价值是使中华民族凝聚力强劲，注重道德修养，比较重视人与人之间的温情，

成为举世闻名的礼仪之邦；它的负价值是三纲五常的伦理说教，"存理灭欲"的修身养性，"非我族类，其心必异"的盲目排外心理等，成为中国文化健康发展的障碍。

中国社会结构的另一特征就是君主专制制度。中国的君主专制传统十分悠久，其特点体现为：以武力为先导，控制宗教势力，专制时间漫长；经济基础稳固；君主专制中央集权走向极端；对人身控制严密。当然，中国的君主专制制度也存在若干制约的因素，如朝议制度、谏议制度，但这些制度没有对皇帝的否决权，因而也就在很大程度上成为君主专制制度的一种补充。同时，中国的君主专制制度也做出过世界性的贡献，其严密性曾令世人赞叹、模仿，回避制度也曾为外国人所学习，特别是隋唐时期开始确立的科举制度，后来成为西方文官制度的先导，这些都是应该加以总结和认识的。

中国社会结构的专制性特征，导致中国文化形成政治型范式。这种范式带来的正价值是中华民族的整体观念，国家利益至上的观念，造就了民族心理上的文化认同，文人学士的经世致用思想等；它的负价值是使国人存有严重的服从心态，对权威和权力的迷信，个人自信心的缺乏，文人的影射传统等。这种负面影响还表现在对中国传统文化精神的抑制和摧残方面。例如，孟子虽提出了"民贵君轻"的思想，但在之后的社会生活中并未得到统治者的提倡，自然也就得不到贯彻实施。

宗法与专制的结合，导致中国文化上的伦理政治化和政治伦理化的特征，用政治伦理秩序代替了法律秩序，政治大于法律，伦理也大于法律，因而法律意识和法律观念在中国古代很难有立足之地。加上小农自然经济和宗法专制社会政治结构这些坚实的基础，中国古代的士人只有通过"内圣外王"的心态，去实现修身、齐家、治国、平天下的抱负。这个传统一直延续下来，只有在近代大工业兴起之后，才逐渐瓦解，新时代的新文化才有可能形成。

第二节 中国传统文化的发展历程

文化的生成、发展都具有阶段性。中国文化自有其独特的发展脉络。这种脉络当然与王朝更替相关联,但文化史的进程又往往突破王朝界域,有着自身的发展序列。因此,本节对于中国传统文化发展历程的介绍将按照文化自身的发展演变予以把握。概言之,悠远浩博的中国文化,从孕育发生到恢宏壮大,有一个漫长而曲折的发展历程。这一历程是物质文化、精神文化日臻丰富的历程,也是"人不断解放自身",走向文明演进高峰的历程。

一、先秦:从文化萌发到百家争鸣

夏、商、西周至春秋战国时期,奠定了中国文化的基本构架,后来影响中国文化乃至整个东亚文化两千多年的许多特征,在此阶段已初步显现。

(一) 夏朝:废禅建制

远在公元前21世纪,也就是四千多年前,奴隶制国家——夏朝便建立起来了。夏本来是一个部落的名称,以善于治水闻名。其首领鲧因治水失败而被放逐,但鲧之子禹却因治水有功而被拥立为部落联盟首领。从此,夏部落日益强盛起来。当时部落首领的继承依据的是传统的"禅让制",但是禹去世后,禹的儿子启公开破坏"禅让制",继承父位,自称"夏后",这是我国历史上第一个帝王。"禹传子",说明"世袭制"代替了"禅让制","公天下"变为"私天下",这是国家形成的一个信号,也是我国从原始社会过渡到奴隶社会的标志。

(二) 殷商:神本文化

商人在长期定都的条件下,文明水平有了显著提高。文字、典籍、青铜器以及"殷"这座目前所确认的中国最早的古都,标志着古代中国已跨入文明社会的门槛。从已有的文献资料记载及前人的研究成果可以看出,商人尊神重巫,表现出强烈的神本文化的特色。《礼记·表记》中载:"殷人尊神,率民以事神,先鬼而后礼，先罚而后赏。"这就是殷商这种神学观念的具体体现。

殷人观念中的神，地位最高的是"帝"或"上帝"。它统率各种自然力，也主宰人间事务。商王既是政治上最高的统治者，又是最高祭司。以尊鬼重神为特色的殷商文化，是人类思维水平尚处于蒙昧阶段的产物。随着商周之际的社会大变动，人们的实践经验日益丰富，智力、体力水平不断提高，对神的力量的崇拜渐次减弱，对于自身能力的信心与日俱增，于是，以神为本的文化逐渐向以人为本的文化过渡。

(三) 周朝：文化维新

对于中国文化的发展来说，周朝入主中原，具有决定文化模式转换的重要意义。公元前 11 世纪，作为偏处西方的小邦周，终于战胜并取代了大邦殷。

周朝建立后，一方面因袭商代的种族血缘统治办法，另一方面实行文化主旨上的转换，正如《诗经》所云："周虽旧邦，其命维新。"周人的"维新"，具体体现在确立宗法制、分封制和制礼作乐上。

首先，周人确立了兼备政治权力统治和血亲道德制约双重功能的宗法制。宗法制深深地影响了中国社会，虽然汉以后的宗法制不再直接表现为国家政治制度，但其强调伦常秩序、注重血缘身份的基本原则与基本精神却维系了下来，并深切渗透于民族意识、民族性格、民族习惯之中。

其次，周人确立了把上下尊卑等级关系固定下来的礼制和与之相配合的情感艺术系统（乐），即"制礼作乐"。周代的礼制是周代制度文化、行为文化和观念文化的集中体现，它既是典章制度的总汇，又是政治生活、经济生活、社会生活、家庭生活各种行为规范的准则。周人之"礼"包含形式与内容两个方面。从形式来看，"礼"包含各种礼节和仪式，各级贵族祭祀、用兵、朝聘、婚丧，都要严格遵循合乎其等级身份的礼节仪式，以体现君臣、父子、兄弟、夫妻的上下尊卑之别。礼的内容，一是"亲亲"，贯彻血缘宗族原则；二是"尊尊"，执行政治关系的等级原则。周代礼制的主旨就是"别贵贱，序尊卑"，以保证国家的长治久安。

周人所确立的"礼"，为后世儒家所继承、发展，以强劲的力量规范着中国人的生活行为、道德情操和是非善恶观念。中国传统的"礼文化"或"礼制文化",即创制于西周。

(四)春秋战国:文化的"轴心时代"

春秋战国是一个礼崩乐坏的时代,传统礼制逐渐解体,新的法制逐渐形成,社会处于大变革时期,反映在社会上层建筑方面,两个突出而明显的特点是:其一,传统的"世卿世禄"的等级制度迅速走向衰败;其二,"学在官府"的局面已经开始崩解。但春秋战国时期也是文化辉煌的时代,最根本的原因是社会大变革的时代背景为各个阶级、集团的思想家们发表自己的主张、进行"百家争鸣"提供了历史舞台;同时,它也有赖于多种因素的契合。

首先,礼崩乐坏的社会大变革,将原本属于贵族最底层的士阶层从沉重的宗法制羁绊中解放出来,在社会身份上取得了独立的地位,而汲汲于争霸事业的诸侯对人才的渴求,更助长了士阶层的声势。士的崛起,意味着一个以"劳心"为务、从事精神性创造的专业文化阶层形成,中华民族的物质生活与精神生活注定要受到他们的深刻影响。

其次,激烈的兼并战争打破了孤立、静态的生活格局,文化传播的规模日盛,多因素的冲突、交织与渗透,提供了文化重组的机会。

再次,士阶层创造性的精神劳动,为道术"天下裂"提供了前提条件。当时诸侯各国致力于富国强兵,对学术研究采取宽松的政策。特别是战国时期,各诸侯国对"士"往往都采取宽容的政策,允许学术自由。这就为"士"著书立说、发表个人意见创造了良好的条件,从而大大促进了战国时期的思想解放。

最后,随着周天子"共主"地位的丧失,"天子失官,学在四夷",使原来由贵族垄断的文化学术向社会下层扩散,下移于民间,打破"学在官府"的局面,致使"私学勃兴"。孔子虽非私学的首创者,但孔子作为平民阶级的思想代表,所创立私学规模最大、影响最深,这对于冲破"学在官府"、贵族垄断文化的局面,促进"学在民间"的文化下移,广泛传播文化,推动历史前进,具有明显的积极作用。

正是如上种种条件的聚合,为中华民族的精神发展创造了一种千载难逢的契机。气象恢宏盛大的诸子"百家争鸣",正是在这样的文化背景下应运而生的。

所谓"百家",当然只是诸子蜂起、学派林立的文化现象的一种概说。对于其间主要流派,古代史家屡有论述。西汉司马谈在《论六家要旨》中提出:"夫阴阳、儒、墨、名、法、道德,此务为治者也,直所从言之异路,有省不省耳。"也就是说,尽管阴阳、儒、墨、名、法、道德家所建立的学术体系有不同,但都是以"救时之弊"——社会的治理为目的的。

儒家是战国时期重要的学派之一,它以春秋时期孔子为师,以六艺为法,崇尚"礼乐"和"仁义",提倡"忠恕"和不偏不倚的"中庸"之道,主张"德治"和"仁政",重视道德伦理教育和人的自身修养。儒家强调教育的功能,认为重教化、轻刑罚是国家安定、人民富裕幸福的必由之路。主张"有教无类",对统治者和被统治者都应该进行教育,使全国上下都成为道德高尚的人。在修身治国上,还主张以礼治国,以德服人,呼吁恢复"周礼",并认为"周礼"是实现理想政治的理想大道。在损益"周礼"的基础上,儒家设计出一整套由小及大、由远及近地发展人格和安定邦家的方案,为巩固政教体制提供了切实可循的途径。

孔子死后,儒分为八派,即"子张之儒、子思之儒、颜氏之儒、孟氏之儒、漆雕氏之儒、仲良氏之儒、孙氏之儒、乐正氏之儒",而战国时期的儒家以孟子和荀子最为重要。

以老子、庄子为代表的道家,是先秦诸子中与儒家并驾齐驱的一大流派。道家"历记成败存亡祸福古今之道,然后知秉要执本,清虚以自守,卑弱以自持"。因而,道家在很多方面都是儒家的对立面:儒家注重人事,道家尊崇"天道";儒家讲求文饰,道家向往"自然";儒家主张"有为",道家倡导"无为";儒家主张修齐治平,强调个人对家族、国家的责任,道家则通过个体的逍遥而达到社会和谐。当然,道家和儒家在精神上也不是全然对立,而是存在着相互接近、相互沟通的因素。例如,在天人关系上,儒家的"天人合一"侧重于宗法伦理,天人协调还是要归结为人际协调。道家则有所不同,它以超脱社会伦常为目的,于是把复归"自然"当作寄托身心的不二法门,这就使天人协调从人际协调的从属地位独立出来而成为"第一义"。而且，道家所谓的"自然"，绝不等同于儒家的"天命"或"天理"，它是一种超功利的境界，带有玄思的品格和自适的情趣。从这个角度上来把握与发挥天人关系的作用，恰好可以补救儒家在这方面的缺陷，给局限于人伦日用世界的儒家学说打开新的天地。人生是多变的，人性是多变的，"穷则独善其身，达则兼济天下"。后世不少文人士大夫正是从儒家指示的这条"独善"之路找到了通往道家思想之门。儒和道，就这样由对立走向了互补，相反而又相成。

法家的先驱人物是齐国的管仲和郑国的子产。他们力主强化法令刑律，使人们畏惧，不敢犯上作乱，以达到富国平治的效果。他们的理论基础是："夫火烈，民望而畏之，故鲜死焉。水懦弱，民狎而玩之，则多死焉。故宽难。"嗣后，李悝著《法经》，商鞅实行"法治"，申不害、慎到相继提出重"术"、重"势"的思想，至韩非将法、术、势统合，遂建构完备的法家理论。法家主张严刑峻法，在文化政策上主张"以法为教""以吏为师"，实行文化专制主义。法家在战国时是"显学"，后来成为秦王朝统治天下的政治理论。汉以后，儒学独尊，但法家学说仍然或隐或彰地发挥效应，历代统治者多采取"霸王道而杂之"即儒法并用的统治方式，有的则是"阳儒阴法"。

墨家的创立者是宋国人墨翟，其信徒多是直接从事劳作的下层群众，尤以手工业者为多。故墨家学说强调物质生产劳动在社会生活中的地位（"尚力"），反对生存基本需要外的消费（"节用"），主张人与人之间平等的相爱（"兼爱"），反对侵略战争（"非攻"），鼓吹专制统治（"尚同"），重视继承前人的文化财富（"明鬼"），掌握自然规律（"天志"）等。他还提出三表法——"上本之于古者圣王之事""下原察百姓耳目之实""观其中国家百姓人民之利"。他主张根据前人的间接经验、群众的直接经验和实际效果来判断是非，努力排除个人的主观成见，在认识论上具有重大的进步。墨家在战国时亦属显学之一，但在秦汉以后，墨家丧失学派生长的适宜氛围，逐渐消失无闻。只是在历代农民暴动时有关公平、互爱及至鬼神、符命的宣传中，或可听到它的嗣音，直到近代方出现复苏之势。

以邹衍为最重要代表人物的阴阳家,其特长是"深观阴阳消息"。所谓"阴阳消息",即阴盛则阳衰,阳盛则阴衰,矛盾双方此消彼长,一生一灭。阴阳家运用阴阳消长模式来论证社会人事,是一大创造,而从时间、空间的流转变化中去把握世界则是阴阳家独具特色的思维方式。到战国时代,阴阳和五行渐渐合流,形成一种新的观念模式,即以"阴阳消长,五行转移"为理论基础的宇宙观。

创立诸子学派的孔墨老庄,都是中国文化史上的第一批百科全书式的渊博学者,他们以巨大的热情、雄伟的气魄和无畏的勇气,开创学派,编纂、修订中国文化的元典,并对宇宙、社会、人生发表纵横八极的议论。正是经过由各具特色的诸子百家的探索和创造,中国文化精神的各个侧面得到充分的展开和升华,中华民族的文化走向大致稳定。有鉴于此,文化史家借用德国学者雅斯贝尔斯的概念,将春秋战国称为中国文化的"轴心时代"。

二、汉唐:从思想统一到文化隆盛

公元前 221 年,经过多年兼并战争,秦王嬴政终于完成了统一大业,中国历史上第一个专制主义君主集权的大一统帝国——秦王朝建立。秦汉统治者在一统帝国的同时,还致力于文化的统一。

战国时代,诸侯割据,针对"田畴异亩,车涂异轨,律令异法,衣冠异制,言语异声,文字异形"(许慎《说文解字·序》)这种情形,秦始皇雷厉风行地建立统一文化,其重要措施有"书同文""车同轨""度同制""行同伦""地同域"。秦始皇统一文化的措施固然以强化专制君主集权政治为目的,但也有力地增进了秦朝各区域人们在经济文化生活乃至文化心理上的共同性,从而为中华文化共同体的最终形成奠定了坚实的基础。

秦朝的文化统一,还包括思想学术上的统一,而这种统一,对中国文化其后的历程影响至深至巨。儒家和法家围绕着分封制和郡县制、师古与崇今等问题展开了激烈的斗争。公元前 213 年,秦始皇为了加强专制统治,采纳了李斯的建议,"下焚书之命,行偶语之刑"(《隋书·牛弘传》)。次年,卢生、侯生等方士、儒生私下指责秦始皇专任狱吏、贪于权势等，秦始皇闻讯大怒，严令追缉，将"犯禁者四百六十余人，皆坑之咸阳，使天下知之，以惩后"（《史记·秦始皇本纪》）。焚书坑儒，开历史上君主思想专制的恶例。

秦始皇"焚书坑儒"的文化专制政策以其酷烈性激起后世儒生的反复抨击，然而，实现思想统一乃是君主专制政治下无可回避的历史任务，儒生士大夫应找到与地主制经济、宗法—专制君主政体比较吻合的文化形态，才能被统治者采纳，推行于当世并行之久远。

随着汉朝"罢黜百家，独尊儒术"文化政策的推行，儒学取得了"定于一尊"的显赫地位，原来并不专属儒家的《诗》《书》《礼》《易》《春秋》，一变而成为儒家独奉的经典，并被西汉统治者正式尊为"五经"，"立五经博士"，并推行"以经取士"的选官制度，传经之学和注经之学成为专门学问。这就是汉朝至清朝的官方哲学——"经学"。

汉武帝以后，儒家经典覆盖政治、思想、文化各个领域，但是，由于学术派别不一，经学内部爆发出今古文之争。概要说来，今文经学的特点是政治的，讲阴阳灾异，微言大义。古文经学的特点是历史的，讲文字训诂，明典章制度，研究经文本身的含义。前者主合时，后者主复古。前者学风活泼，而往往流于空疏荒诞；后者学风朴实平易，但失之烦琐。

从汉武帝时代直到西汉末，今文经学居于"官学"正统地位。在今文诸经中，《春秋公羊传》尤为重要，以治《春秋公羊传》起家的董仲舒，在著名的《春秋繁露》这样一部今文经学著作中，淋漓尽致地阐述了"天人感应"、阴阳五行、"三统（黑统、白统、赤统）"循环等学说，从而建构起天人一统图式，对中国传统思想文化产生了极为重要的影响。古文经学在王莽摄政时扶摇直上，东汉继续发展，大学者辈出，贾逵、服虔、马融、许慎为其中的佼佼者。东汉末年，马融的学生郑玄遍注古、今文群经，不拘泥于师承门户和学派壁垒，成为有汉一代隆盛经学的总结性人物。

从汉武帝"罢黜百家，独尊儒术"后，儒家思想成为两千多年来中国古代社会的正统思想，经学是儒家思想的核心，可见经学对中国传统思想文化影响之深远。在汉唐时期,以经学治国,通经可以为仕,因此,儒家经学渗透到政治、思想、学术、文化等各个领域。

尤其是学校教育和科举考试,几乎都是以经学为基本内容和重要标准,经学成为历代统治者维护其统治的精神支柱。同时,经学也严重抑制了新思想的萌芽,阻滞了科学技术的发展。

三、两宋:理学建构与市井文化勃兴

宋朝文化最重要的标志是理学的建构。

宋明时期,儒学吸收佛道思想,从理论上进一步得到完善,形成一种新的理论形态——理学。宋明理学是高度哲学化和政治伦理化的儒学,是儒学发展的最高理论形态,是儒学发展史上的鼎盛期。

两宋理学,不仅将纲常伦理确立为万事万物之所当然和所以然,亦即"天理",而且高度强调人们对"天理"的自觉意识。为指明自觉认识天理的途径,朱熹精心改造了汉儒编纂的《大学》,突出了"正心、诚意"的"修身"公式:"古之欲明明德于天下者,先治其国;欲治其国者,先齐其家;欲齐其家者,先修其身;欲修其身者,先正其心;欲正其心者,先诚其意;欲诚其意者,先致其知;致知在格物。"从"格物"到"致知",实质上将外在规范转化为内在的主动欲求,亦即伦理学上的"自律",有了这一自律,方有诚意、正心、修身乃至齐家、治国、明德于天下的功业。

南宋着意于知性反省、造微于心性之际的"内圣"之学骤盛,与王安石的熙宁变法的失败有很密切的关系。学者们认定宋神宗和王安石的"外王"建立在错误的性命之理上,与释氏之道有近似者。因而,理学注重"内圣"之学,不仅是为了对抗佛老心性之学,而且是为了继续王安石未完成的"外王"大业。朱熹和陆九渊致力于"登对"和"轮对"活动,张栻和吕祖谦同样密切注视着一切有助于"得君行道"的轮对活动,最后的目的都是要重建合理的生活秩序——所谓"得君行道"。可见,"得君行道",重建合理的社会生活秩序,这不是个人的独特体会,而是宋儒的共同认识。

与理学家着意于知性反省、造微于心性之际的趋向相一致，两宋的士大夫文化也表现出精致、内趋的性格。

词起源于市井歌谣，因文人介入而趋于雅化。与含义阔大、形象众生的诗不同，词小而狭，巧而新。它侧重音律和语言的契合，造境摇曳空灵，取径幽约怨悱，寄托要眇惆怅，极为细腻，极为精致。尽管宋朝词坛还有另一番风貌的歌唱，这就是由苏轼开创的、以辛弃疾为代表人物的豪放词风，但词坛的主流始终是"婉约""阴柔"，集中反映出两宋文人士大夫与唐人大不相同的心境和意绪。

宋词雅，宋画也雅。苏轼在《跋宋汉杰画山》一文中提出"士人画"这一观念，强调融诗歌、书法于绘画之中，以绘画来表现文人意趣。以此文化心理为总背景，两宋绘画富于潇洒高迈之气与优雅细密、温柔恬静之美。

两宋士大夫文化的其他领域，也无不表现出与宋词、宋画相通的性格。两宋古文舒徐和缓，阴柔澄定；宋诗"如纱如葛""思虑深沉"。士人饮茶"品第之胜，烹点之妙，莫不咸造其极"。

两宋文化还有一个重要内容，就是教育和科技发达。从教育来看，宋朝官学系统有两大特色，一是在学校教育制度上等级差别不断缩小，如官学向宗学转化后无问亲疏，国子学向太学转化后无问门第，这样一种变化无疑有利于低级官僚子弟乃至寒门子弟脱颖而出。二是重视发展地方学校，至北宋末期，地方州县学发展到高峰。教育的发展与深刻的变革使宋朝整个社会的文化素养超过汉唐，宋文化繁盛的基础正在于此。从科技来看，指南针、印刷术、火药武器三项重大发明创造是宋朝科技最为突出的成果。北宋贾宪、南宋秦九韶在数学领域做出了具有世界领先水平的贡献。百科全书式的人物沈括"于天文、方志、律历、音乐、医药、卜算无所不通，皆有所论著"（《宋史·沈括传》），且创见迭出。天文学、地理学、地质学、医药学、冶金术、造船术、纺织术、制瓷术等方面也都有令人目眩的成就。在此前后的任何一个朝代，无论是科学理论研究，还是技术的推广应用，比起两宋都大为逊色。

四、明清：文化专制与西学东渐

明清是中国君主专制制度登峰造极的时代，文化专制空前严酷地钳制着思想文化界。

　　文化专制的突出表现是文字狱盛行。朱元璋以文字之"过"，"纵无穷之诛"，大批儒生士大夫因文字而惨遭横祸。如浙江府学教授林元亮所作《贺正旦表》中有"睿性生智"之语，朱元璋以"生"为"僧"，认为是讽刺他当过和尚，从而大开杀戒。与此同时，明朝皇帝设立特务机构东厂、西厂、内行厂、锦衣卫，以士人为重点侦查对象。清朝文字狱更有过之。"庄廷龙《明史稿》案""戴名世《南山集》案""吕留良《文选》案"，均是康雍时期所发生的轰动全国的大案。

　　明清统治者一手推行文字狱，在文化领域制造恐怖氛围；另一手则崇正宗、灭异端，程朱理学占据统治地位。朱元璋多次昭示，士人必须"一宗朱子之书"，"非濂洛关闽之学不讲"（陈鼎《东林列传》卷二）。又规定科举考试一律以朱熹的注为标准答案。于是，明初学术界成为程朱理学的一统天下，程朱理学被推上至尊地位。清朝统治者在推行文化专制上也不遗余力。乾隆年间，乾隆借编纂《四库全书》的机会，全力剪除危及封建统治思想基础的异端邪说。在直接干预《四库全书》纂修的同时，乾隆还一手操纵了长达十九年的禁书活动，共禁毁书籍三千一百多种，十五万一千多部，销毁书版八万块以上。中国文化遭到秦始皇焚书以来的又一次巨大浩劫。

　　明清两代的文化，一方面是文化专制主义空前强化，程朱理学占据统治地位；另一方面，与社会形势的变化相适应，又出现了具有市民反叛意识的早期启蒙思潮。如王明阳的"致良知"，打破了程朱理学一统天下的局面。他的门生王艮以及泰州学派的传人李贽则走得更远，已有较为鲜明的市民反对派气息。明清之际三大思想家——黄宗羲、顾炎武、王夫之，以及方以智、唐甄、颜元、戴震、焦循等人，更从不同侧面与封建社会晚期的正统文化——程朱理学展开论战，有的批判锋芒直指专制君主。

　　明朝中后期市民文学的兴起，其理论代表是李贽的"童心说"和公安派的"独抒性灵"，其代表作品为长篇小说《金瓶梅》、短篇小说集"三言""二拍"等，也是城市发展和某些新的生产方式萌芽的社会现实的反映。生动活泼、富于民间生活情趣的市民文学，较之明朝前期内容空虚、徒具华丽形式的"台阁体"文学，以及前七子、后七子的"文必秦汉、诗必盛唐"的文学复古运动，都是一个巨大的进步。至于清朝出现的《儒林外史》《红楼梦》等作品，则在更大的广度和深度上揭露了封建制度的弊端，将古典现实主义文学推向高峰。

明清时期最富于战斗精神的政治哲学著作是黄宗羲的《明夷待访录》和唐甄的《潜书》，黄宗羲、唐甄用扩大相权、限制君权、提倡学校议政等办法来修补封建专制制度。与孟德斯鸠的《论法的精神》、卢梭的《社会契约论》相比较，就可以发现，虽然它们在批判封建专制帝王的猛烈程度上可谓东西呼应，但黄宗羲、唐甄提不出新的社会方案，而孟德斯鸠、卢梭则拿出了"三权分立"的君主立宪制、民主共和制这样的资产阶级国家蓝图。这表明，中国明清时期的进步思想与18世纪欧洲启蒙思想属于两个不同的历史范畴，前者是中世纪末期的产物，后者是近代社会的宣言书。

这时，明清两代进入了中国古典文化的总结时期。在大型图书的编纂方面，《永乐大典》被公认为世界上最早的、最大的一部百科全书。《康熙字典》是世界上最早的字数最多的字典。《四库全书》是至今为止世界上页数最多的丛书。在科学技术巨著方面，李时珍的《本草纲目》、潘季驯的《河防一览》、徐光启的《农政全书》、宋应星的《天工开物》、徐霞客的《徐霞客游记》、方以智的《物理小识》等都是封建社会中晚期科学成就的高峰。在学术方面，清朝钱嘉学者对于中国传统学术文化的承传不坠以及向前推进做出了不可抹杀的贡献。

明末清初，利玛窦、汤若望等欧洲耶稣会士东来。他们不仅给中国人带来了欧洲的宗教神学，也将近代的世界观念以及西方文艺复兴时期的自然科技成就广泛传播于中国学术界，打开了部分中国士人的眼界。近代科学思维的重要特点是实证方法和数学语言，徐光启、方以智等人通过接触西洋近代科技知识，重视"质测之学"和数学语言的应用，初步显示出近代科学思维的风貌。遗憾的是，由于宗法专制社会政治结构的强固以及伦理型文化传统的深厚沉重，"西学东渐"的过程在明末清初进展缓慢。到了雍正年间，随着耶稣会士被逐出国门，"西学东渐"几近中断，中国对外部世界的大门日益关闭。

明清两代，是整个世界格局发生巨变的重大时期，当中华帝国驱逐传教士、封闭国门、陶醉于"十全武功"之时，欧亚大陆的西端，新兴的资本主义呼唤来工业革命，瓦特发明的双向运动蒸汽机，使欧洲人获得了一盏"阿拉丁神灯"。产业革命催化国际分工，资本以其魔力无穷的巨掌将全世界卷入商品流通的大潮之中，宗法农业社会的中国也在劫难逃，工业先进的西方是绝不肯放过如此巨大的一个商品倾销地、投资场所和原料产地的。中西方的冲突已成为不可避免之势。1840年爆发的鸦片战争，以血与火的形式把中国文化推入了一个蜕变与新生并存的新的历史阶段。

第三章 中国传统文化的基本精神

中国传统文化博大精深，源远流长，在它的长期发展过程中，一些思想观念或固有传统长期受到人们尊崇，影响着人们的生活和行为，成为历史发展的思想源泉，这就是中国传统文化的基本精神。它是民族连续发展的精神动力，或者说是中华民族发展的精神支柱，对于中国社会的发展，对于中华民族的成长壮大，起着极其重要的推动作用。

第一节 中国传统文化基本精神的内涵

文化是一个不断运动、演化着的生命流程，悠悠五千年的历史演绎出了五千年的中华文化。中华文化历史悠久，彪炳寰宇，辉煌璀璨，众口交誉，其影响广被大千世界，历数千年而不衰。中华传统文化在中华民族长期社会实践和中国历代伟大思想家的概括、提炼中交融、凝聚、更新，形成了独立于世界文化之林的基本精神。

所谓文化精神，就是推动和指导着人们实践的思想，亦即世界观和人生观，是中国传统文化中固有的具有广泛影响和推动作用的包括社会观念、哲学思想、价值观念等在内的积极的社会意识，属于观念形态的范畴。中国传统文化的基本精神，凝聚于文化传统中，在价值取向上属于优秀的部分。因此，我们所讲的中国传统文化的基本精神，必须具有两个特点：一是具有广泛的影响，代表中国传统文化发展的正确方向、体现中华民族蓬勃向上的精神的那些主要的思想观念，对中国人民乃至世界人民产生广泛影响；二是具有激励进步、促进发展的积极作用，是指导中华民族长期发展、不断前进的精粹思想和精神动力。

一、广泛影响的思想观念

中国传统文化的基本精神体现着中华民族特定的价值系统、思维方式、社会心理以及审美情趣等方面的基本风貌，在中国传统文化中起着主导作用，是处于核心地位的基本思想和观念，它在中华民族历史发展的长河中，对民族发展产生了广泛的影响。

中国是世界文化史上唯一经久不衰的文明发源地。在远古时代和中古时代，中国文化屹立于东方，与西方希腊罗马文化交相辉映。欧洲自中古以后，进入历史上所称的黑暗时代，而中国文化却在漫长的中世纪一直走在世界的前列。到了近代，虽然中国传统文化在与西方文化的竞争中不免落后，但中国文明形态作为一种生活方式和思维结构，在文化层面上的意义并未消失。无论过去、现在和将来，中国传统文化都曾为、正为和将为丰富人类文明做出独特的贡献。

从人类文化发展史来看，不同民族、不同国家和地区，都或多或少地对人类文化宝库做出了自己的贡献。但是，在历史发展的不同阶段上，它们所起的作用、做出的贡献都是不一样的，有的民族或国家的文化对周围的民族或国家产生了比较大的影响，积之既久，形成了一个文化圈或文化体系。中国传统文化对东亚文化的巨大影响正是这样。

从现实来看，近年来中国经济与社会的发展，"亚洲四小龙"的振兴以及中国文化圈内各国、各地区社会的稳定、经济的繁荣，也有力地说明了东方文化、中国传统文化与以个人主义为核心的西方文化相比，在某些方面反而具有一定的优越性，反而有利于团结人民、教育人民，有利于精神文明建设，也有利于社会的发展与稳定。

从1840年到1949年，中华民族的百年抗争，涌现出无数可歌可泣的爱国典范，他们演绎出了一幕幕波涛汹涌的爱国主义运动，终于在1949年，中华民族站起来了！我们永远不会忘记1949年10月1日天安门广场那庄严的一幕：毛泽东站在天安门城楼上庄严宣告中华人民共和国成立了！而在这一幕的背后，我们似乎看到了长征路上那白雪皑皑的六盘山，飞渡大渡河的铁锁链，那茫茫无际的沼泽地……而无论在哪里，都有红军战士瘦弱的身躯！而正是他们，撑起了一片希望的天空！而这不正是我们民族自强不息精神的生动体现吗？今天，在21世纪已经到来的时候，为了追赶世界上日益加快的现代化步伐，我们同样需要弘扬这种自强不息、刚健有为的中国文化基本精神，依靠自己的力量，大胆改革，勇于实践，在改革开放中不断开拓创新，创造中华民族新的奇迹。

古代的中国曾经是世界上最强大的国家，其地域的广阔、疆土的统一、经济的繁荣以及国势的强大，使中国文化得以对外传播，中国传统文化是东方文化的轴心，在世界上独树一帜，并在漫长的历史长河中，影响了东西方世界的经济、政治、文化等各方面，为世界文化的发展和繁荣做出了巨大的贡献。

中国传统文化的基本精神从古到今一直影响和指引着中国人民不懈前进。当然，中国传统文化的基本精神不但是中华民族的精神食粮，也在一定程度上影响着其他民族、其他国家的精神文化。特别随着经济全球化的到来，中国传统文化的基本精神传扬海外的广度、速度更为广泛与快速。总之，无论从时间的跨度，还是从地域的广度，中国传统文化的基本精神对古今中外的精神与文化都产生了广泛的影响。

二、民族发展的精神动力

中国文化基本精神是我们民族强大的精神动力，对于中华民族每一个成员，都有着强烈而积极的精神激励作用。

在中国文化的绵延奔流中，中国传统文化的基本精神推动着中国文化的前进和发展，又影响和塑造着中华民族的精神气质和生活性格。它是中国文化中最光辉灿烂的那部分，是催人奋进的精神动力。在浩瀚的历史长河中，正是这种精神，浸渍、熏陶和支撑了无数中国人的生命和生活，支持和推动着中华文明自立自强于世界民族之林，它是指导中华民族延续发展、不断前进的精神支柱和内在动力。

中国传统文化的基本精神，实质上就是中华民族的民族精神。对一个民族来说，历史发展的精神动力，首推民族精神；民族精神是民族文化的基本精神代表，是民族优秀文化传统的体现。因此，它应该而且必然反映着中国传统文化的健康的发展方向，能够鼓舞人民前进。无论在历史上，还是在当代中国的文化建设中，它都具有激发民族自尊心、自信心和民族自豪感的伟大作用。它也理所当然地要成为维系全民族共同心理、共同价值追求的思想纽带，成为激发人们为民族统一、社会进步而英勇奋斗的精神源泉。

中国文化中刚健自强的精神，在两千年的历史发展中，一直激励着人们奋发向上，不断前进，坚持与内部的恶劣势力和外来的侵略压迫者做不屈不挠的斗争。近代以来，中国人民为了救亡图存和民族自强而进行了艰苦卓绝的斗争。鸦片战争后，林则徐的学生冯桂芬提出了"若要雪耻，莫如自强"的口号。近代史上的洋务运动，正是打着"自然新政"的旗号出台的。严复强调，中国要自强，必须在"鼓民力""开民智""新民德"的"自强之本"上下功夫。康有为在著名的"公车上书"中，也以《易传》的刚健、有为、尚动、通变原则作为"变法"的理论根据。孙中山领导的资产阶级民主革命，邹容写的《革命军》，更是把"革命"看成"世界之公理""天演之公例"。他们无一例外地都受到了中国传统文化中的刚健自强思想的深刻影响，把它作为精神动力，并赋予新的时代内容。"五四"运动后，中国共产党人以"愚公移山"的精神，领导了反帝反封建的新民主主义革命，推翻了压在中国人民头上的"三座大山"；中华人民共和国成立后，又以坚忍不拔的毅力，进行社会主义革命和建设中国特色社会主义道路的艰难探索，都是对中国文化中刚健有为、自强不息精神的自觉继承和发扬光大。可以说，传统文化的基本精神仍然是中国近现代优秀文化中活的灵魂。

中国传统文化中以人为本的精神，激励人们尊重人的价值和尊严，努力在现实生活中去发现人，实现人的价值。这种价值，首先是道德价值。儒家认为，人的本性中先天地具有仁、义、礼、智等美好的道德品质，但要把它实现出来，并且加以充实和发展，还必须经过自觉的道德修养和意志锻炼。儒家学说特别强调主体自我修养和道德实践的重要意义，鼓励人们通过道德修养来培养高尚的情操，成就完美的人格。儒家先义后利、重义轻利的价值观，固然有忽视物质利益和现实功利的弊端，但在提升人的精神境界，把人培养成为有道德的人、有精神追求的人方面，却有着不可否认的积极作用。中国传统哲学中的各家各派，虽然价值观不同，但都重视道德修养，以人为本，对于培育和发展中国的人文主义精神传统，都做出了重要贡献。中国历代都出现了许多重修养、重气节、重独立人格的志士仁人，与传统文化精神的熏陶、培育和激励是分不开的。

中国文化中天人合一、以和为贵的精神，还激励人们自觉地维护整体利益，坚持集体主义的价值取向。把天地人看作一个统一的整体，强调并努力创造三者之间的和谐，以维护这个整体的和谐为己任，并把个人、家庭和国家的利益看作不可分割的统一体，这样一种共同的民族文化心理态势，对于中华民族的发展壮大，有着不可忽视的积极意义。儒家的修齐治平理论，道家的"道法自然"的思维旨趣，墨家的天下尚同的政治理想等，都是以整体为上的价值取向。这种价值取向，把全局的利益看得高于局部的利益，把整体的利益看得高于个体的利益。它凸显了中华民族以小我成全大我、以牺牲个人和局部利益去维护整体和全局利益的优秀品格，造就了以国家民族利益为上的思想风貌。文化精神的价值导向功能，在这里看得非常清楚。

中华民族精神可以激发民族各成员的归属意识、进取意识、奋斗意识，凝聚社会各方面的力量，从而形成推动社会前进的强大动力。一个民族、一个国家，如果没有自己的精神支柱，就等于没有灵魂，就会失去凝聚力和生命力。有没有民族精神，是衡量一个国家综合国力强弱的重要尺度。综合国力主要是经济实力和技术实力，这种物质力量是基础，但也离不开民族精神和民族凝聚力。精神力量也是综合国力的重要组成部分。中华民族在五千年的历史发展中形成了以爱国主义为核心的团结统一、爱好和平、勤劳勇敢、自强不息的伟大民族精神。中国传统文化的精华培育了中华民族精神，中华民族精神又促进了民族文化的发展，两者相辅相成，相互促进。中华民族精神是伟大的民族精神，是我们民族的脊梁，是民族自尊心和自信心的力量源泉，是中华民族生存发展的强大精神支柱。千百年来，饱尝艰辛而不屈，千锤百炼而愈加坚强，靠的就是这种威力无比的民族精神，靠的就是各族人民的团结奋斗，越是困难的时刻，越是要大力弘扬民族精神，越是要大力增强中华民族的民族凝聚力。而这种民族的自尊心、自信心和凝聚力就是来自中国传统文化的基本精神。正如习近平总书记指出的那样，中华优秀传统文化是中华民族的精神命脉，是培养社会主义核心价值观的重要源泉，也是我们在世界文化激荡中站稳脚跟的坚实根基。

第二节　中国传统文化基本精神的内容

中国传统文化的产生和发展受制于独特的自然条件和社会历史条件，包括大陆性地域的地理环境，以小农经济为主体的经济基础，以家族制度、专制制度以及"家国同构"为特征的社会结构，相对封闭的国际条件等诸多因素，相互影响和制约，构成了一个稳定的生存系统。与这个系统相适应，中国传统文化的形成和发展自成一体，具有自身鲜明的特色。由于中国传统文化极其丰富多彩，其文化基本精神也表现为包含诸多要素的思想体系。就其主体内容而言，包括以下四个方面。

一、天人合一与以人为本

人类来到这个世界，首先需要解决自身与客观世界的关系。中华民族地处北半球的温热带，这里气候温润，土地肥沃，适合农业耕作，所以有利于农耕文化的萌生和发展。身处这种环境中的古代先民早就认识到人类自身的存在与自然有着密切的联系，人类在大自然中生长、活动，既受自然的种种恩惠，也免不了遭受自然灾害的威胁。人类自身的命运与大自然紧紧拴在一起，从而对自然产生了极强的依赖性。同时，相传从商代后期开始萌生的宗法制社会，在其形成过程中，逐渐将整个民族看作一个大家庭。所谓"龙的传人"和"中华儿女"的提法，就强调了天下一家的亲缘关系。要证明人与人之间牢不可破的亲缘关系，也就顺理成章地在文化和哲学上建立了人与自然和谐统一的"天人合一"观念。

天人合一，是中国传统文化的总特征，是中国文化的伦理模式，也是中国传统文化基本精神中最根本的一条。何谓天人合一？正如张岱年指出的："中国哲学中天人合一观点有其复杂的含义，主要包含两层意义：第一层意义是人是天地生成的，人的生活服从自然界的普遍规律；第二层意义是自然界的普遍规律和人类道德的最高原则是一而二、二而一的。"强调人与自然的统一，人与自然的协调，人的道德理性与自然理性的一致。天人合一观的提出，体现了传统中国人试图辩证地认识人自身与其所在的宇宙自然即主体与客体的整体关系，努力寻求对自我命运的主动掌握从而实现人生价值的独特而深刻的文化思考与探索。

在中国哲学史上，天人合一的思想虽然渊源于先秦时代，而正式成为一种理论观点乃是在汉朝哲学及宋朝哲学中。汉宋哲学中关于天人合一主要有三说：一是董仲舒的天人合一观；二是张载的天人合一观；三是程颢、程颐的天人合一观。

程颢、程颐赞扬张载所著的《西铭》，也都讲天与人的统一，但其所讲又与张载不同。程颢强调"万物一体"，程颐则强调"天道与人道只是一个道"。

天人合一的思想根源在于，一是当时是农耕社会，农业的播种、收获全仰仗于自然。如果人们顺应自然，及时播种，适时耕作，那么人们就可以解决吃饭问题，否则，就难以生存。因此，依靠自然、适时劳作的生产方式和观念，就导致了天人合一思想的产生。二是当时科学技术还没有发展到人们可以完全说明自然现象和社会现象的程度，自然的变化，尤其是灾害使人们产生了原始的宗教意识。三是随着社会的发展，尤其是秦统一后社会的巨变，政治权力越来越集中，越来越专制。因此，借助于天人合一的思想，借助于这种原始的宗教意识对皇帝和官吏予以监督，就成了当时社会的学者和思想家唯一可行的选择。正是这些因素，促使了思想家、学者将天人合一的思想进一步理论化、系统化，形成了观念意识，进而指导人们的实践，终于孕育出一种精神文化现象，一种文化精神。

天人合一在中国传统文化中有着非同寻常的地位。它既是中国古典哲学的基本问题，也是以中国人为代表的东方人的综合思维模式的最高、最完整的体现，因而是中国传统文化的基本精神之一。

从哲学的角度看，天人合一思想认为"天人"皆有德，宇宙不仅是一个物质领域，而且是一个生命领域、精神领域和道德领域。宇宙一切现象都充满了道德价值，人作为宇宙的主人，更应该集真善美于一身，努力塑造与客观生命世界相称的人格境界，以无愧于万物之灵的身份与地位。而要做到"与天地合其德"，传统文化认为，人必须"正德""正己"，加强自身修养，不断提升自己的人格境界，一步步成为君子，成为大人，成为圣人，从而完成理想人格。以仁德之心爱人，以忠恕之心体物，做到"民吾同胞，物吾与也"（《张载集·西铭》），使全人类甚至全物类安身立命，即努力使整个世界成为平等、宽容、慈惠的天地。这与近代西方哲学思想常把人当作物，看作会说话会劳动的"机器"，把人之外的自然物视为供人征服和享用的对象而无须同情与尊重的理念是大相径庭的。

从生态学的角度看，这一思想不仅肯定人是天地自然的产物，更强调"以天地万物为一体"，把整个自然界看作一个统一的生命系统，主张尊重自然界一切生命的价值，爱护一切动物、植物和自然产物。孔子主张"君赐生，必畜之"（《论语·乡党》），孟子不仅主张"爱物"（《孟子·尽心上》），而且提出了比较具体的保护生态资源的主张："数罟不入洿池，鱼鳖不可胜食也；斧斤以时入山林，材木不可胜用也。"（《孟子·梁惠王上》）要求不用细密的网打鱼，以免殃及小鱼，丧失鱼源；进山砍伐木材要遵守规定的季节，以免影响树木的生长，从而保障自然资源取用不尽。继孔孟之后，儒学的后继者均主张尊重生命、兼爱万物，对自然实行"人道主义"，这在环境污染、资源匮乏、生态危机成为全球忧患的今天，有着重大的、异常深远的意义。

从经济学的角度看，天人合一思想适应着我国古代以小农生产为特征的自给自足的自然经济，要求生产活动应顺应天时，"使民以时"，适时劳作，"无夺农时"，重视自然对生产的作用，尊重自然规律和经济规律，进而驾驭这些客观规律，认为："其功顺天者天助之，其功逆天者天违之。天之所助，虽小必大；天之所违，虽成必败。顺天者有其功，逆天者怀其凶，不可复振也。"（《管子·形势》）

从政治学的角度看，天人合一思想坚持万物来源于天，又比照着人类，一方面认为"君权天予"，神权、王权合一，天君合德，以德配天；另一方面又认为自然的发展变化体现并制约着人类社会的发展变化。日月正常运行时，说明人世间一切都正常，君明、臣贤、百姓勤耕和睦；而当人事出了问题，君昏臣奸，百姓反对，那么，日月也会用反常予以警告。所以，在我国古代，凡是出现异常的自然现象时，最高统治者都会检讨自身的言行政策是否有失误，臣子们也常借助自然的变异和天灾警告并劝谏皇帝。尽管这种方式带有一定的宗教神学色彩，但在君权实际高于一切、极端的集权统治和民主意识淡薄的封建时代，借助于这种原始的宗教意识对皇帝和官吏予以监督和考核，就成了当时社会的学者和思想家唯一可行的比较有效的选择。

天人合一的文化精神的积极作用体现在：第一，它依据自然的变化推及人世，虽然自然与人是两种物质形态，但毕竟有着极为密切的关系，因而，或多或少地，天人合一精神带有唯物主义的因素。第二，它的目的是督促以皇帝为首的官僚要清正廉洁、坚持礼制、实行仁政，这在当时高度的集权统治和民主意识淡薄的时代里，无疑是一个比较有效的劝谏方式。第三，天人合一思想的实施促使人们去研究自然，推动了古代自然科学的发展。仅有汉一代，对天文现象的记载就极为详细；至于张衡对天文、地质的研究成就，张仲景对病理的研究成就，都是举世公认的。

事物都有其两面性。不可否认，天人合一的思想也存在一定的消极作用，体现在：第一，天人合一过于强调环境因素对人的影响，特别注重对环境影响人世问题的研究，因而形成了古代天人关系之学，使带有宗教迷信特色的术数学、易学非常发达。可以说，这些东西中有许多是中国传统文化的糟粕。第二，天人合一强调自然对人的影响，将风马牛不相及的自然变化归因于人世，一方面使人产生了软弱的心理，另一方面也使人产生了自责的心理，而软弱和自责无疑限制了人的创造性和主动性。第三，天人合一的精神过于强调人对于自然的迎合，而忽视甚至不敢对自然开发利用，一定程度上阻碍了中国古代科学技术的进一步发展。

中国传统文化注重天人合一，但是，在天地人之间，以人为中心，即以人为本。中国古代思想家一贯坚持以人为本的立场，特别是儒家。孔子教导弟子要"敬鬼神而远之"；"未能事人，焉能事鬼"；"不语怪、力、乱、神"。他虽然不否定鬼神的存在，但是对其采取存疑的态度，即存而不论；而将现实的人事放在第一位，关注人的现实生命。在后来的封建社会发展过程中，以人为本的思想得到了认同和发展，始终以道德实践为第一要义，总把人放在一定的政治伦理关系中加以考察；把人的个体价值的实现寄托于人与人、人与社会关系的互动。所以，中国传统文化始终离宗教性的迷狂非常遥远。

以人为本，又称人文主义或人本主义，向来被认为是中国传统文化的一大特色，也是中国传统文化基本精神的重要内容。所谓"以人为本"，就是指以人为考虑一切问题的根本，用中国传统的方式来说，就是在天、地、人之间，以人为中心；在人与神之间，以人为中心。

中国传统文化价值系统的确立，中国传统文化主体内容的嬗变，中国古代各种哲学派别、文化思潮的关注焦点，以及整个中国传统文化的政治主题和价值主题，都始终围绕着人生价值目标的揭示、人的自我价值的实现与实践而展开。人为万物之灵，天地之间人为贵，是中国传统文化的基调。

世所公认，中国传统文化具有超越宗教的情感和功能。换言之，在中国传统文化中，神本主义始终不占主导地位。恰恰相反，人本主义成为中国传统文化的基本精神。

以人为本的人文主义或人本主义，向来被认为是中国文化的一大特色，也是中国文化精神的重要内容。与古希腊文化注重人与自然的关系以及希伯来文化不同，中国文化侧重于人与社会、人与人的关系以及人自身的修养问题。中国哲学，无论儒、道、佛，本质上都是一种人生哲学。从总体上看，以儒道两家为主干的中国传统文化，是一种伦理本位的文化，尤其以儒家为代表的以人为本的思想，在后来的封建社会中得到广泛的认同和创造性的发展。

"以人为本"的人本主义在中国文化中有两层旨意：一是在人与神的关系上体现为"天地之性人为贵"的人格优先和"未能事人，焉能事鬼"的轻神重人的根本态度；二是在人民与统治者的关系上"民惟邦本""民贵君轻"的社会观和朴素民主观。

从第一方面来看，一般来说，中国文化中确实一直有一个着重讲人的传统。

中国传统的天人合一观还可以满足人们对终极关怀与形一致思的诉求，对抵制宗教、避免西方中世纪式的神学迷狂是有过历史的大作用的。

从第二方面看，"民惟邦本"的思想源远流长，最早可以溯源至殷周之际。《尚书·盘庚》中有云："重我民""罔不唯民之承""施实德于民"。周公吸取商亡的教训，重视民心和民情，还提出了"保民"观念。在《左传》《国语》等典籍中也有丰富的民本思想，如"民之所欲，天必从之""国将兴，听于民；将亡，听于神""民和而后神降之福"。民本思想在儒家学说中更有集中的反映，是儒家政治理论的基石。儒家认为，得民与否是政治成败之根本：孔子主张富民、教民，"民、食、丧、祭"，民为首位；孟子说"民为贵，社稷次之，君为轻"，更是中国人耳熟能详的经典性的民本口号；荀子以舟水喻君民，认为水可载舟亦可覆舟，他还说"用国者，得百姓之力者富，得百姓之死者强，得百姓之誉者荣。三得者具而天下归之，三得者亡而天下失之"（《荀子·王霸》）。道家也重民，老子就说"无常心，以百姓为心"（《道德经》第四十九章）。法家相较而言更重严刑酷法，以之为治国之道，但也不乏重民思想，法家经典《韩非子》中就有不少这样的文字，如"凡治天下者，必因人性""利之所在民归之"等。汉唐时民本思想进一步发展，宋元明清时强化，箴言颇多，大都以呼吁"民惟邦本"、体恤民生、与民休息为意。

中国的人本思想反映了中国先哲对"人"的关注。一方面我们既要看到这种关注在一定意义上确实反映着人民反压迫、求自主的深切渴望与呼声，另一方面也要理解它实质上仍是以"保民而王"、维护专制统治为主旨的政治策略，但即便如此，民本思想对制约暴君苛政、改良人民的政治处境毕竟还是具有积极意义的。

必须指出，中国传统文化中的人本主义与西欧14—16世纪文艺复兴时期兴起的人文主义在文化精神上存在着本质区别。中国的人本主义以家庭为本位，以伦理为中心，西方人文主义则以个人为本位，以法治为中心。中国文化重人，并非尊重个人价值和个体的自由发展，而是将个体融入群体，强调五伦，强调人对于宗族和国家的义务，是一种宗法集体主义人学，是一种以道德修养为旨趣的道德人本主义。西方文化中的人文主义重视个体的价值,强调个人的权利与自由,强调人与人之间的平等契约关系,实质上是一种个性主义,它是西方民主制度和法律体系的重要思想基础,两者不能混为一谈。中国文化中的人本主义传统,重视道德伦理、角色扮演,履行一定义务,对维系社会正常运转、人际和谐和人生修养等方面都具有积极意义,但也存在着重人伦轻自然、重群体(家族)轻个体的倾向,与专制主义也有一定关联,这是它的消极因素。

二、崇德贵民与孝亲尊长

中国古来就有崇德的传统,即肯定道德的崇高价值。春秋时鲁国叔孙豹论"三不朽","立德"为第一。当时卿大夫讲"三事(正德、利用、厚生)",以正德居三事之首。孔子特别宣扬崇德之教,与弟子讨论"崇德、辩惑"的问题。《易传》说:"精义入神,以致用也;利用安身,以崇德也。"以崇德为精义致用的最高目的。儒家从孔子开始,更特别重视教育。这种崇德重教的思想有一个重要特点,即以人为本,而不是以神为本。孔子说:"务民之义,敬鬼神而远之,可谓智矣。"这一态度与西方希伯来传统及印度传统大大不同。儒家不讲彼岸世界,不讲来生来世,表现了无神论的倾向。

中国的崇德传统往往从修身开始。古人修身,往往包含两层含义:一是政治上以修身为本,达到齐家、治国、平天下的目的;二是思想道德上,通过修身达到理想人格的最高境界,修身的最高道德标准是成为君子、圣人、贤人或大丈夫等。孔子修身的最高标准是"君子",君子的核心标准是做到"仁";孟子的理想人格是"大丈夫";庄子的理想人格是"至人";墨子的理想人格是"立仪";荀子的理想人格是"圣人"。

因而,道德教育成了中国传统教育的根本。西汉武帝时,儒家思想取得独尊地位,从此儒家思想便成了中国传统文化的主导思想。儒家道德教育的特征是强调"德治"和"礼治"。所谓"德治"和"礼治",就是通过循循善诱的方法使人们掌握社会统治阶级的道德原则和道德规范,并以此为准绳,来维护统治阶级的统治,从而使道德教育成为中国传统教育最基本的内容。崇德的传统使中国人关心的是今生今世，而非来生来世，并使中华民族形成了以德育代替宗教的优良传统。

这一优良传统着重体现在人格修养的崇德精神之中。中国传统文化认为，"太上有立德，其次有立言，其次有立功。虽久不废，此之谓不朽"。一个完美的人应该做到立德、立言、立功，而"德"是居首位的。孔子曾说："以直报怨，以德报德。""德"的核心问题是"仁"。"仁"是讲"己所不欲，勿施于人"或"己欲立而立人，己欲达而达人"。中国古代先哲崇尚气节，重视情操，强调行为符合道德规范要求。孔子主张"义以为上"，即道德的价值是至高无上的，道德具有内在价值，是人类社会的基础和主导。孟子强调"富贵不能淫，贫贱不能移，威武不能屈"，要求"唯义所在"。他们认为精神境界的升华，理想人格的实现，都离不开个体道德修养。人格修养被认为是立身处世、实现人生价值的根本，"自天子以至于庶人，壹是皆以修身为本"，把修身视为"齐家治国平天下"的前提。各家各派都提出对道德修养的理论和方法，如"慎独""自省""静坐"等。

中国传统文化的人文传统培养了中华民族重德行的人生价值观。在古人看来，人与动物的根本区别就在于人有仁爱之心，有道德伦理的观念。儒家认为，人的生命是一种自然现象，是有实体的，且在天地间有着重要的地位。所以，一般儒家都主张"保生命"，同时又认为，一个人的生命价值与道德价值、人格价值相比较，道德价值和人格价值更为重要。孔子的"杀身成仁"之说和孟子的"舍生取义"之语，就是儒家为了保全仁义道德价值而不惜牺牲个人生命的典型表述。《孟子》中有两句话："所欲有甚于生者"，是指维护人格尊严比求生更加重要；"所恶有甚于死者"，是说一个人的人格尊严是生命中最为宝贵的，人格尊严超过了生命价值。

崇德精神造就了高尚情操，传统道德强调人的社会责任，突出个人的内在修养，意欲通过个人的内在修养达到道德的完善。这种强烈的道德观念及其理论铸就了中华民族价值意识形态的坚实内核，塑造了无数正直、有气节、刚正不屈的"民族的脊梁"。弘扬中华民族的民族精神，发挥传统文化的思维导向作用，批判继承君子人格中合理的东西,强化人们的道德意识,使人们在处理个人与集体、局部与全局利益关系上,能够以他人为重,以集体为怀,以国家为上。同时,把个人修养与热爱祖国、建设社会主义紧密联系在一起,将中国传统道德所推崇的"浩然正气"改造为对共产主义事业的无限忠诚和对建设中国特色社会主义的必胜信心,改造为共产党人所应具备的革命气节和高尚情操,从而实现对传统气节理论的提升和超越。这种高尚的道德情操的提倡对于我们克服现代化实施所带来的道德迷惘、精神颓废、文化沉沦等副作用具有深刻的现实意义。

中国传统文化坚持以民为本的精神,《尚书·夏书》中就有"民惟邦本,本固邦宁"的说法,儒家、墨家、道家都在不同程度上继承和发展了这一思想。

在漫长的封建社会中,这一重民贵民的精神不断得到了丰富和强化。汉朝贾谊曾指出:"闻之于政也,民无不为本也。"(《新书·大政上》)唐太宗更是深谙民贵君轻之道,认定"君依于国,国依于民"(《资治通鉴》卷一九二)。北宋张载宣传"民胞物与",朱熹则认为"天下之务莫大于恤民"(《宋史·朱熹传》)。这一系列重民思想,集中反映了中国传统文化中"民惟邦本"思想的发展和演进,也呈现了中国传统文化以民为本的精神。

中国传统文化坚持以民为本,还表现在以儒家为主体的古代思想家重视现世的人伦生活,而将宗教和鬼神信仰置于其后。孔子以后,孟子、荀子以至宋明理学家都继承了孔子"重人伦、远鬼神"的民本思想。

中国传统文化在处理现世人生中,强调关心国家利益、他人利益,以群体利益为先。儒家的仁学主张"仁者爱人",奉行忠恕之道,墨家也主张"兼爱、非攻",都是以爱他人、关心他人利益为重。孔子告诫人们,"己所不欲,勿施于人","己欲立而立人,己欲达而达人",即人们不要把自己不喜欢的事情强加在别人头上。自己立身修德了,也要让别人立身修德,自己通达事理了,也要别人通达事理,体现了一种推己及人、慈爱他人的"群体和谐"的崇高精神境界。墨子则号召人们要"兴天下之利,除天下之害",认为:人与人相爱,则不相贼;君臣相爱,则惠忠;父子相爱,则慈孝;兄弟相爱,则和调;天下之人皆相爱,则会强不势弱,众不动寡,富不侮贫,贵不傲贱,诈不欺愚。还可以使"老而无妻子者，有所侍养，以终其寿。幼弱孤童之无父母者，有所放依，以长其身。""睹其友，饥则食之，寒则衣之，疾病侍养之，死丧葬埋之"（《墨子·兼爱》）。这便是兴天下之利，除天下之害，表达了一幅"大同世界"的理想蓝图，激励着无数的志士仁人为此奋斗，为民兴利，为国除害。

中国传统人本主义坚持"民为贵"的民本主义精神，《尚书》中就有"重我民""唯民之承""施实德于民"的记述。《左传》《国语》等典籍中，也多处显示了以民为本的观念。孟子则提出了影响中国几千年的"民为贵，社稷次之，君为轻"的著名观点，成为开明统治者维护统治的座右铭。他认为得民心者得天下，失民心者失天下："桀纣之失天下也，失其民也；失其民者，失其心也。得天下有道：得其民，斯得天下矣。"（《孟子·离娄上》）所以，"得道者多助，失道者寡助"（《孟子·公孙丑下》）。孟子从为政之道出发，强调政治统治一定要得民心、合民意，否则便可能"身危国削"。荀子亦主张"民惟邦本"，他的著名比喻君舟民水传之久远，是历代为政者必修的一课。"用国者，得百姓之力者富，得百姓之死者强，得百姓之誉者荣。三得者具而天下归之，三得者亡而天下去之。"（《荀子·王霸》）不仅儒家主张"民惟邦本"，道、墨、法诸家也都具有以民为贵的重民思想。在漫长的封建社会中，这一重民贵民的精神不断得到丰富和强化。

很明显，这种以民为本的思想对我国的历史发展和社会进步产生了巨大影响，在我国封建社会中起着调和社会矛盾、限制和弱化专制暴政的作用，为中国人民接受近代民主主义思想提供了一定的基础和衔接点。可是这一思想是以君权为基础，依靠圣君贤相"为民做主"的，目的在于优化封建统治，所以它不是民主思想，更没有成为政治形式的民主制度。然而，我们不能因此否定其历史价值，其精华部分对现实社会的和谐进步仍然有着重要的借鉴意义。

中国社会向来注重"孝"，蒙学典籍《弟子规》开篇就指出为仁的次序应该是"首孝悌，次谨信，泛爱众，而亲仁"。父母兄弟是自己的至亲，孝顺父母、友爱兄弟自然就成了为仁的开始，因为很容易被人们接受。人们做到孝悌后，继续向仁的方向发展，就会"老吾老以及人之老，幼吾幼以及人之幼"，从爱自己的父母子女到爱他人的父母子女，以至于所有的人，就像波纹一样，以自己为中心，把爱向四周扩散。

中国传统文化是一种伦理型文化，其最重要的社会根基，是以血缘关系为纽带的宗法制度，它在很大程度上决定了中国的社会政治结构及其意识形态。孟子曾说："天下之本在国，国之本在家。"这高度概括了中国传统社会的实质。由家庭而家族，再集合为宗族，组成社会，进而构成国家。这种家国同构、家国一体的意识渗透到中国古代社会生活的最深层。这种家国同构的宗法制度是形成中国传统文化重伦理道德、倡孝亲尊师的根本原因。

在家国同构的宗法观念下，个人被重重包围在群体之中，因此特别重视家庭成员之间的人伦关系，如父慈、子孝、兄友、弟恭之类。这种人伦关系的实质是对家庭各个成员应尽的责任和义务加以规定，父母对子女有抚育的责任，子女对父母有奉养的义务。这就是儒家所倡导的"人道亲亲"。由"亲亲"的观念出发，引申出对君臣、夫妻、长幼、朋友等关系的整套处理原则。其中"孝道"是最基本的原则，所以梁漱溟先生称中国文化为"孝的文化"。

孝的一般意义是孝敬父母，其具体内容在儒家经典《孝经》中有明确说明："身体发肤，受之父母，不敢毁伤，孝之始也。立身行道，扬名于后世，以显父母，孝之终也。"又谓："夫孝，始于事亲，中于事君，终于立身。"孝子如何事亲呢？"居则致其敬，养则致其乐，病则致其忧，丧则致其哀，祭则致其严。"《孝经》中对天子、诸侯、卿大夫、士、庶人等不同等级之人的孝道均做出了具体规定。这些规定当然渗透了统治阶级的政治目的，即"百善孝为先""以孝治天下"。他们的逻辑是：在家事亲敬长，在国必然忠君爱国，认为"爱亲者不敢恶于人，敬亲者不敢慢于人。爱敬尽于事亲，而德教加于百姓，刑于四海"，以达到稳定社会秩序的目的。诚然，对于封建统治阶级所提倡的以残害人性、盲从盲信、极不平等为特征的"愚忠""愚孝"，我们应该批判、剔除之；但是，孝敬父母、尊敬长者的基本思想，则是中华民族数千年调整、和谐家庭关系所积累起来的伦理规范，是历代人们所认同的传统文化精神，在今天仍须继承和发扬。这是因为孝敬父母不但是中华民族的传统美德，也是现代文明的重要内容。它不但可以促进家庭的和睦、团结，也能促进社会与国家的稳定，使社会正气上升。

将这种孝亲的精神推而广之，用以处理个人与社会、个人与他人的关系，其基本的道德原则就是"能近取譬"，即以自身作譬喻，来考虑如何对待别人，古人叫作"设身处地""推己及人"。用孟子的话说："老吾老以及人之老，幼吾幼以及人之幼，天下可运于掌。"（《孟子·梁惠王上》）意思是，敬爱自己的长辈，进而推广到敬爱别人的长辈；疼爱自己的孩子，进而扩大到疼爱别人的子女。这样，要治理天下，就像东西在自己手掌中运转一样容易。可见传统文化对孝亲及人的重视。

三、刚健有为与自强不息

"刚健有为"作为中国传统文化基本精神之一，是人们处理天人关系和各种人际关系的总原则，是中国人积极的人生态度的最集中的理论概括和价值提炼。

"自强不息"一词最早出现在距今两千多年以前的《易经》中。《易经》中说："天行健，君子以自强不息。"这是对自强不息精神的真实写照，君子以此为榜样，要自强不息，努力向上，以便能够与天的这种气质协调一致。这是中华民族延续发展的思想基础。在这种精神的指引下，我们民族历来有艰苦奋斗，不怕任何困难，抗拒外来侵略，保持民族独立，保持个人人格独立的优良传统，这是中国文化主要的、积极的方面，由此而促进了中国文化的持续发展。

"天行健，君子以自强不息"讲的就是天道刚健，周而复始，永无止息。人们应效法道，自强不息。对此，孔子这样解释：君子"终日乾乾，与时偕行"。也就是提倡人应效法天道，像日月星辰那样奋斗不息、积极进取、刚健运行。自强不息、刚健有为是中国传统文化思想的基本精神，也是中华儿女百折不挠、孜孜奋斗的坚实动力，是中华民族虽屡遭磨难却依然屹立于世界民族之林的重要原因。

自强不息精神包括艰苦奋斗、勤学苦读、励志图强等。孔子积极倡导并实践这种自强不息的精神，他在《论语》中曾经指出："发愤忘食，乐以忘忧，不知老之将至云尔。"孟子说："天将降大任于斯人也，必先苦其心志，劳其筋骨，饿其体肤，空乏其身，行拂乱其所为，所以动心忍性，曾益其所不能。"荀子说："锲而舍之，朽木不折，锲而不舍，金石可镂。"这种自强不息的精神在春秋战国以后得到了继续发展，成为民族精神的重要组成部分，无论在国家强盛时期，还是在民族处于危难之际，这种自强不息的精神都曾激发过民族斗志，培养了中国人民自强不息的精神境界。

自强不息、刚健有为作为中华文化的基本精神，两千余年来深入人心、泽被广远，为包括知识分子和一般民众的整个社会所接受而普遍化和社会化，激励中华民族不息奋斗、百折不挠、积极有为、不断前进。一方面，这种精神使中国人形成了为理想而不惧艰难、执着奋斗、殒身不恤的坚强和独立的人格，所谓"舍身而取义"（《孟子·告子上》）和"有杀身以成仁"（《论语·卫灵公》）是也。司马迁的《史记·太史公自序》中更有文为证："盖西伯拘而演《周易》；仲尼厄而作《春秋》；屈原放逐，乃赋《离骚》；左丘失明，厥有《国语》；孙子膑脚，《兵法》修列；不韦迁蜀，世传《吕览》；韩非囚秦，《说难》《孤愤》；《诗》三百篇，大抵圣贤发愤之所为作也。"另一方面，这种精神也演化成了中华民族鲜明而强烈的爱国主义激情、渴望为国家建立功业的奉献情怀和反抗侵略、捍卫主权、维护祖国统一的坚定气概。历史上许多民族英雄以"人生自古谁无死，留取丹心照汗青"的凛然节气，自强奋斗、鞠躬尽瘁、死而后已，一直感动和激励着中华儿女效法他们的榜样，为国家民族拼搏进取、积极有为。自强不息、刚健有为作为中国传统文化的主导精神，激励着数以万计的志士仁人为坚持自己的理想和事业而奋斗终身。

人事效法天道，自强不息、刚健有为的进取精神使得我们不甘落后、勇于创新，在遇到危难困苦之时，积极探索改革图新之道。1840年鸦片战争之后，每一个有良知的中国人都在苦苦思索如何找到出路，使国家民族崛起，摆脱半殖民地半封建社会的命运。从太平天国起义到地主阶级的洋务运动再到戊戌变法、辛亥革命，始终没有放弃过否定过去、革故鼎新探索国家和民族的出路。近代史上"戊戌六君子"之一的谭嗣同就是其中的重要代表。在百日维新失败后，他多次放弃逃亡求生的机会，毅然赴死，并在慷慨赴刑前写下"望门投止思张俭，忍死须臾待杜根。我自横刀向天笑，去留肝胆两昆仑"的悲壮诗句，永垂青史。

自强不息、刚健有为的进取精神还一直激励着中华儿女不畏艰难、努力拼搏、奋发图强，始终保持坚韧不拔的顽强意志，明知不可而为之，进德修业、奋斗不止而终有所成。很早，我们就有了女娲补天、夸父追日、精卫填海、愚公移山、羿射九日等体现自强不息、刚健有为精神的神话故事。在现实生活中，一代代的中华优秀儿女也以此自励，在探求真理、追求理想的过程中，百折不挠、锲而不舍。在《论语》《孟子》中，孔孟在为我们讲述生于忧患、死于安乐的道理，只有时刻努力，牢记"天将降大任于是人也，必先苦其心志，劳其筋骨，饿其体肤，空乏其身……所以动心忍性，曾益其所不能"的道理。同时，他们又为我们树立了自强不息、刚健有为的典范。《史记·报任安书》中司马迁所记述的因遭遇厄运而著成经典之作的史实让我们可以更深刻地理解中国传统文化的基本精神。

伟大的思想家、教育家孔子正是遵循了这种精神而奋斗了一生。他一生奔波，希冀以周礼匡扶乱世，"知其不可为而为之"，结果是"发愤忘食，乐以忘忧，不知老之将至"。孔子对"饱食终日，无所用心"的人生态度投以极度的蔑视，认为君子应当是"食无求饱，居无求安，敏于事而慎于言，就有道而正焉"（《论语·学而》）。儒家的后继者，对"自强""有为"的学说做了进一步的发挥。曾子提出君子"任重而道远""死而后已"的观点。他说："士不可以不弘毅，任重而道远。仁以为己任，不亦重乎？死而后已，不亦远乎？"（《论语·泰伯》）从此，君子"任重而道远""死而后已"成为千古名言。孟子从人格修养，扩充人性中善的成分这一角度提出"吾善养吾浩然之气"，荀子则从天人关系角度提出"制天命而胜之"的著名论断。

中国传统文化中所具有的这种自强不息、刚健有为的主流精神，一直是中华民族奋发向上、蓬勃发展的动力，它体现在民族发展和人民生活的各个方面。

就民族的进步和发展而言，在民族兴旺发达、昂扬向上的昌盛时期，人们把建功立业看作人生价值的最大实现。"匈奴未灭，何以家为""海县清一，寰宇大定""请君暂上凌烟阁，若个书生万户侯"，显示的是汉唐将士积极戍边的壮志豪情。而在民族危亡、外族入侵的时刻，自强不息、刚健有为的精神也总是激励着人民顽强不屈地进行反侵略、反压迫的斗争。中国历史上曾有过无数可歌可泣的民族英雄，如苏武、岳飞、文天祥、史可法等。

就个人人格的独立和道德品质的体现而言，自强不息、刚健有为或表现为大丈夫"富贵不淫、贫贱不移、威武不屈"，匡扶正义，不与邪恶势力同流合污，或表现为在人生遭遇的挫折面前奋发图强，决不灰心，坚定不移地追求自己的理想。

自强不息、刚健有为还有一个重要的体现，那就是积极笃定、革故鼎新的改革精神。《易传》肯定"天地革而四时成，汤武革命，顺乎天而应乎人。革之时，大矣哉"，《礼记·大学》则盛赞"苟日新，日日新，又日新"。中国历史上每当"积弊日久"，总会有改革的或革命的运动，为清除积弊而变革变法。北宋的王安石变法，清末的康梁维新变法，都是这种革新精神的体现。

四、厚德载物与贵和持中

中国文化还有一个特点，就是兼容、宽容的传统。《周易·大传》中说，"地势坤，君子以厚德载物"，就是说君子要有宽厚的德行，能够包容万物，也就是一种宽容的精神，一种兼容并包的精神。西方历史有一个特点，那就是有宗教战争，为了宗教信仰而进行的战争。在中国，不同的宗教是互相宽容的。佛教从印度传到中国，被中国人接纳。伊斯兰教、基督教传到中国，也都有人信仰。所以在中国没有宗教战争，表现出一种互相宽容的态度，这是中国文化的一个很显著的特点。19世纪以来，中国向西方学习，也表现了一种兼容精神。中国文化的前途，就是要兼容，要学习西方的成就，同时要弘扬中国文化的优秀传统。

与自强不息、刚健有为的进取精神并存的是中国传统文化中不可或缺的厚德载物、尚中贵和的价值取向。《周易》坤卦以大地承载万物的包容阐释了厚德载物的内涵。在乾卦以龙喻人，告诉我们君子要效天之后，坤卦在我们面前展示了一幅大地顺承天道、承载万物、生长万物的图画，告诫我们君子还应该法地，以深厚的德行承担自己的责任。有了容载万物的气度和虚怀若谷、大肚能容的胸襟，才能达到中和之境，即天地位焉、万物育焉的理想之境。

在几千年的生存过程中，内忧外患此起彼伏，但中华民族仍屹立不倒，成为四大文明古国中唯一的幸存者。我们的民族能通过一代一代生命的传递，传承不息的文化传统，使民族的生命得到了延续，保持了始终如一的独立品格，使我们成为人口众多、国力强大的泱泱大国，就是因为有大爱精神。这种大爱精神是中华民族精神之根，它提倡一种真正无私的爱，一种超越性的爱——从爱自己到爱他人、爱社会、爱民族、爱国家、爱世界、爱整个人类生存的环境。《弟子规·泛爱众》归纳为"凡是人，皆须爱，天同覆，地同载"。人类只有树立大爱精神，才能与天地共同履行相应的责任，并列为三才，即荀子讲的"与天地参"的三才之道，从而达到天人合一的境界。有了这种大爱精神，才会有理解他人的行为。《弟子规·亲仁》指出了强调理解的必要性："同是人，类不齐，流俗众，仁者希。"理解与仁爱是相辅相成的："能亲仁，无限好，德日进，过日少；不亲仁，无限害，小人进，百事坏。"为此《弟子规·泛爱众》专门探讨了一个有仁爱之心的人如何做到理解他人的方法和途径："勿自私、勿轻訾、勿谄富、勿骄贫、勿厌故、勿喜新、勿事搅、勿话扰""人有短，切莫揭。道人善，即是善。扬人恶，即是恶。善相劝，德皆建""凡取与，贵分晓，与宜多，取宜少。将加人，先问己。己不欲，即速已。恩欲报，怨欲忘。抱怨短，报恩长。"程颐认为只有"厚德载物"之大爱精神，才会有理解他人的行为出现。他说："德之成，其事可见者，行也。"德成而后可施用。而要培养"厚德载物"之大爱精神，是很不容易的，非下一番苦功夫不可。当今，我们大力弘扬中华民族精神，号召从小学习中华传统美德，就是为了培养"厚德载物"之大爱精神，重建中华民族共有的精神家园。

厚德载物、尚中贵和的价值取向不仅有包容、谦虚的内涵，还有追求中和的传统。中和是一种理想之境，致中和，天地位焉，万物育焉。分而言之，"中"是指思想方法，而"和"则是指在这种思想指导下的行为效果。《中庸》说："喜怒哀乐之未发谓之中，发而皆中节谓之和。"可知"中"的本身并非喜怒哀乐，而是指对喜怒哀乐的持中状态，就是说，对喜怒哀乐等情欲要有一个适中的度的控制，过度的喜不叫喜，过度的乐也不叫乐。朱熹注释说："喜怒哀乐，情也；其未发，则性也。无所偏倚，故谓之中。"性即本性，本来的状态，也就是本身固有的质和量。对喜怒哀乐能按应有状态掌握，无所偏倚，这就叫"中"，平时能持中，一旦表现出来，就能中节，这就叫"和"。因为效果的"和"决定于方法的"中"，所以程颐解释"中庸"一词说："不偏之谓中，不易之谓庸。"不易说的是不可更易，不是别的不可更改，而是"中"的原则不可更易。

"中"绝不是人们习惯所说的折中主义，不是与放弃原则画等号的"中庸之道"，更不是于两者间取其平均值的简单算式，而是一种非常老到的思想修养和极其严格的效果要求。追求的是人与事的"中和"境界。唯其尚"中"，所以能"和"，唯其乐"和"，所以要"中"。做人要中，处世要中，思虑要中，审事要中，一切唯是求，唯中是律。

我国很早就已经有了"中和"的观念。早在原始社会，中国先民就已经有了"和"的观念。从美学意义上的中和之境到图腾崇拜意义上的天、地、人和谐共生的宇宙观念，中和的价值取向逐渐融入了中华儿女的血液和灵魂。到西周时期，随着中华人文精神的勃兴，中和意识、天人合一的观念也逐渐成为中华儿女自觉的价值追求和行为方式，从格物、致知、诚意、正心到修身、齐家、治国、平天下，都要将中和作为理想：修身养性，讲究身心和谐；处理家务，追求家和万事兴；社会交往，坚持"和而不同"；治理国家，期盼"政通人和"；国际交流，遵循"和平共处"；与自然关系，追求天人合一。

贵和持中是一种和谐精神。"和"是一个有着丰富而深刻内涵的范畴。中国思想史上对"和"做了界定："和"是多样性的统一，万事万物都有着内部固有的和谐，整个世界是一个内在和谐的系统；"和"是事物生成的原因，也是万物兴旺发达、人们吉祥幸福的原因。孔子说："礼之用，和为贵。"礼之运用，贵在能和。"和"与"同"在中国文化中是两个不同的范畴。"和"是众多不同事物之间的和谐；"同"是简单的同一。与"贵和"的思想联系在一起的是"尚中"。"和"是一种状态、一种理想，而达到"和"的手段和途径则是"持中"。这个"中"，是说凡事都有一个恰当的"度"，即做事应恰如其分，反对"过"

与"不及"。

孔子主张"执两用中""过犹不及"。《尚书》云："士制百姓于刑之中。"就是说，执行刑罚要不偏不倚，合乎标准。孔子也认为作为标准的"中"不是一成不变的，而是随着时间和条件的变化而变化。他说："君子之中庸，君子而时中。"

中国哲学特别重视和谐，强调"以和为贵"。春秋时期的史伯说"和实生物""以他平他谓之和"。所谓"和"是创新的源泉，是指多样性的统一。孔子说："君子和而不同。"孟子说："天时不如地利，地利不如人和。"人和是指人与人的团结合作。"和"是人际关系的一个重要准则。人与人之间，国与国之间，人类与自然之间经常相互矛盾斗争，但是，如果只强调斗争，把利益和力量之争看得十分重要，就会损害人类整体的利益。现在的世界更需要"和"，而不是"争"，如果再继续相互残杀，那么人类就没希望了，"和"才是持续发展的准则。习近平主席提出要打造人类命运共同体，就是中国传统文化中的"和"与"同"的体现。

"贵和持中"不仅是中国传统文化中极其重要的思想观念，也培育了中华民族的群体心态：政治上，人们重视君臣、国家、民族间的和谐；经济上，"不患寡而患不均"；思想方法上，主张"执其两端而用其中"，既不要过分也不要不及；个人修养上，主张"从容中道""文质彬彬"；艺术上，主张"乐而不淫，哀而不伤"；美学上，主张"以和为美"；戏剧文学上，主张"大团圆"的结局。这些都是强调"和"。

贵和持中的精神对中华民族的影响是深刻的。孔子主张"和为贵"，并主张以"持中和谐"的手段来处理事情，孔子还主张以"礼"和"仁"来协调人际关系，他说："己所不欲，勿施于人。"孟子认为"天时不如地利，地利不如人和"。在孔孟之后，这一贵和持中的精神继续发展，贵和持中的精神对中华民族的影响是深刻的。首先，和谐观念把天、地、人看作统一的整体，这适应了大一统的政治要求。随着贵和持中思想的发展，一统河山的集权意识在整个中国发展史上也占据了主导地位，在历史的长河中，统一始终是中国发展的主流，而统一是中国封建社会经济特别繁荣、文化达到世界最高水平的一个基本原因。其次，和谐观念反映到社会伦理领域，则表现为个人、家庭、国家不可分割的情感，这对维护祖国统一，维护民族团结起到了积极的促进作用。再次，和谐观念反映到文化领域里，则表现为兼收并蓄的宽容精神。如产生于中国本土的儒、墨、法、道各家，则能和而不同地相互包容，到汉武帝"罢黜百家，独尊儒术"时，其儒家已是吸纳了法、道、墨等各家思想养料的儒家。不仅如此，中华文化对外来的文化同样能够兼容并蓄，如佛学东渐后，逐渐与中华文化融合为一。

"贵和持中"的思想，作为中国文化基本精神的一个重要内容，对中国社会带来的影响也是双重的。它的积极作用和影响是主导方面，对保持社会稳定和发展，对于维护统一的多民族国家，无疑有着积极的作用。但是，不可否认，由于全民族在贵和尚中观念上的认同，中国文化缺乏如西方文化中的竞争、进取精神，这对社会的发展也有不利的影响和作用。

第三节　中国传统文化基本精神的功能

中国文化的基本精神作为中华民族精神的集中表现，在中国古代社会的长期发展中产生了深远的影响，是中国古代社会发展的思想基础和内在动力，全面了解这些功能，有助于我们更深刻地认识中国传统文化的积极意义，促进今天的新文化建设。

一、民族凝聚功能

中国文化从传说中的伏羲、神农、黄帝以来，延续发展了四五千年，在15世纪以前，一直居于世界文化的前列。15世纪以后，中国的四大发明传入欧洲，促进西方文化突飞猛进，中国却落后了。19世纪40年代之后，中国受到资本主义列强的侵略凌侮，中国的志士仁人和广大群众奋起抗争，努力寻求救国的道路，经过一百多年的艰苦斗争，终于取得胜利。1949年以来，中国文化延续发展，虽然曾经落后，但又能奋发图强，大步前进，这些都不是偶然的，有其内在的思想基础。这种促进中国文化长期延续和自我革新的思想基础，就是中国文化的基本精神。

中国文化精神的一个重要的功能就是民族凝聚功能。文化基本精神有着巨大的思想统摄性，它可以超越地域、阶级、种族、时代的限制，用中华民族优秀文化传统哺育每一个中华儿女，使其凝为一体，同心同德地为民族整体利益和长远利益而不懈奋斗。正因为如此，历史上每当外敌入侵之时，中华民族都能够万众一心地抵御外侮；而每当内乱出现之时，人们往往又可以在"中华一体"的民族认同基础上，摒弃前嫌，团结一致，变分为合，化乱为治。这些与刚健自强、贵和尚中的民族文化基本精神对人们的滋养都是分不开的。

我们民族贵和尚中的文化基本精神，还滋养出了中华民族崇尚和谐统一的博大胸怀。坚持"和而不同"的矛盾统一观，反对片面求同或乱斗一气；坚持统一，反对分裂；把家庭邻里的和谐、国家的统一看作天经地义的事情。这种文化传统，对于中华一体、国家一统的民族文化心理的形成，对于我们国家、社会的长期稳定发展，曾经起到十分重要的聚合作用。

自西周以来，作为一种理性自觉，大一统观念便深深地扎根于中国人的心中，"春秋大一统"是人人皆知的名言。作为中国传统精英文化主流的诸子百家学说，尽管各执一词，有的甚至势同水火，但在国家统一、民族融合、使天下"定于一"的思想方向上，却有共识，可谓相反相成。这种政治上的大一统观念，实际上是"天人合一""贵和尚中"的民族文化基本精神熏陶的结果，是它的折射。不仅如此，"天下一家""民胞物与""四海之内皆兄弟"的观念，还成为凝聚全社会的精神力量。以国家统一为乐，以江山分裂为忧，是中华民族天经地义的政治价值取向。这种大一统观念，经过儒、法两家从不同思维路向的论证，特别是经过秦汉时期封建大一统国家的建立而带来的民族融合、共同发展的历史实践，逐渐转化为民族文化深层社会心理的结构意识，成为中华民族的政治思维定式，有力地推动了中华民族的整体发展和社会文化的进步。

中国传统文化强大的凝聚力也表现为文化心理的自我认同感和超地域、超国界的文化群体归属感。早在西周时期，中华先民就有了"非我族类，其心必异"

的观念,表达了从心理特质上的自我确认。到了近代,中国人更自觉地意识到"中华之名词,不仅非一地域之国名,亦且非一血统之种名,乃为一文化之族名"。直到今天,数以千万计的浪迹天涯的海外华人,虽然身在异国他乡,但依然与中华民族的文化血肉相依。在他们的意识与潜意识中,一刻也没有忘记自己是中华儿女。

二、价值引导功能

中华民族的孕育、形成、发展和定型是一个漫长的过程,而中国传统文化的形成和成熟与之同步,也经历了这样一个漫长的过程。在这个过程中,传统文化中的精神层面起着文化整合的作用,使多元发展的地域文化逐渐走向融合。虽然不同地域的文化被纳入中华民族文化的整体框架之后,原本存在于地域文化内部的各种要素仍然继续存在,但并不影响民族统一的大文化的发展。在这样一种价值取向的制约和引导之下,天人合一、以人为本、刚健有为、自强不息、崇尚中和成为全社会广泛认同的文化观念,超越了地域、超越了阶层,成为一种稳定的民族心理,代代相传,并不断完善,因而也不容易被其他任何外来文化所吞噬。如佛教传入中国,被中国的文化加以改造,形成了有中国特色的宗教文化。

在文化生活中,指导行为活动的,首先是价值观念。这种观念一旦形成,就会作为主导性因素渗透于人类生活的各个方面。中华民族在长期的历史发展中,形成了具有民族特色的传统文化基本精神,所形成的具有独特内涵的价值体系,在中华民族的发展史上,起着重要的价值引领作用,引领中华儿女自强不息、向上向善,引领全中国人民共同努力,把我们伟大的国家建设成富强、民主、文明、和谐、美丽的社会主义强国,引领全社会人民把我们共同生活的社会建设成为自由、平等、公正、法治的和谐美好社会,引领全社会公民把自己培养成爱国、敬业、诚信、友善的社会主义公民。

三、融合创新功能

整合不同的价值,使其在"中华一体"的文化格局中熔铸成为一个有机的统一整体，从而有所开拓创新，这是中国传统文化基本精神的又一功能。

中国传统文化的基本精神，是整个中华版图意义上的民族精神。而中华民族的孕育、形成和发展，有一个漫长的过程。同样，全面意义上的中国传统文化的成熟、定型，也有一个长期发展的过程。其间，作为中国传统文化基本精神的诸多主体内容，在不同时期、不同地域起着不同的作用，对原有的诸多地域文化和不同阶层的文化，有着重要的整合创新功能。

中国古代文化是在多元一体的格局下发展起来的。齐鲁文化、燕赵文化、巴蜀文化、荆楚文化、吴越文化、秦陇文化、岭南文化等，都是古代中国人在艰苦的实践中，在特定的地域里，通过长期艰苦卓绝的努力而创造出来的反映该地域人民文明发展程度的文化。这些地域文化，各有其自然环境特色和社会人文特色，反映着不同的价值观念，彼此间不能等同、替代。但是，这些特色各异的地域文化，几乎都蕴含着自强不息的奋斗精神，都有"中华一体"的文化认同意识。正是在这种共同精神的烛照下，多元发展的地域文化逐渐走向融合，成为中华民族文化大家庭的重要组成部分。在中国历史上，每一次大的统一，都伴随着文化和思想观念上的整合创新。秦朝统一，使秦与其他六国"车同轨，书同文，行同伦"（《礼记·中庸》），中国有了统一的文字，这对于中国传统文化的开拓和发展，有着极其深远的意义。而后隋唐、明清文化中出现的盛大恢宏气象，无一不蕴含着深刻的整合创新精神。不同地域的文化被纳入中华民族文化的整体构架之后，原本分别存在于不同地域文化之中的各种文化"基因"，仍然继续存在，有的还被大力发展，着意提升，成为全民族共同的精神财富。

中国传统文化基本精神中的整合创新功能，根植于中国古代哲学的理论思维之中，如我们提及过的"贵和"思想，便是突出一例。"和实生物，同则不继"（《国语·郑语》），在中国古代的哲人看来，"和"便是创新的源泉，万物的生生日新，是统一体中的"不同"、对立的方面整合的结果，这也是《易传》中所说的："日新之谓盛德，生生之谓易。"

中国传统文化的基本精神，是全民族的共同精神成果，在其演进的过程中，逐渐形成了文化的大传统。天人合一、以人为本、贵和尚中、刚健有为成为全社会广泛认同的文化观念，它们超越了地域和阶层，成为牢固的民族文化心理，代代相承，不为外来的力量所打破。在文化大传统的熏陶下，原有的地域文化所蕴含的文化小传统，既表现出中国传统文化的共性，又保留了自己的特殊性，即个性，内容更加丰富，有的还在发展中逐渐形成了新的传统。

值得注意的是，在中国古代文化中，文化的大传统与小传统往往交相渗透，彼此兼容，很难简单地截然分开。比如，上述中国传统文化基本精神的诸方面，在不同的地域文化中都有不同程度的存在和表现；就阶层而言，在上层社会和下层社会中基本上也都可以被接受。这是与中国传统文化基本精神雅俗共赏、上下乐道、朝野认同的特质分不开的。

中国传统文化基本精神有着强烈的趋善求治的价值要求。无论在理论层面或行为方式层面还是在社会心理和潜意识的层面，都对全民族的价值取向起着任何别的因素所不能替代的作用。"贵和尚中"的精神，培育了古代中国人民追求和谐、反对分裂的整体观念，滋养了崇尚中道、不走极端的平和心境；"天人合一"的精神，激发出了"究天人之际"的治学传统和思想传统，并成为不同时期、不同思想流派共同的思维方式和价值追求。这些经过长期的实践，逐步深入人心，并演化为深厚的民族共同心理，以至成为集体的"文化无意识"。这些思想观念的相互整合，塑造了中国传统文化博大、精进、宽厚、务实的精神风貌。

第四章　中国传统文化的价值

价值观是一种评价性的观点，它既涉及现实世界的意义，也指向理想的境界。具体而言，价值观总是奠基于人的社会需要，体现了人的理想追求，蕴含着一般的评价标准，展示出人们内心相对稳定的价值取向，外化为具体的行为规范，并作为稳定的思维定式、取向、态度，影响着广义的文化推演进程。不同时期的文化发展，总是受到主流或非主流价值观的内在制约。可以说，价值观在文化中处于核心地位。一般来说，价值观是由一系列价值标准组成的。价值标准凝聚了人们对真善美、假恶丑的最基本判断。正是相互关联的价值原则，构成了文化的价值系统。

第一节　中国传统文化的价值体系

一、基本特点

（一）多元化

中国传统文化在其历史发展进程中，曾经呈现出"百家争鸣"之思想认识格局，儒家、道家、墨家、法家、佛家，诸派纷呈，对天人、群己、义利、理欲等关系提出相拒而又交融、相反而又互补的认识观点，自觉形成了各家各派的价值观念，建构了中国传统文化内涵丰富的价值体系。通常认为，中国传统文化表现出重人伦而轻自然、重群体而轻个体、重义轻利、重道轻器的特点，这主要是就儒家的价值取向而言的。如果对中国传统文化做一整体的系统分析，我们则不能忽略其中所包含的多元价值取向。即便是关于天人关系的认识，相对于儒、墨之突出人道原则，道家则把关注点放在自然（天）之上，强调"法自然"，认为自然本身就是完美的状态，而无须经过人化的过程。

（二）主导性

主导价值观是社会自觉建构、被社会多数成员接受与认同、具有现实社会合理性基础和价值导向功能的社会价值观念体系。整体而言，中国传统文化体现了儒家思想的主导地位。儒家思想，也称为儒教或儒学，是先秦诸子百家学说之一，由孔子创立，最初指的是司仪，后来以此为基础逐渐形成完整的儒家思想体系，是以"仁"为核心和"人为贵"的思想体系，是中国最为重要的传统文化。其九大核心思想——仁、义、礼、智、信、恕、忠、孝、悌，更是对中国有着深远的影响。从孔孟之道到宋明理学，儒家思想的产生、发展历经两千余年，其内容、结构和功能在不同时代、不同学者那里都有变化，但是都称为儒学，说明他们同时遵循协同一致的理论框架，有着相似的思维方法，是中国传统文化的主干，是中国影响最大的流派，也是中国古代的主流意识。儒家学派对中国、东南亚乃至全世界都产生过深远的影响。

（三）关联性

随着农耕社会文明的历史进程的推进，整体而言，中国传统社会诸子百家思想活跃，代表人物、代表思想层出不穷，他们之间并非自说自话、相互排斥，而是体现了相互冲突、紧张的价值观念的交锋乃至争斗，更体现着内在关联、互补的关系。从历史上看，墨、法、佛教并没有成为中国传统文化的主流，然而，在群己关系上，其认同群体的趋向与占主导地位的儒家价值观有颇多契合之处。如墨家提出了"兼爱"的原则，对群体予以了更多的关注；而法家的主张颇近于墨家的"尚同"，对君权合理性的解释渗入了整体优先的原则；佛家一方面追求的是个人的解脱，另一方面又主张自觉地普度众生。而儒家所注重的群体原则，在其演化过程中，也多方面地融入了墨、法等家的观念，并呈现不断强化的趋势，取得了支配的地位。

二、主要思想

（一）天人之辨

1. 人文取向与人道原则

注重天人关系，是中国传统文化的显著特点。早在先秦，天人之辨已成为百家争鸣的中心问题之一。它既是一个哲学问题，又具有普遍的文化意义。"天"即广义的自然，"人"则指人的文化创造及其成果。这样，天人关系在某种意义上便构成一种价值关系，而天人之辨则成为传统文化价值系统的逻辑起点。

儒家对人类与个体超越自然状态、不断社会化持肯定态度。对于人是否应当超越自然的状态这一问题，儒家是较早做出自觉反省的学派之一。按照儒家的看法，自然是一种前文明的状态，人应当通过自然的人文化，达到文明的境界。孔子很早就指出："鸟兽不可与同群，吾非斯人之徒与而谁与？"（《论语·微子》）鸟兽是自然的存在，"斯人之徒"则是超越了自然状态而文明化了的人。作为文化的创造者，人不能倒退到自然状态，而只能在文化的基础上彼此结成一种社会的联系（群）。在这里，对鸟兽（自然的存在）与"斯人之徒"（社会的存在）的区分，已经包含着对人文价值的充分肯定。

在儒家看来，"斯人之徒"是作为类的人。超越自然不仅表现在形成文明的群体，而且以个体的人文化为目标。就个体而言，自然首先以天性的形式存在，而自然的人化则意味着化天性为德行（道德品格）。儒家辨析天人之关系，总是会兼及个体，与注重群体的文明化相应，儒家一再强调个体也应当由自然的天性提升为人化的德行。在儒家看来，就天性而言，人与一般禽兽并没有多大区别，如果停留在这种所谓本然的天性，那么，也就意味着把人降低为禽兽。人之为人，并不在于具有气、生等自然禀赋，而在于通过自然禀赋的人化而形成自觉的道德意识（义）。正是这种人化的过程，使人不同于自然的对象而具有至上的价值，即荀子所言之"最为天下贵"。这样，儒家便从群体关联与个体存在两个方面，对人文价值做了双重确认。

作为一种高于自然的人文存在，文明社会应当以什么为基本的价值原则？早在先秦，儒家的创始人孔子就提出了"仁"的观念。作为原始儒学的核心观念，"仁"具有多重含义。而从价值观上看，其基本的规定则是"爱人"（《论语·颜渊》）。孟子也指出："君子所以异于人者，以其存心也。君子以仁存心，以礼存心。仁者爱人，有礼者敬人。爱人者，人恒爱之；敬人者，人恒敬之。"（《孟子·离娄下》）可见，孔孟之说所体现的是一种朴素的人道原则。以"仁"为形式的人道原则，首先要求对人加以尊重和关切。当马厩失火被焚时，孔子所问的是"伤人乎"，而不是打听火灾是否伤及马（《论语·乡党》）。这里体现的，便是一种人道的观念：相对于牛马而言，人更为可贵。因此，失火时孔子首先关心的是人。当然，这并不是说牛马是无用之存在，而是表明牛马作为与人相对的自然存在只具有外在的价值，或者说是次要的价值。而唯有人才有其内在价值，或者说首要的价值。这种人道原则体现了儒家基本的价值取向。孟子由仁学引申出"仁政"，要求以德行仁，反对用暴力的方式来压服人。即使在具有神学色彩的董仲舒儒学体系中，同样可以看到内在的人道观念。董仲舒虽然将"天"神化为超自然的主宰，但是也强调"天下长万物，上参天地""最为天下贵"（《春秋繁露·天地阴阳》）。他还认为，天地之产生万物，乃是为了"养人"；换言之，一切以人的利益为转移，在神学的形式下，人依然处于价值关怀的中心。

墨家在天人关系问题上的看法，与儒家固然存在不少差异，但也有相近的一面。和儒家一样，墨家对自然的状态与人文的形态做了区分，认为处于自然状态中的动物，有羽毛做衣服，有水草做食物，故既不事农耕，也无须纺织。人则不同："今人与此异者也，赖其力者生，不赖其力者不生。"（《墨子·非乐上》）文中的"力"泛指人的活动。在墨家看来，正是通过这种活动，人超越了自然状态中的动物而建立起文明的社会生活，这里内在地蕴含着化自然为人文的诉求。而在关于文明社会的秩序稳定的问题上，墨家提出了"兼爱"原则，指出若天下之人能兼相爱，就可以消弭纷争，彼此相亲，天下太平。"兼爱"思想同样体现了人道原则。

2. 无以人灭天

相对而言，在天人关系的问题上，道家把关注的重点放在自然（天）之上，认为自然过程和谐而有规律，蕴含着一种内在的美，而人化的过程不仅无益于自然之美，而且总是破坏这种理想状态。"牛马四足，是谓天；落（络）马首，穿牛鼻，是谓人，故无以人灭天。"（《庄子·秋水》）牛马有四条腿，是本来如此，属自然（天）；给牛马套上缰绳，则是一种后天的人为。正如络马首、穿牛鼻是对牛马天性的戕贼一样，一切人化的过程都是对自然之美的破坏。在道家看来，文明进步带来的并不是进步，而往往是祸乱和灾难："民多利器，国家滋昏。"（《老子》第五十七章）"大道废，有仁义；智慧出，有大伪。"（《老子》第十八章）工具的改进，固然增加了社会的财富，但也诱发了人的好利之心，并导致利益上的纷争和冲突。文明的规范诚然使人超越了自然，但仁义等规范的标榜，也常常使人变得虚伪化。道家既然认为自然的人化具有负面的意义，逻辑的结论便是从文明回到自然。

广义的天人之辨还涉及天性与德行关系的问题。儒家孟子一派认为德行即是天性的内容，荀子一派认为德行是天性的改造。相对于儒家注重天性的改造，道家更强调对天性的顺导，所谓"无以人灭天"，亦意味着反对戕贼人的自然本性。在道家看来，自然的天性体现了人的本真状态，人为的塑造则如同络马首、穿牛鼻那样，抑制了人性的自由发展，并使人失去了本真的状态。作为文明社会的主体，人当然应超越天性而培养德行。儒家从主体存在的角度肯定了人文的价值，但过分地强调对天性的改造，又往往使德行的培养成为一个"反之于性而悖于情"（《荀子·性恶》）的过程，由此形成的德行并不是真正健全的人性。天性与德行的对立，往往导致当然对自然的否定，其逻辑结果则是使当然之则成为一种外在的强制，后来理学家的所谓"天理"，便带有这种强制的性质。

随着历史的迁移，儒学发展到宋明理学时，人道原则得到了进一步的阐发。理学以儒家思想为主题，同时糅合了佛、道等各家学说。与先秦儒学一样，理学家首先强调"天地之性人为贵"（《四书章句集注》），亦即从天人关系的角度肯定了人的内在价值。由此出发，理学家提出了"民胞物与"的观念："民吾同胞，物吾与也……尊高年，所以长其长；慈孤弱，所以幼吾幼。"这里确实充满了人道的温情：人与人之间亲如手足，尊长慈幼成为普遍的行为准则。尽管理学对墨、佛等颇多批评，但"民胞物与"的观点却与墨、佛等展示了相近的文化精神，它在一定意义上表现为儒家的"仁"、墨家的"兼爱"和佛家的"慈悲"等之融合。可以说，正是通过这种融合，传统的人道原则获得了更丰富具体的内涵，从而成为一种稳定的价值定式，儒家要求化自然为人文，并以人道作为社会的基本原则无疑有其积极的意义，对中国传统社会产生深远的影响。儒家所强调的超越自然，主要是指化天性为德行，其目标在于达到道德上的完美。这种价值追求，使儒家的人道原则带有狭隘和片面的特点。在主张由天性提升为德行的同时，儒家往往忽视了对自然的探索与改造，并相应地表现出了某种重人文而轻自然的倾向，也表现出传统价值观消极的一面。

3. 力命之辨与人的自由

天人之辨内在地关联着力命关系问题。"天"的超验化，便表现为"命"。事实上，在中国传统文化中，"天"与"命"常常合称为"天命"。如果剔除其原始的宗教界定，"命"或"天命"的含义大致接近于外在必然性。与命相对的"力"，一般泛指人的主体力量和权能。作为天人之辨的展开，力命之辨所涉及的乃是人的自由问题。

儒家：对主体自由与外在天命予以双重确认。化自然为人文的基本条件是主体自身的努力，超越自然的要求本质上蕴含着对主体力量的确信。从孟、荀到汉儒，直到后来的宋明理学家，肯定主体在道德实践过程中的自主权能，构成了儒家文化的主流。其总体上是强调充分发挥人力，甚至达到知其不可为而为之的程度，而后才安然去接受此后的一切结果，此即"安命"。由此可见，儒家对主体权能的理解，往往与天命的观念糅合在一起。在道德实践的领域，行为固然取决于自我的选择，但一旦超出这个范围，人的活动就要受到天命的限制。如"道之将行也与？命也；道之将废也与？命也"（《论语·宪问》）。"求则得之，舍则失之，是求有益于得也，求在我者也；求之有道，得之有命，是求无益于得也，求在外者也。"（《孟子·尽心上》）这种精神可以用《易传》"穷理尽性以至于命"来概括。"穷理"是对外在规律的根究,"尽性"是高度恪守道德要求,"至于命"就是对一切结果的坦然接受。儒家所谓"在我者",主要与主体的德行涵养和道德实践相联系,"在外者"则泛指道德之外的各个领域。从个体的富贵寿夭,到社会历史进程,都可以归入广义的"外在者"。二者的区分,在某种意义上表现为自由信念与宿命观念的对立。儒家对主体自由与外在天命的双重确认,构成了儒家价值观的基本特点。从先秦到宋明,儒家在总体上都没有超出这一思维定式,其历史影响极为深远。

道家:主张无为安命与逍遥自适。与"无以人灭天"相应,道家将"无为"规定为主体在世的原则。按其本义,"无为"既是对违逆自然的否定,又意味着接受既成的境遇,它与改造对象和改造自我的积极努力形成对立的两极。正是从接受既成境遇的前提出发,道家提出了"安命"的观念:"知其无可奈何而安之若命,德之至也。"(《庄子·人间世》)在这里,服从超验之命,成为主体的最终选择,在主体作用与外在天命二者之间,天命成了更为主导的方面。这种价值取向多少带有宿命论的性质。不过,在强调"安命"的同时,道家又追求一种"逍遥"的境界,以为通过虚静无为,合于自然,便可以摆脱外在的束缚与限制,逍遥于世。就其形式而言,"逍遥"是一种自由之境,这种自由在道家那里往往与超越感性欲望和功利计较相联系,因而带有某种审美的意义。在道家那里,无为安命的人生取向与逍遥的人生追求交错并存,构成了颇为复杂的形态。这种价值观念与儒家不同的是,在儒家那里,自由之境主要与道德努力相联系,而道家的逍遥则趋向于审美的追求。

墨家和法家:更注重主体力量。墨家提出"非命"论,认为命是一种虚幻的超验之物。它往往使人放弃自身的努力,从而导致了社会的惰性。按墨家之见,决定社会治乱、个人境遇的,并不是外在的天命,而是人力。墨家强调"赖其力者生,不赖其力者不生",既从天人关系上肯定了对自然的超越,又从力命关系上突出了主体力量的作用。就社会而言,"强必治,不强必乱";就个体而言,"强必富,不强必贫"(《墨子·非命下》)。这里体现的,是对主体力量的高度自信。更值得注意的是,在墨家那里,主体力量的作用范围已超出道德实践这一面，指向了更广的领域，它在相当程度上已扬弃了儒家所谓"在我者"与"在外者"的对峙。墨家提出"非命"观念的同时，也评判了儒家的宿命论倾向。而法家与墨家的价值观在注重主体的作用与权能上有相近之处。在法家看来，社会的治乱、国家的强弱，并非取决于天命，而在于君主是否能正确地运用法、术、势。"明于治之数，则国虽小，富；赏罚敬信，民虽寡，强。"（《韩非子·饰邪》）尽管法家对主体权能的强调有时不免与君王南面之术纠缠在一起，但确信主体可以在政治实践中掌握自己的命运，则使其价值观区别于命定论。法家的如上价值原则常常被概括为"当今争于气力"（《韩非子·八说》）。对"力"的这种崇尚固然有可能引向暴力原则，但与墨子所谓"赖其力者生"一样，其内在精神在于高扬主体的力量。

综上，从价值观的各自特点来看，儒、道徘徊于外在天命与主体自由之间，并表现出某种宿命的趋向，墨、法则从不同的角度拒斥了"命"的观念，并对主体力量与权能做了较多的肯定。然而，就现实的形态而言，作为正统的儒家价值观，往往又渗入了法家的某些观念，而道家与道教则分别对上层士林和下层民间产生了广泛的影响。因此，在中国传统文化中，"天命"的观念与主体权能的确信总是彼此制约、错综交杂。

(二) 群己关系

1. 儒家："修己以安人"

由天人关系转向社会与人的关系，便涉及群己关系。作为主体性的存在，人既是类，又是个体，二者应当如何定位？这一问题将传统价值体系引向了群己之辨。儒家是最早对群己关系做出自觉反省的学派之一，其主要价值取向可以概括为"修己以安人"的群体本位思想。按照儒家的看法，每一个体都有自身的价值，所谓"人人有贵于己者"（《孟子·告子上》），便是对主体内在价值的肯定。从这一前提出发，儒家提出了"为己"和"成己"之说。"为己"和"为人"相对。所谓"为人"，是指以迎合他人的取向为转移。"为己"则指自我的完善，其目标在于实现自我的内在价值，即"成己"。作为主体，自我不仅具有内在的价值,而且蕴含着完成和完善自我的能力。儒家所理解的"为己"和"成己",主要是德行上的自我实现。

在儒家看来,无论是外在的道德实践,还是内在的德行涵养,自我都起着主导的作用。主体是否遵循伦理规范,是否按仁道原则来塑造自己,都取决于自主的选择及自身的努力,而非依存于外部力量。正是在这个意义上,儒家强调求诸己,而反对求诸人:"君子求诸己,小人求诸人。"(《论语·卫灵公》)儒家的重要经典《大学》则进一步以自我为本位,强调从君主到普通人,首要事情就是以修身为本。儒家的上述看法,从道德涵养的目标("为己""成己")和道德实践、德行培养的方式上,对个体的价值做了双重肯定。在儒家看来,自我的完善并不具有排他的性质,相反,根据仁道的原则,个体在实现自我的同时,也应当尊重他人自我实现的意愿,所谓"己欲立而立人,己欲达而达人"(《论语·雍也》)就表明了这一点。如上价值原则往往被更简要地概括为成己而成人:一方面,自我的实现是成人的前提;另一方面,主体又不能停留于成己,而应由己及人。而后者在某种意义上构成了自我完善的更深刻的内容:正是在成就他人的过程中,自我的德行得到了进一步的完成。

"成己"与"成人"的联系,意味着使个体超越自身而指向群体的认同。事实上,在儒家那里,成己往往以安人为目的,孔子便已提出"修己以安人"(《论语·宪问》)的主张。"修己"即自我的涵养,"安人"则是社会整体的稳定和发展。道德关系上的自我完善("为己"),最终是为了实现广义的社会价值,即群体的稳定和发展。后者所确认的,乃是一种群体的原则。这种原则体现于任何人的关系,便具体化为"和"的要求。所谓"礼之用,和为贵"(《论语·学而》)、"天时不如地利,地利不如人和"(《孟子·公孙丑下》)等,即表现了这一价值取向。"和"的基本精神是建立人与人之间相互尊重、相互信任的关系。从积极方面看,"和"是指通过共同的理想和相互沟通,达到同心同德,协力合作;而从消极方面看,"和"意味着化解人间的冲突与紧张,消除彼此的相争。这种"和"的观念,对中国传统文化产生了深刻的影响。群体认同的更深刻的意蕴,是一种责任意识。按儒家之见,作为主体,自我不仅以个体的方式存在，而且总是群体中的一员，并承担着相应的社会责任。他固然应当"独善其身"，但更应"兼善天下"。在成己而成人、修己以安人等主张中，已内在地蕴含了这一要求。正是在这种责任意识的孕育下，逐渐形成了"先天下之忧而忧，后天下之乐而乐"的价值取向，它对拒斥自我中心主义、强化民族的凝聚力，无疑具有十分重要的意义。

2. 道家：对个体生命与个性自由的关注

相对于儒家，道家对个体予以更多的关注。与自然状态的理想化相应，道家所理解的人，首先并非以群体的形式出现，而是表现为一个一个的自我，从这一基本前提出发，道家将自我的认同提到了突出的地位。老子曾指出："自知者明。"（《老子》第三十三章）"自知"即认识自我。它既以肯定"我"的存在为前提，又意味着唤起"我"的自觉。在群己关系上，道家的价值关怀着重指向作为主体的自我，体现为对个体生命与个性自由的关注。在道家看来，儒家讲的"为己""成己"意味着自觉地以仁义为规范来塑造自我，以这种方式达到的自我实现并不是真正的自我认同。道家对仁义做了严格区分，反对以普遍的仁义规定去同化自我的内在之性，其侧重点在于自我的个性品格，而自我首先是一种剔除了各种社会化规定的个体。作为从社会规范中净化出来的个体，自我不同于德行的主体，而主要展现为一种生命的主体。个体之为贵并不在于其有完美的德行，而在于其是一个独特的生命个体，对个体价值的尊重，主要就是保身全生。道家对个体处世方式的设定，正是以此为原则："为善无近名，为恶无近刑，缘督以为经，可以保身，可以全生，可以养亲，可以尽年。"（《庄子·养生主》）不是德行的升华，而是生命的完成，构成了自我首要的价值追求。为了"养其身，终其天年"，主体即使"支离其德"（德性上的不健全），也应给予理解和宽容（《庄子·人间世》）。除了生命存在之外，自我还具有独特的个性。道家反对以仁义易其性，便已蕴含对个性的注重。在道家看来，仁义等规范所造就的是无差别的人格，而人性则以多样化为特点。道家对逍遥的追求，实际上已经包含崇尚个性的价值取向。在他们看来，逍遥主要是一种精神境界，其特点是摆脱了各种外在的束缚，使个体的自性得到了自由的伸张。道家的这种观念在中国文化史上产生了重要的影响。过分强化群体认同，往往容易忽视个体原则，并导致自我的普泛化。相对于此，道家关注个体的生命存在和独特个性，无疑有助于抑制这种倾向。不过，由于过分强调自我认同，道家又多少弱化了群体认同。他们强调保身全生，固然肯定了个体的生命价值，但对于个体承担的社会责任却不免有所忽视。在反对个体泛化的同时，道家也排斥了兼善天下的社会理想。对个性逍遥的追求，使道家更多地转向了主体的内在精神世界，这种价值取向往往容易导向自我中心主义。事实上，《老子》便以"成其私"（第七章）作为主题的合理追求。道家一系的杨朱，进而走向唯我主义："杨子取为我，拔一毛而利天下，不为也。"（《孟子·尽心上》）在道家思想一度复兴的魏晋，由自我认同而趋向自我中心，已经成为一种相当普遍的现象。尽管自我中心主义并没有成为中国文化的主流，但其影响始终存在。

3. 墨家、法家与佛家：群体原则的强化

对于群己关系而言，墨家又渗入了一种群体认同的要求，体现出对群体原则的强化。和儒家一样，墨家对群体予以了更多的关注，"兴天下之利，除天下之害"是其基本主张。墨子学派摩顶放踵，席不暇暖，为天下之利而奔走，也确实身体力行了上述价值原则。正是由于强调群体认同，墨家进而提出了"尚同"之说。"尚同"含有群体沟通之意，其核心则是下同于上："上之所是，必皆是之；所非，必皆非之。"（《墨子·尚同上》）墨家虽然注意到了个体的社会认同，但将社会认同理解为服从最高意志，则又弱化了个体的自我认同和独立人格，在上同而不下比的原则下，个体的价值被淹没在统一的意志中。也许正是有鉴于此，后来荀子批评墨家"有见于齐，无见于畸"（《荀子·天论》）。

在法家那里，群体原则得到了进一步的强化。墨家重兼爱，法家尚暴力，二者相去甚远。但在群己关系上，法家的主张却颇近于墨家的"尚同"，强调君权至上是法家的基本特点。"法""术""势"在某种程度上服务于君权，是君主驾驭天下的不同工具。按法家之见，君主即整体的化身和最高象征，个体则总是离心于整体："匹夫有私便，人主有公利。"（《韩非子·八说》）直言之，君权的合理性，就在于它代表了整体的利益。这既是对君权的论证，又渗入了整体优先的原则；而以公私来区分匹夫（个体）和君主（整体的象征），则表现出对个体的贬抑。以君主为象征的所谓"公"，本质上是一种马克思所说的"虚幻整体"。对法家来说，个体与这种整体始终处于一种不相容的关系之中，"私行利而公利灭矣"（《韩非子·五蠹》）。在二者的对立中，法家的价值取向是"无私"："明君使人无私。"（《韩非子·难三》）所谓"无私"，并不是一般地杜绝自私行为，而是在更广的意义上使个体消融于君主象征的抽象整体。也正是从这个前提出发，法家强调以"法"来统治个体的言行："言谈者必轨于法。"（《韩非子·五蠹》）"夫立法令者，以废私也。"（《韩非子·诡使》）"法"代表着与君主相联系的统一意志。这里固然包含着以"法"来维护既定秩序的意思，但"必轨于法""以法废私"的要求，却也使主体的个性、独立思考等泯灭于恢恢法网，这种以君主（虚幻整体的象征）之"公"排斥自我之"私"的价值原则，已带有明显的整体主义的性质。

相对于墨、法，佛教对群己关系的看法则更为复杂。作为宗教，佛教以走向彼岸为理想的归宿，它所追求的首先是个人的解脱，表现为一种疏离社会的趋向。佛教以出家为修行的方式，也体现了这一特点。从这方面来看，佛教无疑淡化了个体的社会责任。但另一方面，佛教又主张自觉地普度众生。大乘佛教甚至认为，个人的解脱要以众生的解脱为前提，没有众生的解脱，个人便难以真正达到涅槃之境。佛教提出"六度"，其中之一即布施度，它的内容不外是造福他人。这些观念，已表现出某种群体关怀的趋向，它在中国佛教中得到了进一步的发挥。东晋名僧慧远便指出："如令一夫全德，则道洽六亲，泽流天下，虽不处王侯之位，亦已协契皇极，在宥生民矣。"（《答桓太尉书》，《弘明集》卷四）在这里，"出家"的意义似乎已不是个人的解脱，而是福泽众生（"泽流天下""在宥生民"）。尽管这里不无调和儒、佛之意，但也流露出了对群体的关怀。它表明，在中国传统文化中，即使追求出世的佛教，也在相当程度上渗入了群体的意识。

从社会历史发展进程上看，墨、法、佛教并没有成为中国文化的主流，然而，在群体关系上，其认同群体的趋向与主导地位的儒家价值观有颇多契合之处。事实上，儒家所注重的群体原则，在其演化过程中，也多方面地融入了墨、法等各家的观念，并呈现出不断强化的趋势。在宋明新儒学（理学）那里，便不难看到这一点。理学并不否定个体完善的意义，所谓"治天下有本，身之谓也"（周敦颐《通书·家人睽复无妄》），继承的便是儒家修身为本的传统。不过，理学往往把自我主要理解为一种纯乎道心主体："必使道心常为一身之主。"（《朱子语类》卷六十二）"只是要得道心纯一。"（同上卷七十八）道心是超验天理的内化。以道规定自我，多少使主体成为一种普遍化的我，在"道心纯一"的形式下，主题实质上已是"大我"的一种化身；而以个体形式呈现的自我，则是必须否定的："己者，人欲之私也"（朱熹《大学或问》）。由自我的普遍化进而提出了"无我"的原则，要求"大无我之公"（朱熹《西铭论》）。所谓"无我"，不外是自觉地将自我消融于抽象的"大我"。这种看法注意到了个体的社会化以及个体承担的社会责任，抑制了自我中心的价值取向，但以"无我"为指归，不免又漠视了个体的存在。事实上，缺乏个体规定、纯乎道心的我，与仅仅满足于一己之欲的我，表现的是两个不同的极端，两者都很难视为健全的主体。

综上所述，从群己关系来看，儒家在肯定"成己"的同时，又较多地强调了对群体的认同；道家则更注重个体的自我认同，二者分别突出了价值观上的群体原则与个体原则。随着中国文化的发展演变，儒家的群体原则逐渐与墨家的"尚同"观念、法家的"废私"主张等相互融合，不断得到强化，并取得了支配的地位。作为传统价值观的主导方面，群体原则确实包含了一些合理的内容，但毋庸讳言，它的过分强化，也有负面的作用。在群体至上的观念下，个体的存在价值、个性的多样化发展、个人的正当权利等，一直未能得到应有的确认。道家虽然提出了个体认同的要求，但其要求一开始便包含着自身的缺陷，因此注定只能是一种微弱的呼声，而难以得到较为普遍的回应。这样，中国传统价值取向便不可避免地具有重群体、轻个体的特征。

(三) 义利与理欲

1. 义利关系

群与己的定位问题并不仅仅体现于抽象的观念认同，它在本质上总是涉及具体的利益关系。如何以普遍的规范来协调个体之利与整体之利？这一问题在传统文化中便展开为义利之辨。义者，宜也，含有应当之意，引申为一般的道德规范（当然之则）。利则泛指利益、功效等。从价值观上看，义利之辨首先关联着道义原则与功利原则以及二者的相互关系。

儒家坚持"义以为上"的道义原则。从儒家思想的角度，辨析义利是儒家的重要特点，其展现的"义以为上"的道义原则，对中国传统价值观产生了深远的影响。根据儒家的观念，义作为当然之则，本身便有至上的性质："君子义以为上。"（《论语·阳货》）这里确认的，首先是义的内在价值。后来的宋明理学进一步通过义与天理的沟通，对义的内在价值做了论证："义者，天理之所宜。"（朱熹《论语集注·里仁》）"理"具有普遍必然的品格，义之所以具有至上性，即在于它体现了"理"的要求。

义一旦被赋予内在的价值，便同时成为评判行为的主要准则。如果行为本身合乎义，则即使它不能达到实际的功效，也同样可以具有善的价值。所谓"惟义所在"（《孟子·离娄下》）便表明了这一点。事实上，儒家往往将义（当然之则）理解为一种无条件的道德命令，并把履行道德规范（行义）本身当作行为的目的。这种看法带有明显的抽象道义论的性质。不过，"义以为上"的观念在培养崇高的道德节操等方面，也有不可否认的意义。中国历史上，"惟义所在"的律令，往往具体化为"富贵不能淫，威武不能屈"的道德追求，并出现了不少舍生取义的志士仁人。就此而言，道义的原则确实可以给人以正面的价值导向。

肯定"义"的内在价值，并不意味着完全否定"利"在社会生活中的意义。事实上，儒家并不绝对弃绝功利。孔子到卫国，并非仅仅关心那里的道德风尚，相反，倒是开口便盛赞该地人口众多。当他的学生问他"既庶矣，又何加焉"

时，孔子明确回答："富之。"(《论语·子路》)"庶"(人口众多)和"富"在广义上均属于利的范畴。按儒家之见，利并不是一种绝对的恶，从社会范围来看是如此，就个人而言也是这样。"富而可求也，虽执鞭之士，吾亦为之。"(《论语·述而》)即使圣人，也不能完全不讲利："圣人于利，不能全不较论。"(《二程集》)不过，利固然不可一概排斥，但是利的追求必须处于义的制约之下。正是在这个意义上，儒家一再强调要"见利思义"(《论语·宪问》)，如果不合乎义，则虽有利亦不足取："不义而富且贵，于我如浮云。"(《论语·述而》)相对于义，利始终处于从属的地位。

一般来说，利首先与个人或特殊集团相联系，而个人（或特殊集团）之利往往并不彼此一致，因此，如果片面地以利作为行为的唯一准则，就不可避免地导致社会成员在利益关系上的冲突："若切于好利，蔽于自私，求自益以损于人，则人亦与之力争，故莫肯益之，而有击夺之者矣。"(《二程集》)与利不同，"义"超越了个人的特殊利益，具有普遍性的品格，唯其如此，故能对特殊的利益关系起某种调节作用。历史上看，儒家突出"义"的普遍制约，反对唯利是图，这对于避免利益冲突的激化、维护社会的稳定，确实有积极的意义。

然而，"以利制义"的要求与"义以为上"的观念相结合，往往又导致对功利意识的过度压抑。按儒家的看法，利固然不可一概否定，但追求、计较功利之心则不可有。"一有谋计之心，则虽正谊明道，亦功利耳。"(王阳明《与黄己成书》，《王文成公全书》卷十二)这样，合乎义的利虽然得到了某种容忍，但功利意识（"谋计之心"）则完全处于被摒弃之列。也就是说，功利的观念完全不容许进入动机的层面。这种看法注意到了功利意识的片面强化将对行为产生消极的导向作用，但又忽视了功利意识在一定条件下也可以成为积极的动因。历史地看，技艺的进步，经济的发展，政治结构的调整等，最初往往直接或间接地受到追求功利的推动。反之，对功利意识的过分压抑，则常常容易弱化社会的激活力量。从这方面来看，儒家以道义原则抑制功利原则，有明显的负面导向作用。

墨家坚持功利的取向。儒家之外，墨家是对义利关系做过认真考察的一个学派。和儒家一样，墨家对义十分注重，认为"万事莫贵于义"(《墨子·贵义》)。但二者对"义"的理解又颇有不同。儒家强调义的内在价值,并由此剔除了义的外在功利基础。相对来说,墨家更侧重义的外在价值。按墨家的看法,义之所以可贵,主要就在于它能带来功利的效果:"义,利也。"(《墨子·经上》)这种界定蕴含着如下观念,即当然之则应当建立在功利的基础之上,"义"本身已内在地蕴含着功利的原则。

从义基于利的前提出发,墨家将功利原则视为评判行为的基本准则。仁固然不失为善的品格,但仁并不仅仅表现为德行的完善,它最终必须落实于现实的功利行为:"仁人之所以为事者,必兴天下之利,除去天下之害,以此为事者也。"(《墨子·兼爱中》)作为基本的价值原则,兴利除害同时为社会生活提供了具体的范导,墨家之"尚贤""尚同""节葬""节用""非攻"等主张,无一不是以功利原则为终极根据。如尚贤使能之所以合理,首先在于"天下皆得其利"(《墨子·尚贤下》);即使是亲子关系,同样不能离开功利的基础:"孝,利亲也。"(《墨子·经上》)在墨家那里,功利追求的合理性得到了普遍的确认。

从价值观角度看,墨家突出功利原则,对扬弃儒家道义原则的抽象性,显然具有积极意义。就其起源、作用而言,作为当然之则的"义",最终总是以功利关系为基础,抽去了这一基础,势必弱化其现实性的品格。同时,对功利意识的过度抑制,也容易使价值片面化。墨家肯定功利追求的合理性,多少有助于价值导向上的重新调整。但是,以功利追求为基本的价值原则,也有其自身的问题。尽管墨家把利首先理解为天下之利,使其功利原则有别于狭隘的利己原则,但是,将"义"界定为"利",显然又对义的内在价值有所忽视。事实上,义固然有其功利基础,但作为人的尊严、人的理性力量的体现,它又具有超功利的一面,忽略这一点而完全以功利作为衡量标准,就容易使社会失去健全的价值追求,并使人本身趋向于工具化。在墨家那里,我们已经可以看到这种偏向。在墨家看来,理想的社会关系是彼此相利:"利人者,人亦从而利之。"(《墨子·兼爱中》)这种关系本质上具有互为格局的性质,而在彼此计较、相互利用中,人与人之间往往很难避免紧张和对抗,其结果就会走向"兼爱"的反面。当墨家将"害人者,人亦从而害己"(同上)作为与"交相利"相反的原则指出时,便更清楚地显示了这一点。

相比墨家,法家赋予功利原则以更极端的形式。按照法家的看法,追求功利,是人的本性:"名与利交至,民之性。"(《商君书·算地》)同样,人与人之间的关系,也以利益为纽带。就君臣关系而言,臣之事君,旨在求得富贵,君则以爵位俸禄诱使臣为自己效力。"臣尽死力以与君市,君垂爵禄以与臣市,君臣之际,非父子之亲也,计数之所出也。"(《韩非子·难一》)二者的关系完全是一种利益的交易。同样,医生为病人吸吮伤口,并非出于人道的目的,而是"利所加也";造车者希望人们富贵,并不是由于博爱之心,而是因为"人不贵而舆不售"(《韩非子·备内》)。推而广之,父子、夫妇之间,也都无不"用计算之心以相待"。这种普遍的、赤裸裸的利益关系,使道德规范的作用失去了现实的基础。对法家来说,当社会成员之间完全相互利用、彼此交易时,"行义"(遵循道德原则)只会带来消极的后果:"行以示则主威分,慈仁听则法制毁。"(《韩非子·八经》)相对于墨家要求以利为义的基础(以利来确证义),法家对义则更直接地持取消和否定的态度。

而作为当然之则的"义"一旦被摒弃,功利原则便成了唯一的导范原则。就行为的评判而言,确定其价值的标准,并不是动机端正与否,而是行为产生的实际功用:"夫言行者,以功用为之的彀者也。"(《韩非子·问辩》)只要能带来实际效益,便是合理的行为,为此,善恶的评价已成为权衡的功利的标准。同样,君主治国,也要利用人们趋利的本性,以功利作为激励手段。既然"利之所在民归之",因此在治天下时,便应导之以利,"赏莫如厚,使民利之"(《韩非子·八经》)。与墨家一样,法家的如上价值原则固然体现了功利观念在社会运行中的某些作用,并进一步扬弃了道义的抽象性,但是,以功利作为调节人际关系的基本原则,必然导致功利意识的过度膨胀,并使人的价值追求走向歧途。在导之以利的原则下,人在双重意义上趋于工具化:人既是实现君主意志的工具,又是外在功利的附庸。这种个体,显然不能视为健全的主体。同时,尽管法家最终将个体之利纳入以君主为代表的"公利",但以利摒弃义,则意味着利益计较的公开化和合理化,由此形成的社会往往很难避免紧张与冲突,在法家价值原则占统治地位的秦朝,便可以看到这一点。

综上可见,儒家的道义原则与墨法的功利原则构成了传统价值观在义利关系上的不同取向,二者各有所见,又各有其片面性。总体而言,儒家的道义原则始终居于正统地位,对中国传统文化的影响也更为明显。但墨法的功利原则亦以不同的形式渗入其中,二者相反相融,赋予传统价值系统以复杂的形态。

2. 理欲之辨

传统社会里,义作为普遍的社会规范,总是以理性要求的形式呈现,利在广义上则以需要的满足为内容,而这种需要首先表现为感性的物质需要。于是,义与利的关系往往进而展开为理性要求与感性需要的关系,即所谓理欲关系。

与肯定"义以为上"相联系,儒家更关注理性的要求。孔子便已指出:"君子谋道不谋食……君子忧道不忧贫。"(《论语·卫灵公》)此处之"道",泛指广义的社会理想(包括道德理想),"谋道"所体现的,就是理性的追求。在感性欲求("谋食")与理性追求("谋道")二者之间,后者处于优先的地位。一旦"志于道",则即使身处艰苦的生活环境,也可以达到精神上的愉悦。孔子曾这样赞其学生颜回:"贤哉,回也!一箪食,一瓢饮,在陋巷,人不堪其忧,回也不改其乐。"(《论语·雍也》)这种"乐",也就是后来儒家(特别是宋明理学)所津津乐道的"孔颜之乐"。它的核心是超越感性的欲求,在理想欲求中,达到精神上的满足。儒家的这种看法将精神的升华提到了突出地位,并进一步展示了人不同于一般动物的本质特征。

然而,儒家的这种价值追求,又蕴含着"理"与"欲"之间的某种紧张。在"谋道不谋食"的主张中,感性的欲求无疑受到了轻视和冷落。随着儒学的正统化,理性优先的原则也不断被强化,而感性的欲求则一再被贬抑。到宋明理学,这一关系更趋极端。理学家将感性的欲求称为"人欲",并赋予它以恶的品格:"人欲者,此心之急疾痰,循之则其心私且邪。"(朱熹《辛丑廷和奏札(二)》,《朱文公文集》卷十三)作为邪恶的本性,人欲与天理不可并立,二者为截然对立的关系。而所谓天理,不外是理性原则的抽象化。既然人欲与天理无法相容,结论便只能是"灭人欲"。"是以圣人之教,必欲其尽去人欲而复全天理。"（朱熹《答陈同莆书》，《朱文公文集》卷三十六）理学家对理欲关系的这种理解，显然将儒学关于理性优先的原则进一步片面化了。一般而论，人固然应当超越感性层面而达到理性的升华，但如果仅仅注重理性精神的发展而无视乃至抑制感性生命的充实，则理性的精神境界亦不免趋向抽象化和玄虚化。在"纯乎天理"的精神世界中，理性的丰富内涵已为抽象的道德律令所取代，而主体的创造活力也为"存天理"所抑制。

理性从一个方面体现了人的普遍本质，感性则更多地关联着人的个体存在，突出理性的要求的同时意味着强化人的普遍本质和漠视人的个体存在。正是从"存天理，灭人欲"的前提出发，理学家得出了"饿死事极小，失节事极大"（《二程集》）的非人道结论。因为"守节"是对天理的维护，而生死只涉及个体的存在。相对于"天理"的要求，个体的存在似乎微不足道，在"饿死事极小"的冷峻律令中，包含着对个体存在价值的极度贬抑。

在理欲之辨问题上，墨家的价值取向与儒家有所不同。墨家崇尚功利的原则，而所谓"利"，往往又被还原为感性要求的满足："衣食者，人之生利也。"（《墨子·节葬》）"利，所得而喜也。"（《墨子·经上》）这里的"喜"便是与丰衣足食相联系的感性愉悦。从社会范围看，功利原则的实现，同样以"饥者得食，寒者得衣"（《墨子·尚贤》）为基本的表现形式，衣食所满足的，不外是人的感性需要。在墨家那里，功利原则与感性原则是融合为一的。相对于儒家由理性优先而走向"存理灭欲"，墨家对感性要求的注重，自然有其不可忽视的意义。作为现实的主体，人既有理性的普遍本质，又表现为感性的生命存在。停留于感性的层面，固然难以使人成为自为的主体，但忽视了感性的存在，同样将使人变得片面化。墨家对感性要求的肯定，显然有助于抑制理性的过度僭越。

与此同时，墨家在确认感性原则的同时，对人多方面的精神需要往往又不免有所忽视。在其"非乐"的主张中，便不难看到这一点。"乐"泛指艺术审美的活动。按墨家之见，这种活动不仅不能给人带来现实的利益，而且会妨碍人们获得衣食之资："民有三患：饥者不得食，寒者不得衣，劳者不得息。三者，民之巨患也。然即当为之撞巨钟，击鸣鼓，弹琴瑟，吹竽笙，而扬干戚，民衣食之财,将安可得乎?"(《墨子·非乐上》)这里固然有反对统治者沉溺于声乐的一面,但也有为强化感性需要而抑制以审美形式表现出来的精神追求之意。较之维护人的感性存在,墨家对理性精神的升华,确实注意不够。现实功利所带来的感性愉悦,往往使主体的理性追求未能获得合理的定位,它在另一意义上蕴含了"理"与"欲"的紧张。

上述可见,与在义利关系上儒家的道义原则成为主导的价值趋向一致,在理欲关系上,理性优先的原则也逐渐取得了正统的态势。尽管历史上不少思想家反对将"理"与"欲"加以对立,但在传统价值取向中,二者的统一并没有真正实现。

第二节 中国传统理想人格和修身之道

感性存在与理性本质的辨析,都以人为对象,其中内在地涉及人格的设定。完美的人格应当具有什么样的规定?正是在这一问题上,传统价值观念得到了更为集中的反映。中国传统文化价值体系中,无论是义利之分还是理欲之辨,都内在地涉及人格的设定,不同的价值目标正是通过理想人格表现为各种具体形态。

一、理想人格

所谓理想人格就是人的内在精神风度与外在行为举止都升华到一个高于常人的境界,成为世人效法的楷模,这种人生境界就是理想人格。它涉及人如何生活才最有价值和意义,具有什么样的品格的人才是最优价值的人等问题。在中国思想史上,儒、法、道、墨、佛等不同学派的思想家对理想人格问题进行了长期的探索,并提出了各自的理想人格模式。这些理想人格模式的存在,长期影响了中华民族的人生价值取向。

(一)儒家理想人格——圣人

1."内圣"是儒家基本的价值追求

儒家所谓"为己""成己",其内在旨趣不外是人格上达到理想的境界,而儒家的价值理想，也最终落实于人格理想。"内圣"是儒家理想人格的本体追求，"内圣"首先表现为善的德行，而善又以人道精神为其内容。孔子把"恭、宽、信、敏、惠"视为仁的具体内容（《论语·阳货》），这些条目同时从不同方面展示了内圣的品格。与正面确立仁德相联系的是"克己"，"克己复礼为仁"（《论语·颜渊》）。后者在另一意义上体现了仁，"克己"则是以仁来净化自我，亦即《大学》里提出的"正心、诚意"，两者从不同方面指向善的德行。

2. "外王"是儒家理想人格的逻辑结果

所谓"外王"是指治国平天下的事功。儒家将"外王"置于"内圣"的从属地位。就儒家总的价值取向而言，"内圣"处于主导地位，外王事功不过是其逻辑的必然结果。《大学》对儒家的理想人格进行了具体而集中的论述，提出了有名的"三纲领""八条目"。"三纲领"就是"明明德""亲民""止于至善"，"八条目"就是指格物、致知、正心、诚意、修身、齐家、治国、平天下。可见，修身旨在达到内圣之境，治国平天下则属广义的外王。在理学家那里，内圣进一步压倒了外王。这种内向要求，多少弱化了理想人格的实践品格。

3. "仁智双修"是儒家赋予理想人格的双重品格

"仁"是一种完美的德行，而儒家对于理想人格的界定里还包括"智（知）"的规定，"仁"和"智"总是联系在一起的，"智"的功能旨在把握仁义之道，实际上是指在德行制约下的伦理理性或道德理性。"未知（智），焉得仁。"（《论语·公冶长》）可见，内圣在某种意义上即表现为仁与智的统一。"智"是一种理性的品格，按儒家的看法，缺乏理性的品格，主体往往会受制于自发的情感或盲目的意志，从而很难达到健全的境界。只有通过理性升华，才能由自在走向自为，形成完善的人格，并赋予行为以自觉的性质。《大学》强调"欲修其身者，先正其心；欲正其心者，必诚其意；欲诚其意者，先致其知（智）"，便概括地表现了儒家的这种思路。如果说，在天人关系上，儒家着重突出了人道原则，那么，在人格境界上，儒家则把作为人道核心的"仁"与理性融合为一，从而体现了人道原则与理性原则的统一。儒家将"仁"与"智"规定为理想人格的双重品格，由此，进而确认了仁道原则与理性原则的统一。

(二) 道家理想人格——真人至人

相对于儒家之注重"善",道家更多地赋予理想人格以"真"的品格,其人格典范表现为"真人""至人"。

人格上的真,首先表现为合乎自然,同时意味着对个体人格的确认,"不以心捐道,不以人助天,是之谓真人"(《庄子·大宗师》)。在道家看来,理想人格并不是自然的对立物,相反,它总是融入天地之中,与万物一体,所谓"天地与我并生,而万物与我为一"便强调了这一点。当然,这种"为一"并不是一种本体论意义上的存在状态,而更多的是一种精神境界。正是在与自然的契合中,人格达到了一种逍遥之境。道家的这种看法固然带有抽象的性质,但也多少注意到了理想人格应当是一种自由人格,而人格的自由之境又以合规律性为前提。

作为人格境界,道家主张应该贵"真"去"伪",它的旨趣在于尊重自我个性,并使之得到真实的流露。道家心目中的理想人格总是"其知情信,其德甚真"(《庄子·应帝王》)。这里的"德",并不是儒家的仁德,在道家看来,以仁德规定人格总是不免走向外在的矫饰。"至人之用心若镜,不将不迎,应而不藏"(《庄子·应帝王》),是指完善的人格应当如明镜一样显示其本真的品格,它既不应迎合他人以获得外在的赞誉,也不应有所执着。总之,内在品格与外在表现应当完全一致。"真在内者,神动于外,是所以贵真也"(《庄子·渔夫》)。按道家的看法,人格的追求并不表现在以普遍的仁义规范来塑造自我,它的旨趣在于尊重自我的个性,并使之得到真实的流露。所谓"贵真",便内含了"天下欣欣然,人乐其性"(《庄子·在宥》)的要求,"人乐其性"就是通过个性认同而达到的人格境界。

(三) 墨家的理想人格——兼士

墨家代表当时的小自耕农、小手工业者、小工商业者等小生产劳动者的利益,墨子站在他们的立场上塑造了这一理想人格,墨家并不仅仅追求道德的完美,而是具有鲜明的功利色彩。

1. 兼爱思想

墨家主张"爱无差等"：不分差等，不分亲疏、尊卑、贵贱地爱一切人。提倡人与人、家与家、国与国之间相互爱护。而儒家主张"亲亲有术，尊贤有等"(《墨子·非儒》)。

2. 功利准则

与儒家重义轻利不同，在墨家看来，义利是统一的。墨家所谓的"义"就是"凡言凡动，利于天鬼百姓者为之；凡言凡动，害于天鬼百姓者舍之"(《墨子·贵义》)。即以利他人为本，要求不仅在物质上以自己的劳动和财产帮助他人，而且要在精神上以道教人。因而"兼士"追求的利是指天下人民的"公利"，它与儒家所谈的狭隘的"私利"在内涵上有着本质的区别。

3. 苦行寡欲，侠义风骨

墨家"以自苦为极"而扶弱抑强、济人困危、慷慨赴难的侠义精神。一方面，"生不歌，死无服"(《庄子·天下篇》)，日夜不休，不敢问欲；另一方面，只要是利国利民，即使是"摩顶放踵"，也甘心为之。这种崇高的献身精神和坚韧不拔的毅力，充分显示了墨家积极救世的伟大理想和坚强意志。墨家学派同时又是组织严密、纪律严格的社团，其首领称为"巨子"，墨子就是第一任巨子。

(四) 法家的理想人格——法术之士

以韩非为代表的法家，在继承荀子性恶论的基础上，设计了"法术之士"的理想人格。

1. "任力"而不"任德"

法家认为，要富国强兵，就必须壮大实力，推行耕战政策，否则就会造成国库空虚、君王卑弱、百姓贫穷的恶果。在法家看来，儒家的仁爱、墨家的非攻之说，完全是迂腐无用甚至有害的主张。

2. "贵法"而不"贵义"

法家认为，人性都是好利恶害的，人们都畏惧严刑，害怕重罚。治理国家就必须利用这种本性,制定刑法禁令,施行法治,使国家安宁而暴乱不起。而儒家仁义道德是亡国之源。值得注意的是,法家不仅"贵法",还具有"法不阿贵"的精神。法家认为,法律面前人人平等,没有贵贱亲疏之分,"刑过不避大臣,赏善不遗匹夫",一切以法律为准绳。

3. "抱法处势"

法家重法,同时又主张运用权术,具备驾驭臣民的技巧,以权术作为保证法的实施的手段。而法、术的贯彻执行,又必须以势为前提,权势在手,方能令行禁止,威震臣民。这样,法家就把法、术、势的统一作为理想人格设计的重要内容了。

总而言之,中国传统的价值观呈现为一个颇为复杂的系统,它涉及多重价值关系,又交错着人们对价值关系各个方面的不同侧重和强化,而儒、道、墨等各家则从理论的层面,对价值观做了自觉的概括,并提出一系列基本的价值原则。它们既从不同方面反映了人们的历史演化过程中的文化追求,又渗入了多样的价值理想,并规范着人们的行为。传统价值系统给我们留下的是一份具有双重意义的遗产,我们既不能简单地全盘否定,也不能无批判地将其中的某些价值原则现成地拿过来照搬照抄,而应该在更高的基础上化解天与人、自由与必然、群与己、义与利、理与欲等的紧张,扬弃人道原则与自然原则、群体原则与个体原则、道义原则与功利原则、理性原则与感性原则的对立,重建真、善、美统一的价值理想,则是中国人走向现代化历史进程中所面临的新时代课题。

二、修身之道

(一) 儒家

儒家非常注重道德的自我修养,把修身作为其他一切活动的根本,强调"自天子以至于庶人,壹是皆以修身为本"。历史上著名的儒家思想家都十分重视道德修养问题。通过长期的理论探索和道德实践,儒家提出了一系列完整的道德修养的方法,主要有以下几方面。

1. 反身内省

在儒家看来，人的道德完善必须靠自己努力来达到，不能依靠别人。孔子为此强调"为仁由己"。基于这种认识，儒家主张人们在道德修养中应该严格要求自己而不能苛求他人，同时，"见贤思齐焉，见不贤而内省也"（《论语·里仁》）。孔子的弟子曾参提出了"吾日三省吾身"（《论语·学而》）的思想，即一个人每天都应该反省自己的三件事：为别人做事是否尽心竭力了？与朋友交往是否有不讲信用的地方？老师所传授的知识是否已经温习了？反躬内省思想的实质，就是强调道德修养过程中要严于律己。应该说，这是道德修养过程中带有普遍意义的一种方法。

2. 主敬（慎独）

"主敬"是指一个人时时刻刻收敛身心，不论有事无事，都谨慎小心，不敢有丝毫的松懈放纵。在儒家看来，这是最重要的修养功夫。早在春秋时期，孔子就提出"修己以敬"（《论语·宪问》）。这种思想在宋明时期得到了理学家进一步的提倡和发展。程颢、程颐提出了"人道以敬为本"，强调主敬为道德修养的根本。朱熹在此基础上更提出："'敬'字工夫，乃圣门第一义，彻头彻尾，不可顷刻间断。"（《朱子语类》）此后，该功夫被认为是儒家第一义，其重要性超过了其他任何修养功夫。据历史资料所载，宋元之际的理学家许衡曾于饥饿难当、四处无以觅食的情况下，途经一棵结满果实的梨树，当时人们都争相摘食，许衡却端坐树下。有人劝他摘果，他说："非吾所有，取之不义。"同伴进而劝解，四周房屋倒塌，梨主已不复存在，许说："梨虽无主，难道我自己的心也没有主吗？"这里的"主"就是在任何情况下也不容动摇的道德信念，即"君子慎其独"。

3. 存心养性

这是与儒家性善学说紧密联系在一起的一种道德修养方法。在儒学史上，自孟子最早提出人性本善的思想，性善论一度成为儒家人性论的主流。在孟子看来，人的本性中先天地具备了恻隐之心、羞恶之心、辞让之心、是非之心，它们是仁、义、礼、智四种品德的萌芽或端绪，道德修养就是要保存与扩充人性中所固有的这些善端，使之不致被外物引诱而丧失。因而道德修养必须从"存心养性"入手。一方面，减少物欲，保持人心本有的善端，不至于因外界物欲的引诱而丧失，已经失去的本心也要重新寻找回来；另一方面，是不断培养扩充心中所具有的浩然之气。孟子的这种"存心养性"的修养方法对历代儒家学者的影响很大，如王阳明提出的"致良知"论，就是对孟子的发展。所谓"致良知"就是扩充良知，一方面除去心中的自私念头和不正当欲望，保持善良的心地；另一方面要在现实生活中接受磨炼，身体力行，把心中的善意具体地表现出来，而不是仅停留在口头上。

4. 重学

儒家的道德修养论十分重视道德知识的学习，认为不学习就不能认识和掌握道德知识和原则，道德品质的形成也就根本无从谈起。孔子重视学习，一生"学而不厌，诲人不倦"，是世人好学的典范。孟子虽然认为有"不学而能""不虑而知"的良知良能的存在，但他同时指出了天赋的德行还有一个保存、发挥、扩充的问题，这就需要学习，不学习就不能存养良心，也不可能把丧失的良心重新寻找回来。而战国末期的荀子更是提出，"故圣人化性而起伪，伪起而生礼义，礼义生而制法度"（《荀子·性恶》），从人性本恶、化性（人的自然本性、生理本能，表现为"饥而欲饱，寒而欲暖，劳而欲休"）起伪（后天的人为）的理论出发，认为人要化改恶性、养成善德是后天礼仪教化的结果，以此肯定教化与学习的重要性。所谓"知明而行无过矣"（《荀子·劝学》）。

5. 力行

儒家重视学习，更重视力行。在儒家看来，如果学而不行，不如不学。道德知识需要学习，但绝不能仅停留在学习道德知识上，应该在道德实践中去锻炼，把道德知识真正内化为自己的道德品质。孔子提出"君子欲讷于言而敏于行"（《论语·里仁》），强调行的重要性。荀子提出"知之不若行之"（《荀子·儒效》），认为学的目的在于行，只有力行，才能完成道德修养。到了宋明时期，围绕着知和行的问题，也就是道德意识和道德实践的问题，儒学内部展开了长期的讨论。程朱理学家主张知先行而后行重知轻，陆王心学则明确提出"知行合一"的观点。明清之际，王夫之、颜元等思想家提出了行先知后、行能兼知的思想，强调力行的重要性，从而使传统儒家"力行"的道德修养方法得到了强化。

（二）道家

1. 无为

无为是道家的根本政治主张，也是其重要的道德修养方法。它要求人们对一切世事都要漠然处之，自然无为，不抱任何有为的态度，不要采取任何实际行动去介入或解决实际问题，只是在内心世界改变问题的性质，或干脆在心理上将问题取消。反之，如果事事有为，则会适得其反，最终戕害自己的本性。

1. "绝仁弃义"

道家认为，人最宝贵的是人的本心、本性，人一旦丢掉了属于自己的东西就会变得空虚，丧失价值。而仁义礼仪就是损伤人的本性的，因此，提倡仁义礼仪是圣人的罪过。人们只有摆脱了仁义礼仪的束缚，才能保全纯朴至真的本性，摆脱人性的异化，获得精神的自由。老子说："大道废，有仁义。智慧出，有大伪。六亲不和，有孝慈。国家昏乱，有忠臣。"（《道德经》第十八章）所以要"绝圣弃智，民利百倍；绝仁弃义，民复孝慈；绝巧弃利，盗贼无有。此三者以为文不足，故令有所属。见素抱朴，少私寡欲，绝学无忧"（《道德经》第十九章）。就是说，抛弃聪明和智巧，人民可以得到百倍的好处；抛弃仁义，人民可以恢复孝慈的本性；抛弃巧诈和货利，盗贼就自然消失。这三者全是巧饰的，不足以治理天下。所以，要使人有所归宿，就得保持朴素天真的本性，减少私欲，抛弃仁义的学问，没有忧虑。

2. "坐忘"

在道家看来，世人之所以达不到"真人"的境界，根本原因在于"有待"，即摆脱不了对周围事物的种种依赖关系。他们或追求荣华富贵或沉溺于是非毁誉或汲汲于仁义道德，身心深受残害，陷入无边的苦海。要达到逍遥无为的境界，就必须做到"无待"，对一切无所欲求，不受任何外在条件的限制，而"无待"

的根本方法在于"坐忘",即精神上超脱一切自然和社会的限制,泯灭我之好恶之情,以达到形如枯槁、心如死灰的地步。这是道家道德修养的根本方法,是达到逍遥境界的必经阶段。

3."心斋"

道家认为,如果只消除我与外物、外人的矛盾是不够的,因为"我"仍然存在,会自觉或不自觉地产生这样或那样的杂念,只有泯灭自我才是最高的修养之道。为此,庄子提出了"吾丧我"的修养方法。"吾"是指得道之我,"我"是指世俗的、追求功名利禄、荣华富贵之我。"吾丧我"就要求不仅要将外界的一切事物、是非全部忘却,甚至连一切自我意识都要彻底泯灭、取消。这一修养方法,庄子又称为"心斋",其基本要求是心志纯一,消除任何杂念,心神停止与外界接触,摆脱一切外物之累,达到精神上绝对自由的境界。

第五章　中国传统伦理道德

伦理道德是中国传统文化的核心与灵魂，也是中国文化对人类文明最突出的贡献之一。中国传统伦理道德对于中国的社会秩序、传统伦理思想、传统道德实践、传统文化、民族精神的形成等都产生了巨大的影响和作用。即使在今天，经过批判扬弃和创造发展的中国传统伦理道德，对于人类社会的价值提升仍具有普遍意义和时代意义。

第一节　中国传统伦理道德概述

一、中国传统伦理道德的含义

关于中国传统伦理道德的含义，首先，从字义和词义上看，"伦理"和"道德"的含义大致相同。"伦"即人伦，是指人与人之间的关系，"理"即道理，是指规则和规范。"伦理"就是指处理人与人之间相互关系应当遵守的道理和规则。"道"即道理，是指规范，"德"即德行，是指道德和修养。"道德"就是指在一定社会中，调整人与人之间、个人和社会、个人和国家之间关系的行为规范和修养方法的总和。其次，从时间上看，中国传统伦理道德主要是指从先秦时期到辛亥革命时期的传统伦理道德。再次，从内容上看，中国传统伦理道德既包括理论形态的道德文化、道德传统、伦理思想，也包括道德心理、道德情感、道德实践、修养方法等。最后，从特点上看，中国传统伦理道德最大的特点是把伦理道德作为民族文化的核心，并将其深入渗透到政治、经济、文化和教育等各个领域。

本书所讲的中国传统伦理道德，按照罗国杰的讲法，主要是指从先秦时期到辛亥革命时期，以儒、墨、道、法等各家伦理道德传统、道德文化、伦理思想、道德心理、道德实践活动等为内容的行为规范和修养方法的总和。中国传统伦理道德是民族文化的核心和灵魂，深入渗透到政治、经济、文化和教育等各个领域，并以各种教育形式和社会力量，促使人们逐渐形成一定的信念、习惯和德行，以便更好指导或规范自身的行为。其中，由于中国历史的特殊原因，儒家的伦理道德思想占有重要的地位，具有重要的影响。

毋庸置疑，中国传统伦理道德是一个矛盾的统一体，既有精华的、积极的、进步的一面，也有糟粕的、消极的、落后的一面。我们要辩证地对待中国传统伦理道德，既不能全盘否定，也不能全盘肯定，要既肯定又否定，既保留又克服，做到取其精华、去其糟粕、继承传统、推陈出新。具体而言，其一，产生于古代社会的中国传统伦理道德，具有明显的时代性与阶级性，随着历史的进步、古代社会的结束以及现代社会的发展，中国传统伦理道德的部分内容、规范、方法已经过时了，不适应当今时代的发展要求。因此，我们应该对落后的这部分内容进行批判清理，剔除传统伦理道德中过时的东西，清除其消极影响。其二，中国传统伦理道德是对中华民族五千多年来人类道德生活的系统反思和总结，为我们提供了重要的公共生活规则、为人处世之道、道德教育规范、道德修养方法等诸多人类宝贵的财富和遗产。这些不仅在当代具有重要的现实意义，在将来也具有重要的价值意义，因此，我们应该继承、保留、创新具有恒久价值和重要意义的内容，取其精华，弘扬中华民族优秀传统伦理道德。

二、中国传统伦理道德产生的基础和根源

中国传统伦理道德产生的基础和根源体现在以下四个方面。

第一，农耕自然经济条件及宗法制度。在中国古代，自给自足的小农经济、自然经济长期占据主导地位，这是中国传统伦理道德赖以建立、生成、发展的经济基础。中国传统伦理道德的部分基本规范与修养方法都可以在农业文明中找到依据，例如：勤劳、躬行、诚信、互助、团结等。到了原始社会末期，农业、手工业迅速发展，社会分工扩大，剩余产品显著增加，物品交换渐渐盛行，私有制

迅速滋生发展，社会矛盾日益加剧。在社会矛盾激化下，为了制止社会的无序和动荡，维持社会的正常运转，国家政权组织、伦理道德、道德规范、社会秩序应运而生。中国古代的农业文明使家庭成为最基本的经济单位，我国奴隶制是在保持和加强原始公社组织的形式下，以血缘和地缘关系为纽带，以发挥集体力量、形成集体向心力的方式建立起来的，是一种典型的宗法奴隶制。为了巩固宗法奴隶制统治需要，殷商时期，奴隶主阶级思想家开始以理论的形式研究道德现象，把道德自觉、道德规范、修养方法推向社会生活，推崇将伦理道德作为调节社会关系的重要手段，并为后世所继承并得到发展。可以看出，农耕自然经济条件及宗法制度，是中国传统伦理道德产生的土壤和根源。

第二，奴隶社会向封建社会过渡所引起的社会动荡。春秋战国时期是我国发生社会大动荡与大变革的时代，在此时期，统一的奴隶制崩解，新的封建生产关系开始出现，伴随着这一巨大的社会变革，原本的思想统一也开始走向思想解放，各个阶级、各个派别、各政治力量围绕社会变革中的伦理道德问题，提出各自的见解与想法，形成了百家争鸣的壮观场面。春秋战国时期所形成的关于伦理道德、道德起源、道德原则等各种特色观点，为后人留下了一笔宝贵且丰厚的精神遗产。可以看出，春秋战国时期的社会动荡与社会改革，为传统伦理道德思想体系的形成提供了历史机遇。

第三，大一统的中央集权制。秦汉时期，中国建立了统一的、多民族的封建专制主义中央集权制国家。此后虽然各朝代不断更迭，甚至出现分裂割据的局面，但国家统一始终是历史发展的主流。历史上，中华各民族之间虽然存在矛盾甚至发生过战争，但各民族之间的和睦、团结与融合始终是民族关系发展的主流。明朝后期以前，封建政治、经济和文化高度发达的中国，在世界上一直处于领先地位。相比之下，中国周边地区和民族的力量相对弱小，经济上相对落后，政治上相对混乱，文化上相对滞后，这无疑使中国文化始终保持一种强势和优越的地位。可以看出，大一统的中央集权制为中国传统伦理道德的传播与发展奠定了良好的政治基础，提供了稳定的社会环境。

第四，科举取士制度的实施。其实，早在科举制度实行以前的汉朝，在儒学被确立为官学的时候，汉武帝就"兴太学，置五经博士"，集合大批儒生进行历史文献研究，对儒家经典进行学习与阐述，开辟了中国文化史上的经学时代。创始于隋朝的科举制度，渊源于汉朝，确立于唐朝，废除于清朝末年，是中国历史上考试选拔官员的一种基本制度。科举制度坚持自由报名、公开考试、平等竞争、择优取士等原则，是对我国古代社会的选官制度（特别是汉朝的察举制、魏晋南北朝的九品中正制）的辩证否定，为广大平民百姓平等地参与考试、为国家选拔优秀人才做出了巨大的贡献。科举制度的实行，为古代中国选拔并培养出了许多名臣、名相、政治家、思想家、教育家、外交家、军事家等，这为中国传统伦理道德的传播、继承与发展奠定了坚实的人才基础。此外，科举考试的内容多局限于儒家经义的范围，这在客观上为伦理道德思想的传播与发展提供了条件。无论是官学、私塾中的教学内容，还是明清时期的八股文考试内容，都是以四书五经为主，四书是《大学》《中庸》《论语》《孟子》，五经是《周易》《尚书》《诗经》《礼记》《春秋》。可以看出，无论是科举取士制度，还是科举考试内容，都为中国传统伦理道德的延续发展提供了人才支持与理论支撑。

第二节 中国传统伦理理想的发展历程

一、奠基创始阶段

奠基创始阶段（前21世纪—前221年）：包括商周和春秋战国两个阶段，是中国传统伦理道德思想的奠基和创始时期，也是中国封建地主阶级伦理道德思想产生并取代奴隶主阶级伦理道德思想的时期。

从夏朝开始，中国进入了奴隶制社会，但至今尚无直接的文字材料反映夏朝的伦理道德思想。在商朝，从《尚书·多士》《诗经·商颂·玄鸟》《殷周制度论》《礼记·曲礼》等著作中可以看出，当时已经出现了粗具理论色彩的伦理思想，如：道德观念、婚姻观念、宗法伦理观念、政治观念等。到了西周，以周公为代表的奴隶主思想家继承并发展了商朝的伦理道德思想，以"天命论"为思想前提，为了维护宗法等级秩序的需要，极力倡导"孝""友""恭""信""惠"等道德规范，并且主张"修德配命""敬德保民"，形成了一个道德与宗教、政治融合一体的思想体系，从此开始了中国传统伦理道德思想的发展历程。

春秋战国时期，中国从奴隶制社会转变为封建制社会。随着社会制度的改变，思想文化领域也随之改变，出现了"诸子蜂起、百家争鸣"的局面。在伦理道德思想方面，各思想派别、各政治力量、各社会阶层围绕着道德的作用、道德的起源、道德的原则、道德规范、修养方法、德行兼备等主题进行交流与探讨，继而出现了儒家、墨家、道家、法家等系统的伦理道德思想。

儒家的伦理道德思想是由孔子创立的，由孟子和荀子进行发展和完善，代表了新兴地主阶级的利益，奠定了封建地主阶级伦理道德思想的基础。主要内容如下：在道德核心上，建立了一个以"仁"为核心的道德规范体系，强调要"爱人"是孔子提倡的"仁"的精神实质，主张"爱有差等"，要尊重他人，推己及人；在道德目标上，提出了"君子""仁者""圣人"的多层次理想人格，鼓励人们应该成为一个品格高尚、有道德的人，不断地发展与完善自己；在道德规范上，对"忠""孝"进行强化与规范，强调"忠""孝"的多层次性，强调要同时处理好社会外部生活中的关系和家庭内部生活中的关系；在修养方法上，提倡"克己复礼"，一方面主张人要按照礼的要求克制自己不正当的思想和言行，以达到"仁"的境界，另一方面通过自己践行"仁"的原则的高度自觉性，使已被废弃了的礼重新发挥作用；在道德价值观上，强调重义轻利，重视道德义务和道德责任，反对个人不正当的私利；在道德人性观上，孟子、荀子在孔子思想的基础上，以善、恶讨论人性，探讨了人之所以善、恶的根源，形成了性善论与性恶论。

墨家的伦理道德思想是由墨子创立的，代表了小生产者阶层劳动人民的利益。墨家的思想与儒家的思想既有相同的方面，也有对立的方面，主要内容如下：在道德核心上，形成了以"兼爱"为核心的伦理道德体系，反对"爱有差等""亲亲"，主张"兼相爱，交相利"，即爱一切人，不分亲疏远近、不分差等、不分厚薄，相互帮助、相互爱护、相互得利，是一种我爱人人、人人爱我的爱，是一种我帮人人、人人帮我的利，这与孔子倡导的有先后轻重的"差等"之爱是大相径庭的。在修养方法上，建立了"以行为本"的道德修养论。墨家特别重视人的行为，强调言行一致，强调一切行为都要符合"兼相爱，交相利"的原则；重视人的品行，认为品行是根本，要形成高尚的德行；还强调社会环境对人修身的影响，认为要想有好的品德，必须选择好的朋友或环境，必须经常处在有德的人中间，并主动向他们学习。在道德价值观上，墨子对孔子"重义轻利"的观点进行了扬弃和发展，明确地提出了"义利并重"的思想。墨子认为"义"是指公平、公正，即人的行为必须遵守义的准则，要兴天下之利，除天下之害；而"利"则是指万民、社会、国家整体的利益，而并非孔子所指的个人的私利。墨子认为，人们的思想和行为既要遵守义的准则，又要合乎整体的利益，要与绝大多数人民的利益相一致。

道家的伦理道德思想以老子、庄子的思想为代表，形成了以"自然无为""超脱义利"为主要内容的道德规范体系。主要内容如下：其一是老子的观点。在道德本源上，老子认为"道"就是"虚无"，是先于物质世界的"绝对精神"，是产生宇宙万物的总根源，是最高范畴。在道德规范上，老子主张"无为而无不为"，反对"有为"，"无为"即要求人们在社会生活中要"不争""不作为""柔弱""无私"，做到消极退让、柔和处事、无知无识、无私无欲等。在道德理想上，老子主张人们要"复归于婴儿"；老子认为只有刚生下来的婴儿，才保持着最高尚、最纯真的道德，认为人们应该复归于婴儿时的道德最佳状态。在修养方法上，老子认为道德修养最重要的方法，就是要"为道日损，损之又损，以至于无为"。也就是说，人们在婴儿时期已经具备了至高无上的道德，但在长久的社会生活中，受到贪欲、不知足等影响，使人们高尚的道德沾染了污垢，我们在修养身心的过程中，必须去掉自己的物质欲望、贪得、不知足等，以恢复到婴儿无知、无欲的最理想的境界。其二是庄子的观点。在道德世界观上，庄子主张相对主义。在庄子看来，人们不能认识或不能完全认识宇宙的真理，即贵贱、善恶、夭寿、大小、有无、长短、高低、是非等之间的界限是搞不清楚的，对事物的一切观点和看法都是主观的，每个人看待事物的角度不同，不可能有客观标准。在道德人生观上，庄子一生都过着隐居的生活，十分厌恶人们的钩心斗角与争权夺利，崇尚并追求一种不同流合污、不受现实社会束缚、绝对自由的生活。在道德价值观上，庄子强调人的自然本性，反对儒家所宣扬的仁义道德，主张按照人的本性去生活，顺乎自然，摆脱以道德规范形式所加给人们的种种束缚，自由自在，不受拘束。庄子强调超脱义利，主张要抛弃一切的个人私欲以及法律义务和道德说教的约束，顺着人的本性发展。

法家的传统伦理道德思想以韩非为主要代表，反映了战国末年地主阶级激进派的利益。韩非继承发展了先秦法家的思想，是法家思想的集大成者。他主张以法治国，反对统治阶级推行的虚伪道德，强调统一，这在当时具有一定的进步意义。韩非不仅探究了鄙俗的贪欲和权势欲，还精心策划了"法、术、势"相结合的统治术：用法律来调整，用毁誉来制约，用权势来驾驭，用术数来操纵，从而使人们情欲得到平衡。但法家的缺陷在于片面夸大了法律和政治的作用，甚至以政治代替伦理，最后导致了非道德主义，这既不符合社会生活的实际，也无助于维护和巩固统治阶级的统治。

二、继承发展阶段

继承发展阶段（前221—907年）：中经秦汉、魏晋南北朝、隋唐三个阶段，是中国传统伦理道德思想的继承与发展时期，也是以儒家伦理思想为正统的中国封建地主阶级伦理道德思想的发展与演变的时期。

经过春秋至战国的长期纷争，秦终于完成了统一的大业，结束了长期封建割据的混乱，建立了一个中央集权的专制国家。但是，秦朝极为短命，只存在了15年，就被陈胜、吴广等人的起义所推翻了。

西汉的统治者吸取了秦朝灭亡的教训，为维护封建国家的统一、统治、秩序，接纳并实施董仲舒所提出的"罢黜百家，独尊儒术"的政策，这是一个从儒、道并行转变为儒家伦理道德思想独尊的过程，也促使儒家的伦理道德思想成为官方的、正统的、唯一的伦理思想。董仲舒的伦理道德思想具体体现在五个方面。第一，在文化政策上推崇"罢黜百家，独尊儒术"，强调儒家的伦理道德思想是有助于巩固封建统治的，极力提倡把孔子尊为封建社会中的圣人，强调要"独尊儒术"，把一切不符合儒家学说的思想都视为异端加以清除，要"皆绝其道"。第二，在道德起源上提出了"天人合一""君权神授""道德天赋"等理论，用以说明世间的万事万物都是由"天"所决定的，用以论证当时的政治制度、道德原则、文化政策等的合理性。第三，在道德核心上形成了以"三纲五常"为核心的社会道德规范体系。"三纲"是指君为臣纲、父为子纲、夫为妻纲，也就是说君为主、臣为从，父为主、子为从，夫为主、妻为从，君臣、父子、夫妻之间存在着天定的主从关系、阳尊阴卑关系。第四，在道德人性论上提出了将人性分为三等，即"圣人"之性是至善的；"中人"之性是可善可恶的，是可以通过教化而使之改变的，才可以说得上是人性；"小人"之性是至恶的。第五，在道德价值观上承接了孔子、孟子"重义轻利"的思想，提出了"利以养体、义以养心"的义利观。董仲舒承认人生来就有要求"义"和"利"的天性，他认为"利"是指物质利益和生活上的需要，是用来养育身体的，而"义"是指道德原则或道德规范，是用来培养思想的。

到了东汉，针对政治腐败、阶级矛盾激化、官吏昏庸、经学僵化、道德堕落等恶劣现象，针对董仲舒推崇的神学目的论、天人感应论、鬼神迷信论等，王充、王符、扬雄等唯物主义思想家对儒家伦理道德思想进行了一系列范围较广、时间较长的批判，继而导致儒家伦理思想开始丧失正统、独尊的地位。

到了魏晋南北朝，在阶级矛盾激化、民族矛盾复杂、政治危机严重、精神文化崩坏、无法建立起比较巩固的长期政权等恶劣条件下，社会风气和学风大变。悲观失落的情绪影响着全社会，虚无放荡的"玄风"盛行，"礼法""名教"均受到了严重的冲击，纵欲享受、消极懈怠、被动颓废等成为社会的主导思想，继而形成了系统的玄学哲学思想。魏晋玄学是一种以"玄妙""虚无"的抽象思辨来表达哲学基本问题的唯心主义形态。玄学家们"援儒入道"，以道家的思想来解释儒家的经典，提出了"名教"和"自然"的关系问题，即人们在道德生活中意志自由和客观必然性的关系问题，认为人的自然本性和自然情感是一种天然的、非人为的必然状态，实际上就是"名教""礼教"以一种"玄学"的理论形式，形成儒家伦理思想的一种新的形态——"玄学"。此外，随着玄学伦理思想的产生和发展，佛教伦理思想、道教伦理思想也随之出现和发展。因此，玄学伦理思想的产生和发展，一方面使正统的儒家伦理道德思想受到极大的冲击和批判，另一方面又从理论上进一步发展了传统的伦理道德思想。

隋唐时期，佛教、道教得以发展，儒、佛、道伦理思想相互斗争、相互渗透、相互影响，逐渐形成了以儒学为主的儒、佛、道三者合一的伦理道德思想体系。具体而言就是，佛、道不断向儒学靠拢，从而日趋变得世俗化，同时，儒学也不断从佛、道中汲取思想文化营养，以更好地丰富儒家的伦理道德思想体系。

三、辩证整合阶段

辩证整合阶段（907—1912年）：历经宋朝、元朝、明朝、清朝、辛亥革命等若干个阶段，是中国传统伦理道德思想的深化与成熟时期，也是资产阶级伦理道德思想的出现与形成时期。

到了宋朝，中国封建社会进入了后期发展阶段，此阶段的特点是中央集权的封建专制主义日益强化、社会矛盾日益激化、民族矛盾日益锐化等。在上述社会环境的影响下，宋朝的伦理道德思想形成了两大派系：其一是为了巩固中央集权封建统治的需要，产生了宋明理学；其二是为了解决阶级矛盾和民族矛盾，出现了正视矛盾、锐意改革的功利学派。"理学"，亦称"道学"，以传周公、孔孟的道统自居，实际上是以儒家伦理道德思想为主体，汲取佛、道的思辨哲学，实现儒、佛、道相融合的一种新儒学。理学的开山之祖是周敦颐，奠基人是程颢、程颐，朱熹继承发展了"二程"的思想，成为理学的集大成者。理学在中国传统伦理道德思想发展史上的贡献主要体现在以下三个方面：第一，将封建道德规范上升为永恒不变的天理，提出"存天理、灭人欲"，并使之成为社会人人须遵守的普遍准则，使得伦理思想哲学化、系统化、理论化；第二，深入探讨了心性义理，对天理、人欲、人性、良心以及仁、义、忠、孝、气节等道德规范进行深入的辨析与论证；第三，重视道德修养与道德教育，启发人们的道德自觉性，将道德规范转化为人们的行为规范。在理学伦理思想得以发展和兴盛的同时，社会上产生了反理学的思潮,即功利之学。功利学派的主要思想如下:第一,认为道德原则是不离物而独立存在的,反对理学将道德原则提到至高无上的地位;第二,把人们的物质生活看成道德的基础,反对理学极力提倡的"存天理、灭人欲";第三,认为义利是统一的,反对理学家轻视功利的观点;第四,主张人生在世应该建功立业,应以天下为志。

明末清初,是中国封建制度逐渐走向衰落的时期,也是早期民主主义思想产生的时期。在这个时期,封建制度的腐朽和危机已达到顶峰,封建社会的矛盾充分暴露,封建统治不得人心。在上述社会环境下,许多进步的思想家如李贽、黄宗羲、王夫之、顾炎武等,对封建社会存在的各种弊端进行批判,把矛盾对准封建礼教,尤其是对当时作为正统的宋明理学进行了强烈的批判,反对"存天理、灭人欲"等封建道德规范,提出了早期的民主主义思想。例如,李贽提出自私皆出于人的天性,要求个性得到自由发展。黄宗羲提出了"心性统一"的人性论,反对宋明理学家把人性分为"气质之性"和"义理之性",肯定了人欲的合理性,并将"天理"与"人欲"统一起来。王夫之提出了"日生而日成"的人性论,强调人性不是一成不变的,而是在主客观活动的相互作用下不断变化与发展的。顾炎武主张"经世致用",强调人们要树立"天下兴亡、匹夫有责"的正确观念,遵循"博学于文、行己有耻"的行为准则。但是,由于清朝的封建统治仍处于主导地位,具有早期启蒙意义的民主主义伦理道德思想并没有得以很好的发展,程朱理学仍是正统主流思想。

清末至辛亥革命,处于中国旧民主主义革命时期。在这个时期,帝国主义和封建主义相互勾结,中国开始沦为半殖民地半封建社会,经济、政治、文化等领域全面衰落,面对国难,中国人民团结起来进行了顽强的斗争,特别是在思想文化、伦理道德、社会风气等领域进行了改革与维新,资产阶级伦理道德思想得以形成和发展,这也是中国传统伦理道德思想的重要组成部分。鸦片战争后,由于封建制度的衰落以及资本主义思想的冲击,出现了一批地主阶级改革派思想家,例如龚自珍、魏源、林则徐等,他们对传统封建伦理道德的消极作用进行了批判,提出了有利于资本主义发展的开明的道德主张。例如,倡导"经世致用"

之学，继承中华民族的爱国主义思想，主张"用民心，惜民力"，引进资本主义的先进文明来改造中国等。在太平天国农民革命中，洪秀全等革命领袖提出了反封建的经济、政治、文化纲领，形成了具有近代民主主义色彩的伦理道德思想。在戊戌维新变法运动中，康有为、梁启超、严复等人积极传播西方启蒙时期的道德观点，并用之批判封建主义的传统道德观。例如，康有为提出"人格平等"的人性论，"顺人之情、厚生正德"的道德教育，"存心仁礼、可为尧舜"的修养方法，"大同世界"的道德理想。严复提出进化论思想，宣传"自强保种"的爱国主义思想。梁启超对西方资产阶级伦理学说进行了阐述和传播，主张将"新民"作为道德理想等。辛亥革命时期，以孙中山为代表的资产阶级革命派思想家，进一步批判了传统的封建伦理道德，特别是其核心与支柱——孔孟之道。他们借鉴了西方近代的资产阶级伦理思想，并与中国传统道德观相结合，形成了比较系统的资产阶级性质的伦理学说。例如，孙中山对"忠""孝""仁""爱""信""义""和""平"等传统道德规范进行了创新的阐释。

第三节　中国传统伦理道德的内容

在古代，道德规范就像木匠用来画圆画方的规和矩一样，是衡量和判断人们道德行为的标准和尺度。中国传统伦理道德规范是一个博大精深、源远流长、内涵丰富的体系。

一、中国传统伦理道德体系

(一) 个人立身道德规范

1. 自强

自强，是指通过自我努力、自我奋斗及自我坚强，从而实现进步和发展的过程。自强，是在传统伦理道德中关于如何对待自己、如何对待人生的道德规范。从纵向来看，自强包括个人的自强、群体的自强、社会的自强及国家和民族的自强等；从横向看，自强包括学习方面的奋勇争先、工作方面的努力进取及道德方面的素质提升等；从层次看，自强既包括改革创新、推陈出新的内容，也包括自强不息、永不服输、坚持到底的精神。这种自强的思想，鼓励着中国人民奋勇前进，铸造了博大精深的中华文明和民族精神，推进着实现中华民族伟大复兴的进程。

关于自强这一道德规范，古代思想家老子说："知人者智，自知者明。胜人者有力，自胜者强。知足者富，强行者有志，不失其所者久，死而不亡者寿。"（《老子》第三十三章）能认识别人的人是聪明的，能认识自己的人才算是明智的；能战胜别人的人是有力量的，能战胜自己的缺点的人才算是坚强与强大的；懂得满足的人才算是富有的人；努力艰苦奋斗、身体力行的人才算是有志气的人；不失掉根基的人才能长久；死后能够垂昭后代、流芳不朽的人才算是真正的长寿。

到了现代，自强这一道德规范有着更广泛、更多样、更新颖的呈现形式。例如，学生刻苦学习、自强不息，积极主动报考专升本，报考硕士和博士，考研率和考博率逐年递升。在里约奥运会中，中国女排发挥了互助协作、团队坚强、奋勇坚持的女排精神，战胜了东道主巴西队以及塞尔维亚队等若干对手，成功获得了奥运会冠军。

2. 勇毅

勇毅，"勇"是指勇气、勇敢，"毅"是指毅力、坚毅。因此，勇毅是指内心具有勇气和毅力，在面对正义的事情、善事时，要有勇敢相助、见义勇为、克服困难的精神。在人类历史长河中，勇毅这一道德规范在人们直接征服自然的斗争中、在正义的战争中、在科学技术的发明中、在文学艺术的创造中、在推动社会进步的各项事业中等方面均有体现。要特别说明的是，中国传统伦理道德强调，勇毅是一种与善事、好事、正义相联系的道德规范，好勇斗狠、胆大妄为、心狠手辣、强取豪夺、颠倒是非、狼狈为奸、凶暴夺利等都不能称为勇毅。

关于勇毅这一道德规范，古代思想家孔子说："非其鬼而祭之，谄也。见义不为，无勇也。"（《论语·阳货》）在孔子看来，不是自己应该祭祀的鬼神而去祭祀，这是谄媚。看到正义的事情而不敢去干，这是没有勇气。荀子也说："有狗彘之勇者，有贾盗之勇者，有小人之勇者，有士君子之勇者。争饮食，无廉耻，不知是非，不辟死伤，不畏众强，恈恈然唯利饮食之见，是狗彘之勇也。为事利，争货财，无辞让，果敢而振，猛贪而戾，恈恈然唯利之见，是贾盗之勇也。轻死而暴，是小人之勇也。义之所在，不倾于权，不顾其利，举国而与之不为改视，重死持义而不桡，是士君子之勇也。"（《荀子·荣辱》）在荀子看来，有狗和猪的勇敢，有商人和盗贼的勇敢，有小人的勇敢，有君子的勇敢。只会争喝抢吃，没有廉耻之心，不懂是非善恶，不顾伤害死亡，不怕对手强大，眼睛里只看得到吃喝，这是狗和猪的勇敢。为了图利，争夺财货，不肯退让，行动果断、大胆、凶狠、心肠歹毒、贪婪、小气，眼睛里只看得到利益，这是商人和盗贼的勇敢。不在乎死亡，轻视生命，性格凶暴，行为恶劣，这是小人的勇敢。常常从道义、公平、正义的角度出发，不屈服于权势，不顾个人的利益，就算整个国家的人都反对也改变不了他的看法，虽然看重自己的生命，但是为了勇于助人、维持正义而不屈不挠，甚至敢于奉献出自己宝贵的生命，这是君子的勇敢。

到了现代，勇毅这一道德规范有了更加丰富的内涵与更加创新的表现形式。例如，港珠澳大桥是一座连接香港、澳门、珠海三地的大桥，被称为"世界上建设难度最大的桥梁"。此桥在建设初期遭遇了许多难题：桥梁限高一百二十米、水阻率要小于百分之十、要清理八百万立方米淤泥、缺乏沉管隧道的核心技术等。上述难题让工程师们十分苦恼，便提出向荷兰公司购买核心技术用以解决难题，不料被拒。在如此困境下，中国的工程师们没有放弃，他们下定决心要克服困难，勇于尝试各种方法，自主进行研究与创新，最终创造性地建设出了集"桥—岛—隧道"于一体的港珠澳大桥主体性工程。可见，被荷兰公司拒绝后，中国人民自主创新，创造出全球最长的公路沉管隧道和全球唯一的深埋沉管隧道——港珠澳大桥沉管隧道，这充分体现出了中华民族勇敢、坚毅、正义的传统美德。在我们身边，也有许多见义勇为、勇敢相助的例子，如：大学生昌子琪奋不顾身勇救落水儿童、"托举哥"勇救不慎坠楼儿童、退休职工李荣春夺刀救人、公交车司机冯推波帮助乘客追回被偷窃物品等。上述事例无一不体现着勇敢、助人、义气、正义等中华传统美德。

3. 节制

节制，是指要按照道德准则和道德要求，来调节和控制自己的情欲、想法、看法、言语、行为等。《尚书·旅獒》记载："不役耳目，百度惟贞。玩人丧德，玩物丧志。"不被耳朵和眼睛等外部感官欲望所驱使，百事就能得到妥当的处理。把心思用于戏弄人上，就会丧失道德，把心思用于玩弄物上，就会丧失大志。《墨子·节用上》也记载："圣人为政一国，一国可倍也。大之为政天下，天下可倍也。其倍之，非外取地也，因其国家，去其无用之费，足以倍之。圣王为政，其发令兴事，使民用财也，无不加用而为者。是故用财不费，民德不劳，其兴利多矣。"圣明的人治理一个国家，这个国家的利益就会增加一倍。再扩大到治理整个天下，天下的利益也可以增加一倍。所取得的加倍的利益与财富，并不是从向外扩张掠夺土地、扩大疆土而增加的，而是根据国家的实际情况，省去无用的耗费，就可以使得国家的利益和财富成倍增加。圣明的君主在治理国家时，发布命令、举办事业、动用民力和财力，没有不增加用度而这样做的，因此费用不多，百姓不累，继而获得的利益和财富就多了。

可见，对于个人而言，节制强调的是一个人要能够自主调控自己，促使自己的视、听、言、动能够符合社会基本礼仪道德。对于群体而言，节制强调的是要主动调节、调整自己，以更好地配合集体的行动，维护集体的利益。对于消费观而言，节制强调的是我们要取之有节、用之有度，做到量入为出、适度消费。对于价值观而言，节制强调的是我们要将道义、义气放在首位，控制自己的情绪、私欲等，做到以义制利、以义导欲。

到了现代，节制这一传统美德得以传承与发扬。例如，习近平总书记主张厉行节约，反对铺张浪费，大力弘扬中华民族勤俭节约的优秀传统。针对"舌尖上的浪费"这一不良现象，即餐饮环节上的浪费、公款接待上的浪费等，习近平总书记要求各级党政军机关、事业单位、人民团体、国有企业、领导干部，都要做出表率，严格执行公务接待制度，严格落实各项节约措施，坚决杜绝公款浪费现象。要采取针对性、操作性、指导性强的举措，加强监督检查，鼓励节约，整治浪费。

4. 持节

持节，与节操、德操、守节等概念意思相近，都是表达关于个体行为及道德操守的道德规范。持节，包含了上述三个概念所表达的内涵，同时又含有道德主体的积极态度，因此，持节是指道德主体积极主动坚持自己的道德信念和原则，维护自身的节操与道德操守的思想与行为。持节所包含的道德规范内容涉及多个方面，例如，如何对待富贵贫穷、如何对待生死福祸、如何对待荣辱功名、如何对待官位权重、如何对待自己和家国等。在中国传统伦理道德中，持节这一道德规范既有精华部分，也有糟粕部分。精华之处主要体现在：传统道德认为道义的原则和价值是最高的原则和价值，一个人可以舍弃一切利益甚至生命，唯独不可舍弃道义，要坚持道义，不因任何条件而放弃，这就是持节。糟粕之处主要是指：持节包含着为君献身、为君而死的内容，也包含着要求女性"三从"的封建道德内容。我们要去除糟粕，取其精华，弘扬持节这一中华民族传统美德。

针对持节这一道德规范，古代思想家孟子说："居天下之广居，立天下之正位，行天下之大道。得志，与民由之；不得志，独行其道。富贵不能淫，贫贱不能移，威武不能屈，此之谓大丈夫。"（《孟子·滕文公下》）意思是：居住在天底下最宽广的住所"仁"里面，站立在天底下最正确的位置"礼"上面，走在天底下最光明的正路"义"上面。得志的时候，就和人民一起遵守仁义之道；不得志的时候，就独自坚持仁义之道。富贵不能使自己改变正确的信念，贫贱不能使自己改变坚定的志向，威武不能使自己屈服于权势之下，这才叫大丈夫。

到了现代，持节这一传统美德应该得以传承与发扬。党的十八大以来，全面从严治党，坚决打击腐败分子，坚持"老虎""苍蝇"一起打。党的十九大召开以后，反腐败斗争继续形成高压态势，已有多名官员落马。上述的"老虎"和"苍蝇"之所以会由人民干部沦落为阶下囚，就是因为他们在金钱、利益、美色等诱惑下，没有坚持自身的道德操守与节操，没有发扬持节这一中华民族传统美德。所以，无论是官员干部还是普通人民群众，都要坚持自身的道德信念，树立廉洁奉公的正确理念，践行仁义之道，守好自己的节操与操守。

5. 明智

明智，明是指认识、明白，智是指智慧、理智。《礼记·中庸》把智、仁、勇称为"天下之达德"。明智是指一种认识道德标准和道德价值、把握事物发展规律的素质，是一种能够正确判断事物是非善恶的素质，是一种能够正确决定事宜和进行正确选择的素质。自古以来，明智这一道德规范有着丰富的道德内涵：明智在于知道遵道、利人利国、自知知人、谨言慎行、见微知著、居安思危、辨别是非、量力而行等。

关于明智这一道德规范，孔子说："知之为知之，不知为不知，是知也。"（《论语·为政》）意思是知道就是知道，不知道就是不知道，这才是真知、真学、明智。荀子也说："是是、非非谓之知，非是、是非谓之愚。"（《荀子·修身》）意思是：肯定正确的、否定错误的，这叫作明智；否定正确的、肯定错误的，这叫作愚蠢。

到了现代，明智这一传统美德应该得以继承与弘扬。随着经济不断发展，社会不断进步，社会上的各种道德现象变得日益错综复杂，人们在进行价值判断与价值选择时也变得日益困难。因而，我们应该充分发扬明智这一中华传统美德，弄清楚事情的真相，做出正确的价值选择。

（二）人际交往道德规范

1. 公忠

公忠，是指要求每一个人都要把公共集体利益放在首位，使自己的利益服从于公共的利益，而且要忠诚于公共利益和事业，为之贡献出自己的力量与生命。公忠是处理个人与集体、个人与社会、个人与国家之间关系的道德规范，这种"公而忘私""先天下之忧而忧，后天下之乐而乐""天下为公"的伦理道德思想，可以说凝结成了中华民族道德精神的核心。但是，要特别说明的是，千百年来，统治阶级一直将公忠作为道德教化的手段，要求忠于君王、忠于国家、献出生命，从而维持封建统治，这是公忠这一道德规范的局限性。我们所弘扬的公忠精神，应该是以人民群众为核心，忠于人民、忠于道义、忠于国家的道德规范，主张"天下兴亡、匹夫有责"。

关于公忠这一道德规范,《左传·僖公九年》记载:"公家之利,知无不为,忠也。"凡是对国家和社会有利的事情,知道了就马上去做,这就叫作忠。《左传·昭公元年》记载:"临患不忘国,忠也。"面临灾祸而不忘国家利益,才算得上真正的忠。《治安策》也记载:"国而忘家,公而忘私,利不苟就,害不苟去,唯义所在。"为国事忘记家事,为公事忘记私事,遇到利益不随便追求,遇到祸害不随便躲开,这就是公忠道义所在。

从古至今,为人民、为民族、为国家奉献出自己青春的人数不胜数,公忠这一核心道德规范得以很好地继承与发扬。

2. 仁爱

仁爱,是关于人与人之间相处之道的道德规范,具有广泛的内涵,包括孝、悌、忠、恕、恭、宽、信、敏、惠、智、勇、毅等,仁爱被视为"全德"。具体而言,仁爱是指我爱人人,人人爱我,尊重每个人的价值,同情人、关怀人、爱护人、帮助人。《论语》中记载了孔子弟子问仁的情景。"樊迟问仁。子曰:'爱人'。"(《论语·颜渊》)樊迟问什么是仁,孔子回答:"爱别人就是仁。"墨子也说:"夫爱人者,人必从而爱之;利人者,人必从而利之;恶人者,人必从而恶之;害人者,人必从而害之。"(《墨子·兼爱中》)爱别人的人,别人也必然会爱他;把利益给别人的人,别人也必然会给他利益;憎恨别人的人,也必然会遭到别人的憎恨;伤害别人的人,别人也必然会伤害他。

在当代,仁爱这一道德规范得以传承与弘扬。从国家大事层面来看,以习近平同志为核心的现任党和国家领导集体,十分注重与人民群众的血肉联系,要求全体党员和全部官员要爱人民、懂人民、护人民,做到权为民所用、情为民所系、利为民所谋,以更好地维护最广大人民的根本利益。党的十八大以后,党和政府制定并颁布了一系列保障民生、提高人民生活水平、增强人民幸福感的政策。例如,在各地政府部门试点实行"一站式"服务,也就是让人民群众在办理业务时,能够在一个服务窗口完成所有需要审批、办理的事项,提高办事效率,给人民群众的生活提供便利,这是爱人民群众的表现。在全国各地实行"简政放权"，即精简政府机构，把经营管理权下放给企业，增强企业的活力，激发社会的创造力，这是爱企业、爱市场、爱社会的表现。对全国所有贫困县实施"精准扶贫"，针对不同贫困区域环境、不同贫困农户状况，运用科学有效程序对扶贫对象实施精确识别、精确帮扶、精确管理，保证了在2020年所有贫困人口都迈入了小康社会，这是爱国家、爱民族的表现。从个人小事看，我们要关爱家人，多陪陪家人，珍惜与家人在一起的时光。我们要关心同学和朋友，多与他们进行交流与联系，建立友谊。我们要热心关怀和帮助他人，即使是陌生人，在他们面临困难或遭遇意外时，我们要伸出援手，予以帮助。

3. 诚信

诚信，诚是指诚实、忠诚，信是指信用、信义。因此，诚信是指做人要诚实且有信用，要求人们诚善于心、言行一致、表里如一。传统道德认为，诚信是一个人的立身之本，是一个民族的振兴之本，也是一个国家的立政之本。此外，在传统道德中，诚信是与仁、义、礼、善等道德标准紧密联系在一起的。如果离开了仁义之道，诚信就没有什么价值了。总而言之，中国传统伦理道德中的诚信，强调的是诚实守信、表里如一、反对虚伪。

关于诚信这一道德规范，朱熹说："凡人所以立身行己，应事接物，莫大乎诚敬。诚者何？不自欺不妄之谓也。敬者何？不怠慢不放荡之谓也。"（《朱子语类》卷一一九）人们要确立人格，树立形象，自己修身，与人交往，最重要的就是诚和敬。什么是诚？即不自我欺骗、不恣意妄为。什么是敬？即不散漫、不放荡。

到了当代，诚信这一道德规范，使用的范围更加广泛，例如，在人际交往、市场经济运行、民主政治完善、中国特色社会主义文化发展的过程中，都要讲究诚信。具体而言，在人际交往中，我们要不隐瞒自己的真实想法，不掩饰自己的真实感情，不说谎话，不欺骗他人，与他人真诚地进行交流，从而形成彼此间的信任之情。在市场经济运行的过程中，诚实守信是必不可少的条件，若诚信缺失，就会导致市场秩序混乱、坑蒙拐骗盛行、市场交易萎缩、经济发展倒退等不良现象。所以，要建立以道德为支撑、以法律为保障的社会信用制度，也要建立社会诚信体系,褒扬诚信,惩戒失信,从而在全社会形成守信光荣、失信可耻的氛围。在中国特色社会主义文化发展的过程中,仍然要讲诚信,要发展人民大众所喜闻乐见的文化,反对盗版、荒诞、庸俗、伪造的文化产品,从而更好地建设社会主义文化强国。

4. 宽恕

宽恕,宽是指要有一个宽广的胸怀,待人要宽容,耐心倾听他人的见解与观点,虚心接受与自己不一致的观点,不吹毛求疵,不求全责备,不斤斤计较;恕是指要原谅他人的过错,要设身处地为他人着想,要做到"己所不欲,勿施于人"。简而言之,宽恕,即指待人要宽容,要站在别人的立场上思考问题,要大方地原谅别人的过错,不计较、不算计、不记仇。但是,要特别注意的是,宽恕并不代表着无原则地退让和容忍,在大是大非、原则问题、底线问题上,要做到零退让、零容忍、零宽恕,不能有一丝一毫的宽恕。

关于宽恕这一道德规范,孔子说:"躬自厚而薄责于人,则远怨矣。"(《论语·卫灵公》)在孔子看来,多反省自己,多责备自己,多宽容别人,少责备别人,就不会招来怨恨了。荀子也说:"故君子之度己则以绳,接人则用抴。度己以绳,故足以为天下法则矣;接人用抴,故能宽容,因众以成天下之大事矣。"(《荀子·非相》)对待自己,君子要以道德的准绳来衡量自己;对待别人,要像船工那样用短桨引导乘客上船。用严格的道德标准来要求自己,这样才能够作为天下所有人效仿的标准;用引导、帮助的方式来对待别人,这样才能够做到宽以待人、待人宽容,才能够团结众人,凝聚众心,以更好地治理国家和天下。

5. 礼让

礼让,礼是指整个社会的道德规范、伦理思想、礼节仪式、法律规定的总称,让是指谦让、退让。因此,礼让是指依照社会伦理道德规范和法律法规,对人恭敬、礼让、让步,以求建立和谐的人际关系与和谐的小康社会。

关于礼让这一道德规范,荀子说:"夫行也者,行礼之谓也。礼也者,贵者敬焉,老者孝焉,长者弟焉,幼者慈焉,贱者惠焉。"(《荀子·大略》)在荀子看来,所谓德行,就是指要有礼仪。所谓礼仪,就是指恭敬尊贵的人,孝顺年老的人，尊敬年龄比自己大的人，慈爱幼小的人，恩惠贫贱的人。庄子也说："夫遇长不敬，失礼也；见贤不尊，不仁也。"（《庄子·渔父》）庄子认为见到长者却不尊敬，这是失礼；见到贤者却不尊重，这是不仁。

从古至今，体现礼让这一中华传统美德的事例数不胜数，例如大家所熟知的"孔融让梨""程门立雪""曾子避席"等。在我们的日常生活中，礼让这一美德处处可见，例如：青少年在公交车上为老、弱、病、残、孕让座，尊老爱幼；机动车在斑马线前礼让行人，让行人先通过；后辈尊敬长辈，长辈宽容后辈；学生尊敬老师，老师爱护学生等。我们作为年轻一辈，应该传承与弘扬礼让这一传统美德，为构建和谐社会贡献出自己的力量。

（三）家庭伦理道德规范

1. 孝慈

孝慈，是用于调整家庭中父母与子女之间关系的道德规范，被认为是"人伦之公理"，是最基本的人道。孝，是针对子女而言的，即要孝顺父母、孝顺长辈；慈，是针对父母而言的，即要养育子女、爱护子女。在我国古代传统伦理道德要求中，孝的内涵广泛，例如，要养活父母，尊敬父母，礼待父母，报答父母，要以愉悦的情绪和心态去侍奉父母，要委婉地指出父母的过失，办好父母逝世后的丧葬事宜等。而在古代，慈不仅仅是要求父母关爱子女，还要求父母要承担起养育子女、教育子女、引导子女成才的责任。

关于孝慈这一家庭伦理道德规范，《礼记·曲礼上》记载："凡为人子之礼，冬温而夏清，昏定而晨省，在丑夷不争。"凡是为人子女的，必须要做到，冬天要留意父母穿着是否够温暖，住所是否够暖和；夏天要留意父母穿着是否够凉爽，住所是否够清凉；晚上睡觉前要向父母问安，并观察父母是否睡得安稳；早上起床后要去看望父母，并询问身体是否安好；与同辈的人相处时，不发生争吵与斗争。《左传·隐公三年》记载："石碏谏曰：'臣闻爱子，教之以义方，弗纳于邪。骄奢淫佚，所自邪也。四者之来，宠禄过也。'"石碏规劝说："我听说，一个人爱自己的子女，一定要以正确的礼法道义引导教育他，这样才能使他不走入邪道。骄傲、奢侈、淫荡、逸乐，是因为走上邪道才产生的。上述四种恶德，都是因为宠爱和赏赐太过了。"

从古至今，体现孝慈这一家庭伦理道德规范的故事和事例不计其数。在古代，有孝感动天、戏彩娱亲、鹿乳奉亲、百里负米、啮指痛心、芦衣顺母、亲尝汤药、拾葚异器、埋儿奉母、卖身葬父、刻木事亲、涌泉跃鲤、怀橘遗亲、扇枕温衾、行佣供母、闻雷泣墓、哭竹生笋、卧冰求鲤、扼虎救父、恣蚊饱血、尝粪忧心、乳姑不怠、涤亲溺器、弃官寻母，也就是我们常说的"二十四孝"。但是古代"二十四孝"的部分内容已经不适合现代社会发展的要求，我们应该对孝慈这一道德规范的内容和形式加以创新，做到推陈出新、与时俱进。在现代，子女孝顺父母的方式、父母教育子女的方式变得多样化、时代化、信息化。例如，子女要供养父母，使之衣食无忧、住有所居、病有所医；子女要常回家陪陪父母，与父母聊聊家常，宽慰父母的心情；子女在外不做失礼于人的事，更不能做伤天害理的事，不能让父母担心和蒙羞；子女要像父母教我们吃饭穿衣一样，耐心教导父母如何使用电子产品，忙碌的时候，使用电话、微信、QQ等新兴事物与父母进行联系，以进一步增进感情。

2. 谦敬

谦敬，既是对外为人处世的道德要求，也是对内建立和谐家庭的道德规范，此处侧重的是家庭伦理道德层面的谦敬。谦，是指自谦，即要求我们在家庭中，要谦虚而不自满，虚以处己；敬，是指尊敬他人，即要求我们在家庭中，要尊敬长辈，礼待长辈，一心一意，不随便敷衍和反驳。因此，谦敬是指在家庭中，我们自身要谦虚而不自大，对待家人要诚心诚意，尊敬长辈，爱护幼童。

针对谦敬这一家庭伦理道德规范，《尚书·大禹谟》记载："满招损，谦受益，时乃天道。"意思是过于自满容易遭受损失，谦虚谨慎能得到益处，这就是自然的规律所在。东汉思想家王符也认为："所谓恭者，内不敢傲于室家，外不敢慢于士大夫，见贱如贵，视少如长。"（《潜夫论·交际》）谦虚、恭敬的人在家里不敢对妻子自傲与怠慢，在外不敢对士大夫自傲与怠慢，对地位低下的人就像对待地位高贵的人一样，对待比自己年轻的人就像对待比自己年长的人一样。

在当代，我们要用谦敬这一重要的道德规范来处理夫妻之间的关系、父母与子女之间的关系、兄弟姐妹之间的关系，只有这样，和谐的家庭关系才能够形成。就夫妻关系而言，有争吵、意见不合是正常现象，但是丈夫和妻子在面对生活中的种种困难时，一定要谦让对方、尊敬对方、相互扶持、相濡以沫，为孩子处理家庭关系树立好榜样。此外，夫妻之间的相处之道还在于要避免极端行为，切勿出现家庭暴力、冷暴力、自杀等极端行为；就父母和子女关系而言，子女要尊敬父母，要以谦虚的态度与父母进行交流，耐心询问父母的意见和建议，切勿与父母当面产生冲突。而父母也不能存在"父尊子卑"的错误观念，要平等地与孩子进行交流，不得强迫孩子执行自己的意志，照顾子女的感受与情绪；就兄弟姐妹关系而言，彼此之间要相互尊重，在遇到意见不合时，要加强沟通交流，了解对方的真实想法，做到相互帮助、相互引导、相互成长。

（四）职业道德和文明礼仪规范

1. 敬业

敬业，是职业道德的核心和基本原则。敬业是指要热爱自己的职业，对待职业要爱岗敬业、严谨认真、勤奋刻苦、勇于进取、精益求精。古代有多种职业，有多种传统职业道德，如政德、师德、医德、商德等，至今仍有巨大的实用价值。

关于敬业这一职业道德规范，荀子说："故良农不为水旱不耕，良贾不为折阅不市，士君子不为贫穷怠乎道。"（《荀子·修身》）一个优秀的农民不会因为发生水灾、旱灾而不耕作，一个优秀的商人不会因为亏本而不做生意，真正的士君子不会因为贫穷而懈怠寻求真理。黄宗羲也说："师者，所以传道、授业、解惑者也。道之未闻，业之未精，有惑而不能解，则非师矣。"（《南雷文案·续师说》）在黄宗羲看来，老师是传授真理、讲解知识、解答疑惑的人。未能掌握真理，未有精深渊博的知识，未能解答学生的疑惑，则不是真正的老师。

到了现代，敬业这一职业道德规范，其范围和内涵得以丰富和创新。随着经济的发展和社会的进步，除了传统的职业如教师、医生、司机、商人等得以保留外，出现了一些如电商、快递员、专车司机、网店主等新兴职业。上述的种种职业均有各自的具体职业道德要求，例如，教师应爱岗敬业、立德树人、关爱学生、为人师表、终身学习等。医生应忠于职守、救死扶伤、关心病人、精医尚德等。商人应勤奋敬业、诚实守信、公开透明等。快递员应热爱岗位、及时送达、热情服务、吃苦耐劳等。在当今社会生活中，有许多爱岗敬业的模范榜样值得我们学习，例如，在四川汶川地震中，谭千秋老师在遇难前用双臂护住了四个学生，孩子们得以生还，但是谭老师却永远地离开了人世。贾立群医生，从医三十九年，接诊过三十多万名患儿，确诊了七万多例患儿的疑难杂症，挽救两千多个急危重症患儿的生命。贾医生把职业当信念，把患者当亲人，把付出当快乐，书写大医精诚，铸就品牌人生。

2. 礼仪

礼仪，是关于如何待人接物的道德规范，主要包括容貌、衣冠、视听、言行、举止等方面。在古代，为了维护封建统治和宗法制，礼仪有繁多的内容和形式，例如："吉礼"，即关于祭祀的典礼；"凶礼"，即关于丧葬、吊唁、祭拜的典礼；"军礼"，即关于军事、捕猎、田间活动的典礼；"宾礼"，即关于外交活动的典礼；"嘉礼"，即关于庆祝节日、重要事件的典礼等。上述古代的众多礼仪，带有时代性和阶级性，我们应该辩证地对待，取其精华，去其糟粕。也就是说，在现代生活中，我们要剔除那些已经完全不适应当今时代主流的繁文缛节，继承并发扬一些在今天仍具有实用价值和积极意义的礼仪。

关于礼仪这一文明道德规范，孔子说："君子有九思，视思明，听思聪，色思温，貌思恭，言思忠，事思敬，疑思问，忿思难，见得思义。"（《论语·季氏》）在孔子看来，作为一个君子，一定要考虑到以下九个方面：看东西的时候，要思考是否看清楚了，是否透过现象看到本质了；听东西的时候，要思考是否听明白了，是否听清楚别人要表达的真正意思了；待人接物时，要思考自己的脸色是否温和；待人处事时，要思考自己的态度是否恭敬有礼；说话时，要思考自己的言语是否忠诚老实；工作时，要思考自己对待事物是否严谨认真；遇到疑惑时，要思考自己是否及时向他人请教；即将发怒时，要考虑若发怒会产生怎样的严重后果；遇到可得好处时，要考虑是否取之有道、得之有义。

在当代，礼仪主要包括个人礼仪、接待礼仪、见面礼仪、公共礼仪、学校礼仪、公务礼仪等多个方面。我们在学习礼仪规范时，要学习关于容貌、脸色、衣冠、视听、语言、行为、举止、饮食等多方面的具体礼仪，以便更好地待人接物，建立良好的人际关系。例如，就个人礼仪而言，我们要注重自己的仪表，根据场合搭配服饰，形成良好的卫生习惯；就接待和见面礼仪而言，我们要注意自己的言谈举止，要使用礼貌用语，要使用端正的姿势；就公共礼仪而言，我们要遵守公共场合的规则，保持安静和整洁，礼貌待人；就学校礼仪而言，学生要尊敬老师，遵守校规校纪，遵守课堂纪律；就公务礼仪而言，要注重电话接待、当面接待、会议接待等方面的礼仪规范。

二、中国传统伦理道德的修养方法

道德规范及其修养方法是中国传统伦理道德思想中的重要组成部分，也是体现中国特色的部分。就中国古代而言，如要将社会上的道德规范内化为个人身上的道德品质，主要靠社会外部的教育和个人自身的教育。社会外部的教育包括学校教育、家庭教育、社会教育，个人自身的教育包括修身、养性。我们从中国传统伦理道德思想中概括提取了四点主要的教育修养方法，分别是德教为先、修身为本、知行合一、精益求精。

（一）德教为先

"道之以政，齐之以刑，民免而无耻；道之以德，齐之以礼，有耻且格。"（《论语·为政》）孔子认为，用政令来引导百姓，用刑罚来惩治百姓，虽然可以减少他们犯罪的概率，却不能培养他们的廉耻意识；而用道德来引导百姓，用礼教、礼仪来同化百姓，不仅可以培养他们的廉耻之心，还会让他们主动改正自己的错误行为。"人之有道也，饱食、暖衣、逸居而无教，则近于禽兽。"（《孟子·滕文公上》）在孟子看来，人之所以被称为人，不仅仅是因为吃得饱、穿得暖、住得舒服而已，如果没有接受过教育，那就跟禽兽没什么区别。"不富无以养民情，不教无以理民性。故家五亩宅，百亩田，务其业而勿夺其时，所以富之也。立太学，设庠序，修六礼，明十教，所以导之也。"(《荀子·大略》）荀子也认为不使人们得以富裕，就不能够调养他们的性情；不使人们接受教育，就不能够整治人们的本性。因此，每家分配得到五亩宅地、百亩耕地，让人们努力从事农业生产而不耽误农时，这就是让他们富裕起来的方法。建立国家高等学府，设立各级地方学校，让人们学习六种礼仪（冠礼、婚礼、丧礼、祭礼、乡饮酒礼、相见礼），让人们弄懂十个方面的教育要求（父慈、子孝、兄良、弟悌、夫义、妇听、长惠、幼顺、君仁、臣忠），这就是用来引导人们走上正道的方法。

德教为先，这一理论主要是由儒家创立并促其发展的，是中国传统伦理道德思想发展过程中一个极其重要的修养方法。德教为先主要包括两方面的含义：其一，强调德治是治理国家的第一手段，德治重于法治，主张以德治国；其二，极力倡导在培育人才的过程中，将德育的培养居于首位，强调品德教育的重要性。在此，要特别注意的是，我们作为年轻一辈要辩证地看待德教为先这一主张，既要看到道德对个人、对社会、对国家的重要作用，也要看到道德的局限性与非万能性，反对道德万能主义、泛道德主义、德治高于法治等极端观点。

到了当代，我们克服了道德万能主义等弊端，制定并实行了全面依法治国的政策，主张用法来治理国家，国家和民族变得日益稳定和繁荣。在强调法治的同时，我们也加强了对道德教育的重视，即以立德树人为核心，不断地对课程标准、教材、教师用书、学生用书等进行改良与创新，以更好地培养学生的核心道德素养。从最新发布的《中国学生发展核心素养》中可以看出，国家对道德教育及其方法的重视程度极高，涉及国家认同、社会责任、珍爱生命、乐学善学、理性思维、人文情怀等核心素养。

（二）修身为本

"物有本末，事有终始，知所先后，则近道矣。古之欲明明德于天下者，先治其国；欲治其国者，先齐其家；欲齐其家者，先修其身；欲修其身者，先正其心；欲正其心者，先诚其意；欲诚其意者，先致其知；致知在格物。物格而后知至，知至而后意诚，意诚而后心正，心正而后身修，身修而后家齐，家齐而后国治，国治而后天下平。自天子以至于庶人，壹是皆以修身为本。"(《礼记·大

学》）

天下万物皆有本有末，天下万事皆有开始和结束，若能够明白本末、终止的先后顺序，就能接近《大学》中所讲的关于修己治人的道理。在古代，那些想在全天下弘扬光明公正品德的人，首先要治理好自己的国家；要想治理好自己的国家，先要使自己的家庭和家族和睦；要想使自己的家庭和家族和睦，先要修养自身的品性；要想修养自身的品性，先要端正自己的思想；要想端正自己的思想，先要使自己的意念真实；要想使自己的意念真实，先要使自己获得知识；获得知识的途径和方法，在于要深入认识和研究万事万物，并挖掘其中深奥的道理。只有通过对万事万物进行深入的认识与研究，才能够获得知识；获得知识后，意念才能够真实；意念真实后，思想才能够端正；思想端正后，才能够修养自身的品性；品性得以修养后，才能够引导家庭和家族变得和睦；家庭和家族和睦后，才能够治理好整个国家；治理好国家后，天下才能够实现太平。

从上述的内容中我们可以看出，修身在我国传统伦理道德思想中占据着十分重要的地位，个体只有做到以修身为本，不断端正自己的思想，不断修养自身的道德与品性，才能够实现"修身、齐家、治国、平天下"的远大道德目标。在前面，我们提到过，要将社会外部的道德规范内化为个体自身的道德品质，必须通过外在的各类教育和内在的自我修养才能够得以实现。德教为先，强调的是要注重道德教育的重要地位，对社会中现行的品德教育进行改革与创新，优化其内容和形式。而修身为本，强调的是除了外在的力量推动以外，个体自身也要树立自我修养、自我教育、自我完善、自我发展的正确观念，严格要求自己，以身作则。

在古代的传统思想中，修身包含着多方面的内容，如：节欲，即肯定人的合理欲望，但是要克制人的贪欲，最好做到清心寡欲。慎独，即无论是在与众人相处的时候，还是在个人独处的时候，都要保持善良、光正、透明的道德品质。自省，即在发生错误时，首先从自己的身上找原因和根源，进行自我反思，正确对待自己的过错，勇于承担责任。以公克私，即强调个体的利益要服从公共的利益，将公共的利益、集体的利益置于首位。君子圣贤，即强调个体要将君子、圣贤作为自己修身的理想目标，学习他们身上那种追求至善、至远、至贤的执着精神。浩然之气，即要有一种义无反顾、舍生取义的精神，为维护社会的公正公义做出贡献。从上述内容可以看出，在古代对于修身的定义中，精华是多于糟粕的，我们应该取其精华部分，剔除倡导禁欲、个人主义、神秘色彩浓厚、罔顾生命等糟粕部分。

（三）学习为重

"诚以学不立志，如植木无根，生意将无从发端矣。自古及今，有志而无成者则有之，未有无志而能有成者也。"（《王阳明全集》卷二十七）学习而不立下志向、目标，就像种下没有树根的树木一样，树木就会缺乏勃勃生机的发端和活力。从古至今，的确存在立下了远大志向却没有获得成功的人，但是，从来不存在没有立下志向就能取得成功的人。"学者大不宜志小气轻。志小则易足，易足则无由进。气轻则虚而为盈，约而为泰，亡而为有，以未知为已知，未学为已学。"（《张载集·经学理窟·学大原下》）做学问的人不应该志向短浅，心胸狭窄。若志向、目标太小，则很容易得到满足，从而导致无法发展与进步。若心胸过于狭窄，则会把空虚当成充盈，把贫穷当成富裕，把未知当成已知，把未学当成已学。

志学是指在学习的开端，必须解决志向、目标、理想问题，即在开始学习的时候，要明确学习的目标是什么，坚定学习的目标与志向。要特别说明的是，中国传统道德修养思想中强调立志除了要坚定以外，还要远大。也就是说，我们在决定开始学习时，一定要树立一个远大的目标和理想，这样才能激励我们不断努力、不断学习、不断进步。反之，如果树立了较小、较低的目标，就会很容易满足于自己现有的学习成果，容易满足就无法进步，限制了个人发展的空间。当我们开始决定学习中国传统伦理道德思想时，一定要弄清楚自己的学习目标是什么，想要通过学习了解哪些道德规范，掌握哪些道德修养方法，只有这样，我们才能更好地对传统伦理道德进行学习与探究。

孔子曾说："好仁不好学，其蔽也愚；好知不好学，其蔽也荡；好信不好学，其蔽也贼；好直不好学，其蔽也绞；好勇不好学，其蔽也乱；好刚不好学，其蔽也狂。"(《论语·阳货》) 在孔子看来，爱好仁德却不爱学习，对应的弊病就是容易遭到他人的愚弄；爱好智慧却不爱学习，对应的弊病就是散漫和肤浅；爱好诚实却不爱学习，对应的弊病就是害人害己、危害社会和国家；爱好直率却不爱学习，对应的弊病就是说话刻薄、直接、偏激；爱好勇敢却不爱学习，对应的弊病就是容易弄巧成拙、捣乱闯祸；爱好刚强却不爱学习，对应的弊病就是狂妄自大、大胆包天。《说苑·建本》也记载："少而好学，如日出之阳；壮而好学，如日中之光；老而好学，如炳烛之明。"少年时期热爱学习，如同初升起来的太阳那样鲜明光亮；壮年时期热爱学习，如同中午的太阳那样光芒四射；老年时期热爱学习，如同蜡烛点燃时那样亮丽动人。

好学是指热爱学习，对学习时刻充满热情，在学习的过程中能够感到快乐和满足。中国传统思想家如孔子，一般认为好学包括热爱学习、勤奋学习、多问多学、温习巩固这四个环节。也就是说，要达到好学的境界，必须做到热爱学习，即热爱知识。热爱学习，力求做到活到老学到老，树立终身学习的正确观念。勤奋学习，即在学习时，要刻苦努力、勤奋进取、吃苦耐劳，以达到废寝忘食的最高境界。多问多学，即在学习知识的过程中，要保持谦虚的态度，遇到不懂的问题或知识时，要虚心向他人请教，切忌不懂装懂。温习巩固是指复习巩固已学的知识，不断获取新的知识，从而做到温故而知新。

荀子说："君子博学而日参省乎己，则知明而行无过矣。"(《荀子·劝学》) 君子通过广泛地学习各领域、各方面的知识，并且用所学的知识来每天检查、反省自己，就能够达到明智的境界，并且行为没有过失与过错。"博学，是于古今、常变、因革、治乱、幽明、上下之道无不究极也，非不论其是非邪正，兼收而博取之。故古人之学谓之该博，后人之学不过博杂而已。"(《王廷相集·雅述》) 在王廷相看来，所谓博学，是指对待古代与现代、永恒与变化、陈旧与创新、治理与混乱、黑暗与光明、大道理与小道理等万事万物，应该尽力去寻求它的根源与基础，而不是不论对还是错、正还是邪就统统集合起来。所以，古人所学的知识是广博且有序的，后人所学的知识是广泛但无序的。

博学是指在学习的过程中，除了要立下远大的志向、热爱学习、勤奋学习以外，还要广泛地学习各领域、各方面、各民族的知识，也就是要做到博学。中国传统伦理思想中的博学首先是指要广泛地学习各方面的知识，如自然知识、天文地理、政治历史、立身处世知识、治理国家知识等。其次，在广泛的学习过程中，必须做到有序有章、分清轻重、分清先后，以便形成一个有序、清晰的知识体系。

（四）躬行力行

在中国传统伦理道德思想中，德教、修身是途径，成为君子、圣贤是最终目标。若要成为一个知识渊博、能力全面、道德高尚的圣贤，单单靠接受道德教育和学习理论知识是不够的，还必须落实到道德实践上，做到知行合一。在前面的内容中，我们已经提到了如何接受道德教育，如何做到志学、好学、博学，以便为社会生活中真实的道德情境、道德实践、道德行为奠定坚实的理论基础。

对于"行"的内涵和地位，中国古代思想家各自发表了自己的观点和看法。孔子主要倡导"仁爱""孝悌"等，不但要求人们要有爱心、孝心、耐心，而且要求人们用自己的实际行动去践行爱心、孝心、耐心。孟子认为，要实现理想人格，关键就在于道德实践，在于通过实际的道德行动、道德活动、道德举措将自己的善性推及他人。荀子提倡"学至于行而止"，他认为道德实践是实现道德理想、道德目标的最后一步。到了东汉，王充强调"实知"，强调在实践中亲身获得的直接经验才是知识最可靠的基础。到了宋明时期，宋明理学对道德实践特别重视，王阳明提出了"知行合一"说，认为知与行不可分割，强调知就是行、行就是知的思想。"知行合一"这一重要思想，不仅在古代产生了巨大的影响，在现代也得以继承、保留、创新，为现代人修养自身、和睦家庭、治理国家、稳定社会提供了有效的修养方法。在王阳明之后，王夫之提出"行先知后"，反对知与行同等重要，强调行的重要性。进入近代，孙中山面对严峻的社会现实问题，提出了"知难行易"的主张。从"行"的思想发展史中，我们可以看出，有些思想家重视实践，有些思想家重视理论，有些思想家认为理论与实践并重，各家、各派、各人的观点存在差异。在当代，我们在继承力行的思想时，要取其精华部分，既要认真学习道德规范等道德理论知识，也要弘扬脚踏实地、重在行动、反对空谈等道德实践精神，做到知行合一。

"道虽迩，不行不至；事虽小，不为不成。"（《荀子·修身》）路程虽然很近，但是不走就不能够到达目的地；事情虽然很小，但是不做就不能够成功。"不闻不若闻之，闻之不若见之，见之不若知之，知之不若行之，学至于行而止矣，行之，明也。"（《荀子·儒效》）在荀子看来，没有听过的不如听过的，听过的不如看过的，看过的不如了解过的，了解过的不如亲身实践过的，只有亲身实践了才能实现学习的最终目标。实践是明智的选择。"人之为学，心中思想，口内谈论，尽有百千义理，不如身上行一理之为实也。"（《颜元集·颜习斋先生言行录》卷上）人在进行学习时，心中的思考与想法，口中的言谈与论断，尽管包含着多种重要的意义和道理，但是都比不上自己去亲身实践一个道理来得实在。

关于躬行笃行，躬行是指人亲自去实践，笃行是指在实践的时候要全心全意、全神贯注，避免分心。因此，躬行笃行是指我们在接受道德教育和进行自我修养时，要掌握正确的修养方法，重视道德实践，要一心一意地行动，从而做到知行合一。具体而言就是，针对前面所讲的自强、持节、诚信、孝慈等道德规范，我们在学习其理论知识的同时，也要付诸实践，落到实处。例如，知"强"就应该行"强"，知"节"就应该行"节"，知"诚"就应该行"诚"，知"孝"就应该行"孝"。

明朝大儒王阳明可谓躬行笃行的榜样。他说："盘根错节，可以验我之才；波流风靡，可以验我之操；艰难险阻，可以验我之思；震撼折冲，可以验我之力；含垢忍辱，可以验我之量。"（《药言》）在王阳明看来，在繁多复杂的事情中，可以检验我的才能；在不良的社会风气中，可以检验我的节操；在艰难险阻的困境中，可以检验我的思想；在激烈的打斗竞争中，可以检验我的力量；在忍辱负重的环境中，可以检验我的气量。"问：'静时亦觉意思好，才遇事便不同，如何？'先生曰：'是徒知静养而不用克己工夫也。如此临事，便要倾倒。人须在事上磨，方能立得住；方能静亦定、动亦定。'"（《王阳明全集》卷一《传习录上》）学生问："独自安静修养时能够做到心境平和与安定，但是一遇到具体的事情心境就不同了，这是为什么呢？"先生回答："这是因为只懂得安静修养，却不懂得如何在复杂的动态情境下克服私心杂念，以这样的状态去应对和解决复杂的事情，是行不通的。因此，人必须在具体的事情与情境中进行磨炼，做到在安静修养时心境平定，在待人接物时也心境平定，这样才是可行的方法。"

事上磨炼是指人需要在具体的事情与情境中，特别是逆境中、贫困中、艰苦中进行实践与锻炼，持之以恒，以形成更好的道德品质与道德修养。也就是说，在德教、修身的过程中，单单注重理论知识与道德实践是不够的，还要引导人们主动地寻求事上磨炼，让人们在具体的困境中锻炼意志、磨炼品性、完善性格，从而达到"动心忍性，曾益其所不能"的理想境界。

（五）精益求精

与前面四个修养方法相比，精益求精的修养方法比较特别，是专门针对"敬业"这一职业道德规范提出来的，具有特殊性。在前面我们提到，"敬业"不仅仅是指热爱职业、尊敬职业，还包括对待职业要勤奋努力、严肃认真、精益求精、求实创新等。那么，在对待自己的职业时，如何才能够做到精益求精呢？如何才能做到爱岗敬业呢？如何才能够达到工作的理想状态呢？

在古代，职业道德规范的修养方法经历了一个长期的发展过程。在原始社会时期，由于当时的物质生产相对落后、科学技术相对不发达，人们往往把制造生产工具、生活用具以及建筑房屋等原始手工业作为自己的职业，体现早期追求完整的朴素的职业精神。在河姆渡文化时期，手工业得以快速发展，人们通过精细的手工制造出刻有花纹的配饰和饰品，这些工艺制品体现了构思严谨、态度认真、手工精细、技艺娴熟的职业精神。此时的职业精神，仍然处于"尚技"层面，体现为简约朴素、制作精细、技术完美等。到了春秋战国时期，由于生产力的发展，社会分工越来越细，职业也越来越多，各行业要求人们必须具备特定的专业技术、职业观念、道德品质。此时的职业精神，实现了"尚技"与"尚德"的无缝衔接，工匠们既有高超的技术，也有崇高的职业素养与道德品质。如技艺精湛的鲁班、游刃有余的庖丁等，他们不仅对自己的技术和作品要求极高，精雕细琢、精益求精，而且形成了崇高的职业道德与职业修养。进入封建社会之后，在唐、宋、元、明、清等朝代，职业道德与职业修养得到极大的发展，主要以"师徒相承"为主要特征，师傅对技艺传承的执着精神，弟子自强不息、独立自主、推陈出新的精神，丰富了职业精神的内涵，促进了职业道德规范及其修养方法的进步与发展。

近代以来，随着工业、商业不断发展，工厂化、机械化、流水线的大生产代替了人们的手工劳作，人与机器发生着激烈的竞争与对抗。在这场与机器的竞争中，人们主动更新对机器的认识，提升自身的技术技能，而且利用自己所学的知识对机器进行改造与完善，使得生产设备得以改进与更新。此时的职业精神，不仅仅包括技术高超、道德高尚、师徒相承，还包括提高自身的知识与技能、自主创新、制造机器等。20世纪六七十年代，为了抵制帝国主义的核威胁，为了保卫国家的安全与稳定，我国自主研制并成功发射了"两弹一星"。在研发"两弹一星"的过程中，大批留学国外的科技工作者义无反顾地响应国家的号召归国，与基层的干部、员工、指导员一起，在十分艰苦的环境下自力更生、发愤图强、艰苦奋斗，这种精神进一步丰富和发展了我国的职业精神与职业修养。

到了当代，我国经济不断发展，现已成为世界第二大经济体，国家实力和国际地位得到了极大的提升。但是，从自身实力上看，现在的中国是一个"制造大国"，还没有成为"制造强国"，我们的制造工艺、产品质量、品牌价值与发达国家相比还有较大差距。当今时代急需呼唤和培育工匠精神。

那么，我们应该如何跟随时代主流，培养自己精益求精的工匠精神呢？其一，在态度上，我们要树立爱岗敬业的正确态度，热爱自己所处的工作岗位，尊敬自己所从事的职业，并在自己所处的岗位默默耕耘，持之以恒，干一行，爱一行。其二，在理论上，我们无论是在学校里还是在工作中，都要认真学习本专业的专业理论知识，刻苦钻研各种工具和机器的使用方法，勤于锻炼各种专业操作技术，以更好地丰富自身的专业知识体系。其三，在实践上，在认真学习并掌握了系统的专业理论知识后，我们要将知与行结合起来，将自己学习到的理论知识、使用方法、操作技术等运用到实践中，做到知行合一。其四，在追求上，我们在工作中要认真贯彻精益求精、一丝不苟、完美严苛的工匠精神，追求更高的工作质量和产品质量，对自己工作的成果和制作的产品进行反复的思考与总结，以便在实践中更好地对其进行改进、完善与更新换代。其五，在目标上，在工作和就业时，我们不能仅仅满足于获得劳动报酬与生活来源，还应该定下多层次的工作目标，如努力实现个人的社会价值、时刻关注消费者的体验与反馈、为实现民族复兴与国家强大而奋斗等。其六，在精神上，我们在工作中要坚持永不放弃、坚持到底、百折不挠的精神。无论是日常的工作，还是产品的研发与改进都不是一帆风顺的，遇到挫折、走弯路甚至失败都是不可避免的。我们在面对困境时，要有一种不怕挫折、不怕失败、百折不挠、持之以恒的毅力。

第六章 中国传统教育

第一节 中国传统教育与文化

一、教育与中国传统文化的传承与发展

教育是培养人的社会活动，是社会文化延续和发展的基础和保证，也是文化不断创新的动力。中国传统教育是中国传统文化的组成部分，体现了中国传统文化的深厚底蕴和鲜明特色，对于中国传统文化的积淀和传承具有重要意义，对传统社会生活方式、民族学术文化思想的发展变迁等产生了深远的影响。

春秋战国时期，在私学的产生发展过程中，不同学派亦随之产生，出现了诸子百家争鸣、思想文化空前活跃繁荣的局面；汉朝教育以儒家经典为主要内容，推动了儒学的传播和发展；唐朝的专科学校培养了各个专业的专门人才，展现了盛唐兼容并包而繁荣昌盛的文化气象；唐宋以后，书院作为新的教育机构出现，是著名学者聚徒讲学、培养人才的阵地，承载着教育、学术研究等功能，并发挥着保存文化典籍、开展学术交流、传播文化等作用，推动了学术文化的发展。

二、中国传统文化与传统教育的特点

伦理道德在中国传统文化中处于核心地位，中国传统教育思想在教育目的、教育内容等方面也呈现出重视道德教育的特色。中国传统文化具有人文取向，中国古代教育也体现出以人文教育为主、自然科学教育为辅的特点，注重教育人如何做人，如何培养良好的道德情操、崇高的精神境界，并将个人的自我修养与社会担当统一起来。

第二节　中国传统学校教育

中国传统教育包括学校教育、家庭教育、社会教育等。学校教育分为官学和私学。官学是官府设立的学校，西周的国学、乡学，汉朝的太学、州郡县学，唐宋以后的太学、国子监、府州县学等，皆属官学。私学是私人创办的学校，春秋战国时期的孔子、墨子、孟子、荀子，皆为私学大师。隋唐以后通过科举考试选拔人才，对学校教育形成了影响。

一、官学

周朝官学包括国学和乡学。《礼记·王制》："大学在郊，天子曰辟雍，诸侯曰泮宫。"从学习的阶段来看，分小学和大学。在周朝接受官学教育的，多为公卿大夫的子弟，称"国子"。国子在小学阶段，"德行"与"道艺"兼修，礼乐之教占重要地位。据《周礼·地官司徒》，当时由师氏教以"三德"和"三行"，保氏教以"六艺"和"六仪"。大学的学习内容，以诗书礼乐为主，不同时地，各有所重。

汉朝教育与儒学、选士制度建立了密切联系，对后世影响深远。西汉董仲舒向汉武帝提出"兴太学"的建议，汉武帝元朔五年（前124年）设立了太学，这是以传授知识学问为主要目的的最高学府，中国古代真正意义上的高等教育由此开始。太学的教官为"五经"博士，学生为"博士弟子"，教学内容主要是儒家经典，教学目的旨在通经致用，学生分经受业，经考试合格，可任政府官吏。西汉博士各专一经。东汉鼓励通才，不少人博通"五经"。东汉灵帝时立鸿都门学，这是创设时间最早的研习文学艺术的国立专科学校，建于东汉灵帝光和元年（178年）二月，因校址设在洛阳鸿都门而得名，教学内容以尺牍、小说、辞赋、字画为主。据《后汉书·灵帝纪》记载，学生曾招至千人，乃由州、郡、三公荐举，皆能为尺牍、辞赋及工书鸟篆者，经考试合格方可入学。鸿都门学在教育发展史上具有重要意义：它冲破了太学将经学作为唯一教育内容的藩篱，是一所文学艺术学校，为唐朝以后各种专科学校的设立开辟了道路；它招收平民子弟入学，使平民也获得了学习和施展才能的机会。

魏晋南北朝时期，教育进一步发展。西晋于太学之外另立国子学，收五品以上官员子孙，太学则成为六品以下官员子弟学校。后世"国子学"之名由此开始。南朝宋文帝立儒学、玄学、史学、文学四馆，相当于大学下属四个系。明帝设"总明观"，总揽上述四科，这是唐朝分科教学的滥觞。北魏禁止私学，规定了大、中、小郡学校博士、助教及学生的不同数额，这对后世的地方教育有一定的影响。

唐朝是中国教育的黄金时代，其突出特点是分科办学、专业广泛，显示了唐朝文化繁荣的局面。中央设国子监，下设国子学、太学、四门学、书学、算学、律学等，此外，有弘文馆、崇文馆、广文馆、经师学、医学、天文学、历数学等。地方有府州县学和专门学校。隋唐时期建立了科举考试制度。学校教育、社会教育、官员选拔任用等，均服从或从属于科举考试，选拔人才和培育人才的标准和要求一致，促进了教育的发展，也使寒门庶士有了学优从政的可能。

宋朝时国子监所属有国子学（收七品以上官员子弟）、太学（收八品以下及庶人子弟）、律学、书学、算学、医学。仁宗时设武学、军监学。徽宗时设画学，这是中国古代唯一一所国立专科绘画教育机构，课业有人物、山水、花木、鸟兽、屋宇等，《宋史·选举志》记载："'画学'之业，曰佛道、曰人物、曰山水、曰鸟兽、曰花竹、曰屋木。"地方除州县之学外，在外侨集中的广州、泉州设"蕃学"。

明清时期的国子监，主要教学内容为宋朝程朱学派注释的"四书""五经"等，不分国子学和太学。清朝除国子监外，另设"宗学""八旗官学"，以教育皇族和八旗子弟。

二、私学

春秋战国时期，国学逐渐衰落，"天子失官，学在四夷"，民间私人创办的学校兴起，孔子是首创者，墨子、庄子、孟子、荀子等皆广收门徒。在私人讲学的过程中，不同学派随之产生，出现诸子百家争鸣、思想文化空前活跃繁荣的局面。孔子是大规模私人办学的开创者，发展了古代教育理论，积累了丰富的教育经验，成为中国古代教育思想和实践的奠基人。孔子因材施教、启发诱导等教育理念和方法，在中国教育史上产生了深远的影响。

汉朝民间私学发展繁盛，有"蒙馆""书馆""乡塾"等，相当于小学；又有"经馆""精舍""精庐"等，相当于大学。担任私学教师的，有马融、郑玄等著名经学家，他们治学严谨，重视考据训诂，是"汉学"的代表。马融是东汉时期著名经学家，一生注书甚多，注《孝经》《论语》《诗》《周易》《三礼》《尚书》等书，皆已散佚，有赋颂等作品传世。他长于古文经学，设帐授徒，门人常有千人之多，卢植、郑玄等都是他的门生。郑玄是东汉末年儒家学者、经学大师，遍注儒家经典，为汉朝经学之集大成者。

魏晋南北朝时私学在规模和质量上超过官学，名儒聚徒讲学，学生人数上百乃至上千者屡见不鲜。梁武帝时开设五个学馆，博士由著名私学大师担任，体现了私学的高度发展。五馆中以潮州的严植之学馆最为有名，他讲学时五馆的学生都来听，听者常达千余人。此时的私人讲学，融合了儒学、玄学、佛学和道教，科技教育也是重要内容之一。讲学者中有女性，如韦逞的母亲宋氏，韦逞担任前秦苻坚的太常官时曾为之在家中设讲堂，教授学生百余人；南朝宋齐年间吴郡的韩蔺英，在齐武帝时任博士，教六宫书学，时人称之"韩公"。

唐朝的私学遍布城乡，程度不一，既有颜师古、孔颖达、韩愈、柳宗元等硕彦名儒传道授业，也有启蒙识字的村野私立小学。

宋朝以后，私学主要承担蒙学教育，宋朝的蒙学包括家塾和宗族设立的义学等，重视教授识字和日常生活的基本知识。

明清时期的蒙学有坐馆或教馆（聘请教师在家教学）、家塾或私塾（教师在自己家中设学）、义学或义塾（地方或个人出资设立小学，带有慈善事业的性质），形成了固定的教学制度和程序，有从事蒙学教育的教师队伍，蒙学教材除了《三字经》《百家姓》《千字文》外，还有《千家诗》《龙文鞭影》《幼学琼林》《声律启蒙》等。道光二十一年（1841年），辛丑科状元龙启瑞作《家塾课程》，总结中国古代的蒙学教学经验，提出以看、读、写、作四字为纲，归纳了日常教学程序；道光年间王筠撰写《教童子法》，系统论述蒙学教育。清人有关蒙学的总结和研究对于今天的中小学教育，仍具启示和借鉴意义。

在官学和私学之外，还有一种学校教育类型，即萌芽于唐朝而兴盛于宋朝的"书院"。书院是在私学的基础上发展起来的，开展教学、研究和学术交流等活动，往往成为一个地区或某个学派的学术中心，在学风上，以重义理阐发为特色，推动了中国古代学术文化的发展。唐宋以后，书院作为新兴的教育机构，将教育、教学和学术研究结合，成为著名学者收徒讲学、培养人才的地方。例如河南商丘应天府书院、湖南长沙岳麓书院、河南登封嵩阳书院、江西庐山白鹿洞书院等。

三、传统学校教育与科举制度

教育的任务之一是为国家培养人才。因此，古代教育与官吏选拔制度密切相关。中国古代官吏选拔制度，代有不同。汉朝实行"察举制"，指定官员担任举主，负责向国家举荐人才，经朝廷检验后给予录用或升迁。汉武帝时下诏令郡国每年察举孝者、廉者各一人，通称"举孝廉"，这是汉朝察举制中最为重要的科目。魏晋南北朝时期实行"九品中正制"，在各州郡设大小中正，由本地在中央任官者担任，负责察访、品评本州郡的士人。人物的品行定为上上、上中、上下、中上、中中、中下、下上、下中、下下九品，以此作为选人授官的依据。中正评定人物品级时，按家世门第高低、才德优劣划分品等，然后向吏部推荐。推行渐久，大小中正多为世家大族把持，品评人物的标准不是德才优劣，而是门第高低，形成"上品无寒门，下品无世族"的局面。为了消除这一积弊，由隋至唐，逐步以科举制度取代"九品中正制"。

科举制度是隋唐之际兴起来的一种通过设科考试选拔官吏的制度，始创于隋，形成于唐，至清光绪三十一年（1905年）废止，实行了一千三百多年。隋炀帝大业三年（607年）设进士科，通过"试策"，即考时务策的办法选取进士，标志着科举制度的开端。唐朝的科举分常科和制科两类。常科有秀才、明经、进士、明书、明法、明算等基本科目，每年定期举行。制科由天子主持，根据需要临时下令举行。常科的考生有生徒和乡贡，"由学馆者曰生徒，由州县者曰乡贡"（《新唐书·选举志上》），中央或地方学校送往尚书省应试的考生称生徒，不在学校学习而自学有成的，可向州、县提出申请，经考试合格，由州县送尚书省参加考试，称为乡贡。常科中明书、明法、明算不为人们重视；秀才在唐初要求很高，后来停废；明经、进士两科的应试者最多，是唐朝常科的重要科目，两科之中又以进士更占优势，是读书人入仕的重要途径。

宋朝科举在袭沿唐朝制度的基础上进一步完备。考试科目以进士为重，增加殿试，由皇帝亲策。考试内容自宋神宗时起改为以经义为主。考试规则在唐"糊名"（密封姓名）基础上，实行"誊录"，即另派抄书手将考生试卷用正楷誊录，让考官无法辨认考生笔迹，以保证阅卷公正。唐至宋初科举每年一次或两年一次不定，宋英宗治平三年（1066年）正式定为三年一次。与唐朝相比，宋朝科举的录取名额增加了许多。

元朝开国初期不重视科举，至仁宗时才制定科举程式，规定科举考试从"四书"中出题，以朱熹《四书集注》的解释为标准。明清时期，科举考试形成了完备的制度，与学校教育的联系也更为紧密。考试内容以经义为重，命题取自"四书""五经"，解释尊奉朱熹《四书集注》，规定答卷应"代圣人立言"，用程朱理学的观点指导作文。同时规定试卷须用八股文体写作，即将全文分为破题、承题、起讲、入手、起股、中股、后股、束股八个部分，起股以下，每部分用两股排偶文字，限定字数，故称"八股文"，又名"制义""时文"。此时科举必由学校，只有各类学校的生徒才有资格参加乡试。受科举考试的影响，学校以程朱学派注释的"四书""五经"等为主要教学内容。

相较于以往的选士制度，科举制度有其优点。较之汉朝的察举制和魏晋南北朝的九品中正制，科举制度更为客观公正，它对九品中正制的取代，打破了门阀世族对官位的垄断，将选用官吏的权力，从世家大族的手里收归中央，有助于巩固中央集权。科举考试向非权贵世家子弟敞开大门，有利于吸收社会各阶层人才进入政权，保持官员队伍的活力，缓和社会阶层之间的矛盾，扩大和巩固封建统治的基础。同时，科举制度也推动了文化教育的普及、社会读书风气的盛行和教育的发展。但从另一方面看，科举考试在一定程度上束缚了知识分子的思想和自由发展，使受教育与仕进、利禄进一步挂钩，让教育逐渐成为科举的附庸。

第三节　中国传统教育思想

中国传统教育在教育目的、教育内容上体现出重视伦理道德教育的倾向，在教育方法上讲究启发诱导、因材施教，在为学方法上主张循序渐进、学思并重。

一、教育目的：明德至善，致知笃行

中国传统教育思想强调，对于国家而言，教育重在弘扬善良光明的德行，形成良好的社会风尚，培养治国人才。《礼记·大学》中说："大学之道，在明明德，在亲民，在止于至善。"认为教育的目的，在于彰明百姓内心美善的德行，使人自新，达到最美善的道德境界。《礼记·学记》中说："君子如欲化民成俗，其必由学乎！"所谓"化民成俗"，就是通过推行教育来教化百姓，使百姓遵守社会秩序，形成良好的社会风尚。因此，兴教办学对于国家的治理具有重要意义，"古之王者建国君民，教学为先"（《礼记·学记》）。

对于个人而言，教育首先要提高人的品德，使受教育者的人格更为完善。《荀子·劝学》中说："君子之学也，以美其身。"此外，教育要使人致知而笃行，学以致用，成为经世之才。《礼记·中庸》提出治学者应"博学之，审问之，慎思之，明辨之，笃行之"，将自己所学落实到行动中。古人重视知与行的结合，主张知与行相辅相成。荀子说："不闻不若闻之，闻之不若见之，见之不若知之，知之不若行之。"（《荀子·儒效》）陆游在诗中说："纸上得来终觉浅，绝知此事要躬行。"（《冬夜读书示子聿》）朱熹也强调："知之愈明，则行之愈笃；行之愈笃，则知之益明。"（《朱子语类》）王阳明主张知行合一，认为"知者行之始，行者知之成"（《传习录》）。张之洞主张"读书期于明理，明理归于致用"（《輶轩语·语学》），尤其强调经史之书对于经世的作用，认为"以经学史学兼经济者,其经济成就远大"(《书目答问》)。历代关于治学的这些言论,皆主张治学者致知笃行、知行结合、学以致用。

二、教育内容:以德为本,德智统一

中国古代教育的内容,以道德教育为主,同时包括知识教育、文学艺术教育、实践技能教育等。

道德教育在中国传统教育中居于首要地位。据《周礼·地官司徒》,师氏教国子以"三德(至德、敏德和孝德)"和"三行(孝行、友行和顺行)"。孟子说夏、商、周的学校教育"皆所以明人伦也"(《孟子·滕文公上》)。"人伦"指人与人之间的关系,尤其是尊卑长幼之间的伦理关系。可见,古人很早就将伦理道德作为教育的首要内容。孔子作为伟大的教育家,其思想以"仁"为核心,"仁"超出了伦理关系而具有更普遍的社会美德和人际关系准则的意义。《论语》中记载孔子的弟子问学,"仁"是重要内容。儒家、道家、佛家、宋明理学都重视道德教育和人的修养的自我完善,形成了道德教育和道德修养的体系、原则和方法。注重道德教育,对于推动中华文明的发展和中国社会的进步,陶铸中华民族的精神和智慧,培养历代仁人志士的境界和气节,发挥了重要作用。

除了道德教育之外,中国古代的教育内容也包括知识、实践技能等。孔子以"文、行、忠、信"四方面的内容来教育学生,主张"行有余力,则以学文"(《论语·学而》),"博学于文"(《论语·雍也》),教导学生广泛地学习文献、文化知识。传统教育思想还强调通过文献的学习可以了解自然科学知识,例如,孔子说学习《诗经》可以"多识于鸟兽草木之名"(《论语·阳货》)。在实践技能教育方面,《周礼》载古代的学校传授"六艺",即礼、乐、射、御、书、数六种技能;东汉灵帝时设立了"鸿都门学",专门传授辞赋书画;魏晋南北朝时的私学开展科技教育;宋徽宗时设立了中国古代唯一的一所国立专科绘画教育机构,传授画学;唐朝时出现了多种专科学校,分别传授律学、书学、算学、医学、天文学、音乐等专门技能。

值得注意的是，古代的知识教育、实践技能教育常寓道德教育于其中。孔子说："入其国，其教可知也。其为人也温柔敦厚，诗教也；疏通知远，书教也；广博易良，乐教也；絜静精微，易教也；恭俭庄敬，礼教也；属辞比事，春秋教也。"（《礼记·经解》）指出了《诗》《书》《乐》《易》《礼》《春秋》六部文献对于人的修养的重要意义。先秦时期尤其重视"诗教""礼教"和"乐教"。孔子说："兴于《诗》，立于礼，成于乐。"（《论语·泰伯》）他认为学习《诗经》可以抒发个人的思想情感（"可以兴"），可以观察社会（"可以观"），可以增强群体意识（"可以群"），可以用来怨刺不平（"可以怨"），还可以懂得侍奉父母和君主的道理；同时，他也推崇"乐教"，认为最好的音乐是美与善的完美统一，曾赞美《韶》乐"尽美矣，又尽善也"，主张通过音乐来成就人的自我修养。可见，"诗教""乐教"和"礼教"皆以提高和完善人的道德情操、人格修养为宗旨。"礼""乐""射"等技能的培养也以伦理道德教育为根本。"礼"对外在行为的约束是为了更好地实践伦理道德教化，"乐"对内在情感的调和也以道德修养为基础。"射"也有助于培养人的道德和礼仪，古人说"射以观德"（《礼记·射义》），指出了射艺与道德修养的内在联系。

三、教育方法：启发诱导，因材施教

中国传统教育注重采用启发诱导的方式进行教学。孔子在日常教学中"循循然，善诱人"（《论语·子罕》），这种循循善诱的教学态度，不仅为其弟子所称扬，也是中国传统教育的优秀思想和宝贵传统。《礼记·学记》中说："君子之教，喻也。道而弗牵，强而弗抑，开而弗达。道而弗牵则和，强而弗抑则易，开而弗达则思。和易以思，可谓善喻矣。""喻"就是启发诱导，引导学生自主学习和思考，通过启发让学生自己得出结论，而不是提供现成的答案。

古代教育家不仅主张采用诱导的教学方式，而且强调要把握好启发的时机。《论语·述而》中载孔子说："不愤不启，不悱不发。举一隅不以三隅反，则不复也。"孔子主张教导学生，要让学生积极主动地进行思考，不到他想求明白而不得的时候，不去开导他；不到他想说却说不出的时候，不去启发他。只有在学

生心愤口悱的情况下加以启发，才能取得举一反三、触类旁通的教学效果。

中国传统教育还注重因材施教。不同的学习者有不同的基础和个性，教育者要在充分了解学生特点的基础上，根据他们的不同情况采用相应的内容和方法施行教育。孔子对不同学生提出的相同问题，会根据他们的性格特点，给予不同的解答。《论语·颜渊》载："司马牛问仁。子曰：'仁者，其言也讱（言语迟钝）。'曰：'其言也讱，斯谓之仁已乎？'子曰：'为之难，言之得无讱乎？'"司马耕（字子牛）多言而性格急躁，孔子借其问仁的机会告诫他言语要谨慎。《论语·先进》载："子路问：'闻斯行诸？'子曰：'有父兄在，如之何其闻斯行之？'冉有问：'闻斯行诸？'子曰：'闻斯行之。'公西华曰：'由也问闻斯行诸，'子曰，'有父兄在'；求也问闻斯行诸，子曰，'闻斯行之'。赤也惑，敢问。子曰：'求也退，故进之；由也兼人，故退之。'"对于弟子们"闻斯行诸"的疑问，孔子告诫胆大粗心的子路要考虑有父亲兄长在，不能贸然"闻斯行之"，而鼓励处事谨慎、遇事退缩的冉有应该迎难而上，"闻斯行之"。程颐将孔子的这一教育经验概括为"孔子教人，各因其材"（《二程遗书》卷十八）。在孔子教学实践的影响下，"因材施教"成了中国教育的一个优良传统。

四、为学方法：循序渐进，学思并重

中国传统教育讲究循序渐进的为学方法，主张在学习内容上讲究次序，在求学功夫上注重日积月累。

在学习内容的次序方面，古人提出，学习内容应该由易入难，由浅入深，讲求次序。《礼记·学记》："善问者如攻坚木，先其易者，后其节目，及其久也，相说以解；不善问者反此。善待问者如撞钟，叩之以小者则小鸣，叩之以大者则大鸣，待其从容，然后尽其声；不善答问者反此。此皆进学之道也。"就像木工砍伐木材先从容易进斧的地方下手再慢慢扩展到较硬的节疤一样，学习问难也要先易后难，循序渐进。古人还认为教育应以德教为先。朱熹说："学之大小，固有不同，然其为道，则一而已。是以方其幼也，不习之于小学，则无以收其心，养其德性，而为大学之基本。及其长也，不进于大学，则无以察夫义理，措诸事业,而收小学之成功。今使幼学之士,必先有以自尽乎?洒扫、应对、进退之间;礼、乐、射、御、书、数之习。俟其既长,而后进乎明德、新民,以止于至善,是乃次第之当然,又何为不可哉?"他指出教学应该根据学习者不同的年龄层次设置不同的教学内容,先在传授日常生活基本知识的过程中培养道德,再进一步传授义理。古人还主张学习要量力而行,先弄懂眼前学习的内容,才能进一步学习后面的。如朱熹说:"量力所至,约其课程而谨守之。字求其训,句索其旨,未得乎前,则不敢求其后,未通于此,则不敢志于彼。"

在求学的功夫方面,传统教育思想强调学问重在日积月累,不可一曝十寒,亦不可急于求成。《荀子·劝学篇》云:"积土成山,风雨兴焉;积水成渊,蛟龙生焉;积善成德,而神明自得,圣心备焉。故不积跬步,无以至千里;不积小流,无以成江海。骐骥一跃,不能十步;驽马十驾,功在不舍。锲而舍之,朽木不折;锲而不舍,金石可镂。"学习是一个日积月累的过程,需要耐性和毅力。曾国藩给自己立下"日课十二条",其中,"读史:念二十三史,每日圈点十页,虽有事不间断""日知其所无:每日读书,记录心得语""月无忘其所能:每月作诗文数首,以验积理的多寡,养气之盛否""作字:饭后写字半时。凡笔墨应酬,当作自己课程。凡事不待明日,取积愈难清"等条,皆讲究学习的日常功夫。

学与思是矛盾的统一体,中国传统教育思想主张学思并重。孔子说:"学而不思则罔,思而不学则殆。"(《论语·为政》)指出只学习而不思考,罔然无所知;只思考而不学习,疲惫无所得。《礼记·中庸》将学习的步骤归纳为"博学之,审问之,慎思之,明辨之,笃行之",其中"审问""慎思""明辨"皆属思维活动。"熟读"兼"精思"是许多成就卓著的大学问家共同的学习经验。苏轼说:"熟读精思子自知。"(《送安敦秀才失解西归》)朱熹说:"大抵观书须先熟读,使其言皆若出于吾之口;继以精思,使其意皆若出于吾之心。然后可以得尔。"(《读书之要》)历代学者的治学实践证明,只有将学与思结合起来才能获得好的学习成效。不注重思考的学习,容易盲目信从,而不一定能获得真理。古人为了避免学而不思的弊病,还十分注重怀疑精神的培养。孟子说:"尽信书,则不如无书。"(《孟子·尽心下》）明末清初的学者黄宗羲把怀疑视作"觉悟之机"，认为"小疑则小悟，大疑则大悟，不疑而不悟"。"学"和"思"相辅相成，相互促进。王夫之说："学非有碍于思，而学愈博则思愈远；思正有功于学，而思之困则学必勤。"（《船山遗书·四书训义》）古代学者对学和思关系的深刻体认和精辟总结，是传统教育思想的精华。

第七章　中国传统哲学

在中国文化系统中，中国哲学处于主导地位，中国传统文学、教育、艺术、科学、宗教、风俗等都深受哲学思想的引导和影响。中国传统哲学凝聚了中华文化的基本精神，是五千年中华文明发展的智慧结晶，其中影响最大的有先秦哲学、两汉经学、魏晋玄学、佛教哲学、宋明理学等。这些哲学思想作为中国传统文化的核心内容，无论是思想内容还是思想形式都有其显著的特点，这些特点在人生观、伦理观、辩证法、认识论、方法论等各方面都有所表现。

第一节　中国传统哲学的整体特征

中国传统哲学历经几千年的发展，体现出来与西方哲学传统不同的基本特征，概况来说，有以下几项。

一、浓郁的政治伦理色彩

相较于西方社会以利益驱动为纽带而建立的城邦制，西周统治者建立了以血缘为纽带、家国一体的宗法制。这一制度在西周时已经非常完备，成为当时社会稳定的重要因素，并影响了此后整个中国古代社会。在这种宗法氛围中成长起来的中国哲学，不可避免地带有浓厚的政治伦理色彩。儒家宣扬的"德治""仁政"与"王道"就是典型的政治伦理体系，其中包含着崇德贵民的政治文化、孝悌和亲的伦理文化，体现出政治道德化、道德政治化的重要特征。同时，宗法制的另一重要特征就是礼乐文化，孔子强调"克己复礼"，就是以特定的礼来约束和指导人们的行为方式，以此来促进人际的和谐和社会秩序的稳定。人们还习惯以伦理道德为价值取向，去分析和评判他人的思想和行为，要求忠君爱国、孝敬父母、友兄悌弟、舍生取义、诚实守信。如果忠孝不能两全，则舍孝取忠，反映了中国传统哲学中以集体利益、忠君爱国为最高价值取向。而这些思想一直渗透在中国历史进程中，并深刻地影响了中华民族的民族心理、价值观念和审美意识等方面，最终形成了中国传统哲学鲜明的政治伦理特色。

二、直觉体悟

传统思维方式是指一个民族长期形成的、被普遍接受的、具有相对稳定性的一种思维模式。中国哲学家从初始阶段就欣赏整体动态、辩证综合和直觉体悟的思维方式。

中国传统哲学的辩证思维传统强调的是整体、对待、过程、流衍、动态平衡，主要体现在讲求对立前提下的和谐统一。一方面强调各系统、要素之内外的相互依存、密切联系，另一方面强调在相互补充、相互渗透、互为存在条件的前提下，由矛盾的主动方面对于被动方面（例如体对于用、心对于物、理对于气）的作用，从而构成均衡稳定、动态和谐的新统一体。《尚书·洪范》的"五行说"认为，虽然金、木、水、火、土特性不同，但绝非各自孤立存在，而是以"相生相克"的方式相互依存，这种认识就是辩证思维的萌芽形态。春秋以后，老子继承和推进了史墨的观点，首先开始论证事物之间的对立统一规律，不仅阐释了动静、强弱、高下、先后等既相互对立又相互依存的哲学范畴，还提出了"有无相生，难易相成""祸兮福之所倚，福兮祸之所伏"的矛盾转化观。儒家也讲"生生之谓易""一阴一阳之谓道"，着重强调了阴阳的此消彼长、刚柔的相互激荡就是事物发展变化的根源。其后，无论是汉朝的杨雄，魏晋时期的郭象、王弼等玄学家，还是宋朝的邵雍的"一分为二"，张载的"一物两体"，乃至明清之际王夫之的"方动而静""方静而动"的理论，都使得中国哲学的辩证思维传统特性更加精致，向着更高层次发展。

中国传统哲学思维方式的另一特征就是具有显著的直觉体悟性，强调思维应穿透语言，领略语言背后之象，进而穿透形象而领略其背后之意蕴，是建立在经验基础上的类比和类推。在中国哲学家看来，无论是"天人合一"还是"道"，无论是孟子讲的"尽其心者,知其性也。知其性,则知天矣"以及"养浩然之气",庄子讲的"天地与我并生,万物与我为一",还是魏晋玄学家讲的"言意之辨""得意忘象",都是一种不能由语言概念来确指和表现,而只能靠主体依其价值取向在经验范围内体悟的思想。

区别于西方哲学家重理智、逻辑、推理、演绎,讲究追根究底,同时倾心于在彼世、彼生借助神的力量即凡而圣,中国哲学家重道德、直觉、归纳、综合,讲究得其大要,同时倾心于在此世、此生修身、齐家、治国、平天下。因而,中国哲学家只注重现实生活的实证,或主体的直觉体验,体验既久,有所感悟,以前的种种疑惑一旦豁然贯通,这样于心也就有所得、有所悟。由于是所得所悟的记录,因此,中国哲学著作少有西方哲学那样严密的逻辑论证结构,而更多的是一些先哲的思维片段。

可见,直觉思维的优点是以经验为参照,能从整体上把握认知对象,有时能体悟出逻辑思维不能揭示的意境。缺点是认知不够周严,对对象的认识模糊不清,其结论带有很大的或然性。从哲学思想方法而言,直觉与理智并无根本的冲突,当代世界哲学的趋势,乃是直觉体悟方法与理智分析方法的综合贯通。只用直觉体悟,不用科学分析,是存在弊病的。

三、言行一致与知行合一

中国传统哲学的另一特征就是强调知行合一,"知"即思想学说,"行"即生活实践,"知"不在于建构理论体系,而在于指导生活实践,进而达到"修身、齐家、治国、平天下"的人生理想。

中国古代哲学家很早就讨论过知先行后、知难行易、知行轻重等问题。孔子十分重视言行一致,知行合一。他提出"行义以达其道"(《论语·季氏》),要求学生依义而行来贯彻自己的主张,注意实施,落到实处。他还说衡量一个人的道德,不能只听他怎么说,关键看他怎么做。"始吾于人也,听其言而信其行;今吾于人也,听其言而观其行。"(《论语·公冶长》)在此,孔子强调了"知"对"行"的指导,以及把"知"转化为"行"的重要性。荀子也十分重视

"行"在认识中的作用。他说:"不闻不若闻之,闻之不若见之,见之不若知之,知之不若行之,学至于行之而止矣。行之,明也。"(《荀子·修身》)

至宋、元、明、清时期,知行问题的讨论渐趋成熟。朱熹强调"以知为本""知先行后"。他所谓的"知"是明心中固有之理,"行"是道德伦理的践履。朱熹认为,从逻辑上讲,知先行后,知主行从;从价值上讲,知行应合一,穷理与践履应兼备。就是说,知行之间有了时间上的距离,要克服时间上的距离与阻隔,需要努力方可实现。王阳明也提倡"知行合一",他说:"知是行的主意,行是知的功夫;知是行之始,行是知之成。"(《传习录》上)他还说"一念发动处便即是行",认为主观的意念活动也是行,如见父自知孝、见兄自知悌、见孺子入井自知往救等,即心即理,即知即行,在一定程度上反对了建立在高远理想的分而后合的知行合一。王夫之批判地继承了朱熹、王阳明的思想,把知行统一建立在"行"的基础上,反对"离行以为知",提出了"行先知后"说。王夫之批评王阳明的"知行合一"说是以知为行,"销行以归知",完全否定了行的必要,因而王夫之提出"知行相资以为用"(《礼记章句·中庸衍》),肯定了知与行各有功效。他批评朱熹的"先知后行"说是"立一划然之秩序",并提出"行先知后"说,肯定了实践的优先性。王夫之的"知行合一"强调由行得知,由知知行,行先知后,知行相资以为用,先后互相促进,这个思想是相当深刻的。

总之,中国传统哲学中的"知行关系"的讨论,是以道德与修身为主旨,其意义在于把人的道德生活、道德实践理解为"行"的重要内容。从今天的社会现实来看,道德实践与道德建设也是社会实践的重要内容,因而,批判地继承古代哲学家关于"知行合一"的思想,对于道德实践的提升具有重大的意义。

四、追求崇高的人生境界

中国传统人生观的终极表现是境界论,境界论是中国人生哲学的一大特色。境界是指一种精神生活的方式,是中国哲学家追求的理想人格之极致的一种精神状态、精神天地。孔子的"不知老之将至""仁者不忧,智者不惑,勇者不惧"的君子人格,以及颜渊的"人不堪其忧,回也不改其乐"的坚守精神,即是宋明理学家经常讨论的"孔颜乐处"问题。还有，孟子的"富贵不能淫，贫贱不能移，威武不能屈"的大丈夫精神，庄子通过齐物而达到逍遥游的真人、至人和神人，魏晋的名士们更是以"放达"和"飘逸"形造出"魏晋风度"，均是对理想人格的描述与践行。此外，佛家追求不断地净化超升，向往众人得离苦海的涅槃的境界。禅宗的境界，简易直接，明心见性，当下肯认，顿悟成佛。到了宋明时期，周敦颐主张"立人极"，以圣贤人格为向度，通过个体的道德自觉，卓然挺立于天地之间，不断实现自我的追求。程颢追求"仁者以天地万物为一体"的境界，同时，他在《秋日偶成》中写道："闲来无事不从容，睡觉东窗日已红。万物静观皆自得，四时佳兴与人同。道通天地有形外，思入风云变态中。富贵不淫贫贱乐，男儿到此是豪雄。"这种从容的气度，把儒的真性、道的飘逸、禅的机趣有机融合起来，我们可以从中体会出中国哲学的境界。

近代和现代的中国哲学家十分重视描绘和构想人生境界。其中，王国维在《人间词话》中提出境界说："古今之成大事业、大学问者，必经过三种之境界：'昨夜西风凋碧树。独上高楼，望尽天涯路。'此第一境也。'衣带渐宽终不悔，为伊消得人憔悴。'此第二境也。'众里寻他千百度，蓦然回首，那人却在，灯火阑珊处。'此第三境也。"这三个境界虽立意在文学创作，但也可以引申至人生境界之侧影。

大体上说，因为注重内在体验和自省的修养功夫，中国哲学最终必走向对于即内在即超越的生命境界的体认，成为一种境界论的哲学。

第二节 中国传统哲学的学派

春秋战国时期，恰值中国古代社会形态经历重大的转变。旧的生产关系已经衰落，新的生产关系正在形成；旧的国家治理秩序已经崩解，新的国家治理秩序亟待建立。躬逢其时，由于官学衰微，私人讲学兴起，诸子百家学派形成，面对现实的需要，无一不提出自己治理天下的一套路线、方针、战略和策略，并为此进行了详细的哲学论证和激烈的学术争鸣。

诸子的兴起,具有鲜明的文化目的性,这就是"救时之弊"。

一、追求仁礼治平的儒家

由孔子开创的儒家学派,以"仁"为学说核心,以中庸辩证为思想方法,以君子为理想人格,重血亲人伦,重现世事功,重实用理性,重道德修养。

作为儒家创始人的孔子,他的思想,按照黎红雷的观点,可以概括为一体两翼,即以君子学为体,仁学和礼学为两翼。仁学为建立合适的人类价值,礼学为建立合理的社会秩序。一个理想人格的君子,一定会自觉地遵守和维护所在社会的公认秩序,如果社会秩序被破坏了,君子一定会担负起重构合理的社会秩序的历史使命,而合理的社会秩序一定是以合适的人类价值为基础的。

建立合理的人类秩序首先从"礼"开始。从字源的意义上,"礼"最初可能与某种神圣的仪式相关,然后逐渐扩展到社会生活的各个方面。在中国古代典籍中,"礼"可能包含有日常礼仪、典章制度和观念性的"礼义"等多方面的含义。礼与乐往往联用,礼使社会秩序化,乐使社会和谐化。儒家以礼乐为重要内容的教化思想,继承的是由周公所创立的人文教化理想,并被孔子认定是中国政治的核心理念。

儒家对社会秩序的理解是建立在血缘和等级的基础之上的。《中庸》记录孔子回答鲁哀公问政时说:"仁者,人也,亲亲为大。义者,宜也,尊贤为大。亲亲之杀,尊贤之等,礼所生也。"点出了儒家之礼的特性。在孔子看来,"道之以政,齐之以刑,民免而无耻;道之以德,齐之以礼,有耻且格"(《论语·为政》)。社会秩序的最终依据应该是礼,而不是强制性的刑罚,因为靠刑罚所维持的社会秩序导致人们没有人格上的尊严并失去羞耻感,最终导致刑罚本身的失效。

对于"礼"的熟悉和传承是儒家群体的重要特征,"不学礼,无以立"(《论语·季氏》)。但是儒家并非只是将礼看作一种外在的规范,而是始终强调其内在的神圣性,"礼"要植根于内在的"敬""诚""仁"。因为在孔子看来,没有内在的诚敬之意的仪式化的礼,只能被看作虚伪的做作。"人而不仁,如礼何?

人而不仁，如乐何？"（《论语·八佾》）由此引发出儒学的核心理念"仁"。

"仁"体现人类的价值，古已有之。《尚书·金縢》里有"予仁若考"，"仁"与技巧相联系；《诗经》里有"洵美且仁""其人美且仁"，"仁"与美相联系。此时"仁"的含义比较单薄。到了春秋时期，"仁"的含义丰富起来，《左传》中多次出现"仁"的概念，其意义有关政治、道德、事功等多种层面。孔子正是凭借这些思想资料，从外在社会秩序的重建转入内在道德秩序的思考，创立了"仁学"体系，并以此作为儒家学派的思想核心。在《论语》中，"仁"字出现一百零九处，除一处同"人"、三处指"仁人"之外，其他一百零六次都是对于"仁"的概念的阐发。

历代学者大多将"仁者，爱人"作为"仁"的定义。孔子也说："君子务本，本立而道生。孝弟也者，其为仁之本与！"参之于孟子"亲亲，仁也"（《孟子·尽心上》），"仁之实，事亲是也"（《孟子·离娄上》），可以得知"仁"的最基本含义是强调血缘纽带，这决定了儒家思想区别于其他各家的最大特征。问题是，"仁"只是爱他人而不自爱吗？在《郭店楚简》中，凡是有"仁"的地方，都书写为上"身"下"心"，说明早期儒学是十分强调自我身心完善的。"仁"首先应自爱、自立，才能更好地爱人。据《荀子·子道》记载，孔子问学生："什么是智者，什么是仁者？"子路说："智者就是要让别人了解自己，仁者就是要让别人爱护自己。"孔子说："你可以称作'士'了。"子贡答："智者就是能够了解别人，仁者就是能够爱护别人。"孔子说："你可以称作'士君子'了。"颜回答："智者有自知之明，仁者懂得自爱。"孔子说："你可以称作'明君子'了。"这个故事告诉我们，在孔子看来，光爱己和光爱人都算不上真正的"仁者"，只有把二者结合起来，自爱而爱人，才称得上掌握了"仁"的真正含义的"明君子"。

仁学是建立在礼学的基础上的，亦即"礼"是"仁"的载体。"人而不仁，如礼何？"（《论语·八佾》）因而，"仁"也意味着"克己复礼"。"颜渊问仁。子曰：'克己复礼为仁。一日克己复礼，天下归仁焉。为仁由己，而由人乎哉？颜渊曰：'请问其目。'子曰：'非礼勿视，非礼勿听，非礼勿言，非礼勿动。'"

(《论语·颜渊》）"克己复礼"即抑制自己，使言语行动都合于礼，就是仁。"仁"还意味着自己所不喜欢的事物，就不强加于别人，即"己所不欲，勿施于人"（《论语·颜渊》）。这表达的是人己关系的消极形式，它还有一个积极的形式："己欲立而立人，己欲达而达人。"（《论语·雍也》）自己要站得住，同时也使别人站得住，自己要事事行得通，同时也使别人事事行得通，而这恰恰是孔子对于"仁"的直接定义。

由"仁"的直接定义可知，仁学是"立己"之学。"为仁由己，而由人乎哉？"（《论语·颜渊》）实践仁德，全凭自己，不依靠别人，"立己"的途径是"志于道，据于德，依于仁，游于艺"（《论语·述而》）。目标在"道"，根据在"德"，依靠在"仁"，而游憩于礼、乐、射、御、书、数六艺之中。爱好仁德的人一定是非常爱好学习的，否则，"好仁不好学，其蔽也愚"（《论语·阳货》），指容易被人愚弄。君子对于实践仁德有大勇气、大魄力，"无终食之间违仁，造次必于是，颠沛必于是"（《论语·里仁》）。孔子所领悟到的天命就是以"知其不可而为之"的极大勇气和毅力承担起精神世界的领导大任。他说："文王既没，文不在兹乎？天之将丧斯文也，后死者不得与于斯文也；天之未丧斯文也，匡人其如予何？"（《论语·子罕》）

仁学不仅是"立己"之学，还是"立人"之学，即人际关系的交往伦理。"宪问耻。子曰：'邦有道，谷；邦无道，谷，耻也。''克、伐、怨、欲不行焉，可以为仁矣？'子曰：'可以为难矣，仁则不吾知也。'"（《论语·宪问》）可见，只有自己道德修养很好，没有好胜、自夸、怨恨和贪心四种毛病的人还不算仁人。真正的仁人应"爱人"，即有一种博大的同情心，有仁德的人会用爱心去对待别人，既自爱，又爱人；既自尊，又尊人；既自立，又立人。可见，仁学是建立在宽容、帮助、成全他人的精神基础之上。

关于孝敬亲人，"仁"就体现在事之以礼，孝顺和美，由对父母的孝敬上升至对国家的忠诚，通过尽力实现自己的人生价值从而实现对父母的回报。

儒家的精神，不仅要爱自己的亲人，还要由爱自己的亲人推广到爱周围的人，爱所有的民众。关于管理百姓，"仁"就体现在奉行"恭、宽、伯、敏、惠"之道，因为庄重就不致遭受侮辱，宽厚就会得到大众的拥护，诚实就会得到别人的任用，勤勉就会工作效率高、贡献大，慈惠就能够使唤人。可见，仁学不仅是自我的修养之道，而且是治国安邦的理论之基。仁学在实现"立己"的同时也实现了"立人"的人类价值，不仅实现了自己的价值，而且帮助民众获得利益并实现其价值，并最终为建立合理的社会秩序而奠定良好的理论基础。

孔子所创立的礼学和仁学最终都是为培养君子服务的。君子之学也是智、仁、勇三者的有机结合。可见，仁德的涵养在培养君子人格中处于至关重要的地位。

孔子以其君子学为体、仁学和礼学为两翼的思想深深地影响了后世儒者。孔子去世后，儒家发生了变化，如韩非所说"儒分为八"。在这八家中，以子思和孟子为代表的思孟学派，与荀子不同，从各自的角度发展了孔子的思想。总体上看，孟子是孔子"仁学"的继承者和光大者，主要从内在的角度发展了儒学；荀子是孔子"礼学"的集大成者。他们都是儒学发展的大功臣，都是先秦儒学的奠基性人物，后人不应厚此薄彼。

孟子主要发展了孔子的"仁学"，按黎红雷先生的观点，具体表现在以下三个方面：第一，在对"仁之本"的探讨中，侧重于人类与生俱来的内心情感与心理体验，形成了"心性论"，从而奠定了儒家道德形而上学的基础。孟子针对当时流行的性无善恶的思想，强化了性善作为人之为人的基点，认为人性向善，这种善并非后天学习的结果，而是人所固有的"良知"。每一个人生下来就有向善的动机，即"四端"：恻隐之心、羞恶之心、辞让之心、是非之心。但这些动机必须加以保养、扩充，才能真正发挥作用。第二，在对"仁之用"的探讨中，由于人先天具有这种"不忍人之心"，把统治者的"不忍人之心"推广到治理国家的"不忍人之政"，就形成了"仁政论"，从而提出儒家治道理论的一种代表性形态。孟子认为在以凭借实力为秩序基础的战国时代，只有以德服人的王道政治才能真正得天下。"仁政论"是孔子"德治""重民"思想的发展。民心之向背是天下有道与否的标志，桀、纣这些君王之所以失去了统治权，主要是因为失去了百姓的支持。仁政思想更像对战国时期霸道政治的一种理论批判，而仁政本身具体的政治设计如"井田制"等,并不具有很强的操作性。第三,在对君臣关系和君民关系的探讨中,坚持臣子的独立人格,并进一步提出"民贵君轻"思想,形成"民本论",将儒家政道思想推向高峰。

孟子还充分发扬了儒家"人能弘道"的道德自觉性。孟子对儒家的人格思想有很大的发展,他的许多观点都已成为中国人的人格理想,如"舍生取义""富贵不能淫,贫贱不能移,威武不能屈",特别是"穷则独善其身,达则兼善天下"等。孟子的思想在唐以后极受重视,孟子被看作继承孔子道统的人,因此也被称为"亚圣"。

与孟子的风光无限相比,荀子的境地就有些尴尬。在后儒的眼里,荀子经常受到批评,特别是因为他"隆礼重法"的思想,被认为是儒家转向法家的通道。荀子自己也不回避与思孟学派的立场差异,他在《非十二子》一文中批评思、孟只知效法古代圣王的做法,而不知道变化,并认为思孟学派所提出的"仁、义、礼、智、圣"的五行观念是一种过于高远的想法,以此来教人遮蔽孔子注重现实政治的路径。

的确,与孟子的道德理想主义相比,荀子更贴近于实际操作层面的思想阐发。荀子思想的核心是"礼",他主张以礼正国:"天地者,生之始也;礼义者,治之始也;君子者,礼义之始也。"(《荀子·王制》)礼义是治理的原则,君子必须维护礼义观念。而法在维护社会秩序中也能起到很大的作用,但本之于儒家等级观念,荀子认为礼适合士,而一般的老百姓则需要法律来节制。因此,不能将荀子的"隆礼重法"和法家的"任法"等同起来。因为荀子从根本上还是继承了儒家王道政治的思想,认为礼是由仁义而生,只有让君子来制定法、执行法,才是为政的关键。所以,荀子尽管在秦国的强大中看到了法家政治实践的具体效果,但依然认为只有儒家之道才能统一中国。

荀子对于礼的起源的认识颇有新意。他说:"先王恶其乱也,故制礼义以分之,以养人之欲、给人之求,使欲必不穷乎物,物必不屈于欲,两者相持而长。是礼之所起也。"《荀子·礼论》礼义起源于对于人的自然本性和欲望情感的限制,也根源于社会财富的不足所造成的争斗。礼义的确立是人的社会能力的标志，因为人能够按照"义"的要求来设置社会分工和长幼次序，这样便使人类有了很好的组织，并进而具有竞争力。这种建立在区分基础上的"礼"必然会导致"尊君"的倾向，"尊君"才能强有力地保障政治组织的权威与效率。荀子的思想中还十分强调像大儒这样的贤者的带动领导作用，贤者所代表的是仁义之道，如果亲近贤者，尚礼好学，国家就能趋于治世。而这种重学亲师的思想与孟学有很大的差别。

与孟子相信社会秩序依赖于扩充自身的良知不同，荀子并不相信人性是善的，而认为"性"是一种天然人性或自然人性，是指人生而具有的本能，包含着"情欲之性（欲望）"和"知能之性（知觉）"两个方面。"情欲之性"不加节制就会导致恶，"知能之性"无所谓善恶，因而不能简单地说荀子的人性论是性恶论。不过，更多的时候，荀子从人性恶推导出礼乐政治的必要性。如果认为人的本性善良，那就会摒除圣明的帝王、取消礼义了，认为人的本性邪恶，那就会拥护圣明的帝王、推崇礼义了。经过后天的教育、深入的思考等人文教化的过程，改变人性，造就治世。因此，在孟子那里尽心便可知人、知天，荀子强调天人相分，依靠人的努力来改变先天的自然属性。由天人相分扩展开来，人类的秩序依赖于人类自身的活动。

二、崇尚自然无为的道家

先秦最先出现的儒、墨、道家都是在礼乐传统中成长和发展起来的。他们面对当时礼崩乐坏的现实，都有"是可忍，孰不可忍"之感。因此，他们从传统礼乐出发，各自对它赋予新的意义。儒家创始人孔子好礼，三十几岁时已是鲁国最负盛名的礼学专家。孔子虽然出身于礼乐系统，但他对礼崩乐坏的现状极为痛心和不满，他从追问"礼之本"开始，最后归宿于礼乐必须以"仁"为其精神核心。墨子提倡"背周道而用夏政"，反对当时的"周礼"，因为它已流为极其繁缛的外在形式而无任何内在的意义可言。可见，墨子也有意从内部改造二代礼乐传统，不过他走的是化繁为简的道路，托名于"夏"而已。

而道家对礼乐传统的态度则集中体现在："故失道而后德，失德而后仁，失仁而后义，失义而后礼；夫礼者，忠信之薄而乱之首。"(《道德经》三十八章)这里描写的是"道"的原始淳朴性逐渐衰退的过程，从"失道"开始，每一步都是对太初之道这一原始精神的偏离。而"礼"的兴起也就意味着太初之道衰退到了极点，因此是"乱之首"。根据胡适先生在《说儒》中的注解，"'礼者，忠信之薄而乱之首'，正是深知礼制的人的自然的反动"。他更进一步推断，老子这句话，和孔子一样，也是追求"礼之本"而得到的认识。《庄子·大宗师》篇中关于"礼意"的这一段话恰可助证胡适先生之说。以当时通行的丧礼而言，"临尸而歌"自然是不合"礼"的，但庄子重视的不是外在的形制，而是如何将内心的"礼意"恰如其分地表达出来。这便和孔子以"仁"说"礼"殊途而同归了。

儒家和道家殊途同归，不仅表现在追问"礼之本"这一哲学问题上，而且表现在最终都强调天人合一，追求个人与无限的宇宙契合无间——"天地与我并生，万物与我为一"(《庄子·齐物论》)。与儒家努力尽自己的社会人伦义务与社会责任、积极入世、遵守社会规范的主张不同，道家通过否定的方法，否定知识、名教，否定一切外在形式的束缚，包括儒家仁义、礼乐的束缚，要顺应自然之道，以自然、无为的理想和态度来化解人生之忧。这一否定的方法，老子认为是"人法地，地法天，天法道，道法自然"(《道德经》二十五章)。庄子认为我们不但要先"忘礼乐"，再"忘仁义"，而且最后要达到"堕肢体，黜聪明，离形去知"的"坐忘"境界，才能作逍遥无待之游，达到"独与天地精神往来"的境界，最终与道渐成一体。

道家崇尚自然、无为的思想特征，蕴含了多方面、多层次的现代价值和现代意义。道家对自然无为的提倡就包含着尊重客观事物本性和法则的精神。今天，人类改造和控制自然界的力量，可以说强大到了在某种程度上的"随人意志"的程度，然而，这种"随人意志"地去改造自然界，不仅遭到了自然界日益严重的反抗和报复，使人类生存的环境急剧恶化，而且人类也越来越受到自己创造的"人工自然环境"的制约，成了它的奴隶。因此，人们可以从道家自然无为思想中的合理内容得到一些启发。就人自身来说，自然无为的价值取向和生活态度，对消除现代社会生活所造成的紧张感，消除人与人、人与社会之间的异化以及人与自然之间的疏离状态，消除道德观念等方面的精神危机等，无不具有深刻而巨大的启迪意义。

三、主张兼爱互利的墨家

在战国，墨家是和儒家并称的显学。《韩非子·显学》称："世之显学，儒墨也。儒之所至，孔丘也。墨之所至，墨翟也。"贾谊《过秦论》亦以"仲尼墨翟之贤"并称。《吕氏春秋·当染篇》更是盛赞孔子与墨子曰："此二士者无爵位以显人，无赏禄以利人，举天下之显荣者，必称此二士也。皆死久矣，从属弥众，弟子弥丰，充满天下。"与别的学派相对松散的构成不同的是，墨家是一个有严密纪律的团体，且富有侠义精神。《淮南子·泰族训》说："墨子服役者百八十人，皆可使赴火蹈刃，死不还踵。"

关于儒墨之争，有一种说法，即墨家可能是从儒家学派中分转出来的。《淮南子·要略》中说："墨子学儒者之业，受孔子之术，以为其礼烦扰而不说，厚葬靡财而贫民，服伤生而害事，故背周道而用夏政。"墨子不满儒家礼仪活动的烦琐与靡费，才转而自立为派。这种说法并非空穴来风。从学理上来说，儒、墨根源于夏、商、周三代的礼乐传统，均以古代的圣王时期作为理想，因此有着相对一致的社会追求。《韩非子·显学篇》中说："孔子墨子俱道尧舜，而取舍不同，皆自谓真尧舜；尧舜不复生，将谁使定儒墨之诚乎？"这段话是要说明儒、墨都推尊尧舜，但他们的主张却相差很大。墨子学派认为儒家的复古并不彻底，因为孔子只是追怀周代的礼乐制度，所以《墨子·公孟》批评孔子说："子法周而未法夏也，子之古非古也。"墨家提出的理论主张，几乎都是针对儒家而发的。孔子隆礼乐，墨子提倡非乐，反对繁复的礼制；孔子"知命"，墨子"非命"；孔子敬鬼神而远之，墨子则主张"明鬼"，这些都体现了他们之间的论敌关系。

墨家有十条核心教义，即"尚贤""尚同""兼爱""非攻""节用""节葬""天志""明鬼""非乐""非命"。这十条教义中，最核心的是"兼爱"思想。儒家从血缘出发建立了"爱有差等"原则，也就是从与自己血缘亲密的人推展到整个社会人群的亲亲、尊尊的逻辑，墨家坚决反对。墨子认为这种原则导致了人们的自私和对公共利益的漠视，所以提倡"兼爱"思想，主张"视人之国若视其国，视人之家若视其家，视人之身若视其身"（《墨子·兼爱中》）。这样人们就能够互相帮助，最后达到"交相利"。与儒家重义，主张"义以生利"不同的是，墨家看重行为的效果，而获得利益才是最大的"义"，因此"仁人之事者，必务求兴天下之利，除天下之害"（《墨子·兼爱中》）。

在兼爱的原则下，墨家主张"非攻"，反对春秋战国时期诸侯之间攻城略地的战争，并身体力行地去阻止各种冲突。墨子在社会政治问题上提出了"尚贤"和"尚同"的主张。儒家也是十分推崇"贤者居位"的，而墨家的主张更为坚决。在世袭的宗法社会中，坚持"尚贤"是为政之本。与"尚贤"相关的是"尚同"，也就是选出治天下之民的贤能之士之后，按这些人的想法来统一思想："天子唯能一同天下之义，是以天下治也。"（《墨子·尚同上》）

墨子还提出了评价政治是非得失的三条著名标准，即"三表"："故言必有三表。何谓三表？子墨子言曰：有本之者，有原之者，有用之者。于何本之？上本之于古者圣王之事。于何原之？下原察百姓耳目之实。于何用之？废以为刑政，观其中国家百姓人民之利。此所谓言有三表也。"（《墨子·非命上》）这里提出，判断一种政治学说或行动的正当与否，首先要充分考察是否与上古圣王的做法相符合（"本"），其次是老百姓是否支持（"原"），最后则看结果是否对百姓和人民有利（"用"）。墨子在当时的社会环境中能够提出这样的原则，应该说是很具有批判精神和人本色彩的。

墨子死后，墨家分为三派，三派均坚持自己是墨子的真正继承人，而称别的派别为"别墨"。战国中后期，可能是墨家最强盛的时期，他们以《墨经》为名，辑录了《经上》《经下》《经说上》《经说下》《大取》《小取》六篇，被认为是后期墨家的基本文献。墨家的分化，虽然组织形态和思想观念大体继承了初期墨家的基本原则，但也有一些转变。比如在后期墨家的著作中，就没有"天志""明鬼"这些问题了，而对"辩学"法则的思考成为中心。

从汉朝初期开始，墨家学说逐渐失去了它的活力，主要原因是大一统政治格局的形成，使以行侠仗义并有着严密组织机构的墨家无法在日渐完善的社会制度体系中找到容身之处。而墨子学说中对于社会礼仪的反对和苦行主义的生活方式，也显出墨家和儒家相比"不近人情"的一面，受到儒家不遗余力的批评。墨家终于在儒家不断强化的思想统一的过程中逐渐消失无闻，只是在历代农民暴动时有关公平、互爱及至鬼神、符命的宣传中，或可听到它的嗣音，直到近代方出现复苏之势。

四、强调尚法功利的法家

在先秦时期的诸子百家中，法家是最具有现实精神的。法家的中心议题是"如何建立强有力的统治"和"如何实现富国强兵"。而在当时，儒家和墨家都是显学，追随者很多。儒家和墨家都以上古时候传说中的尧舜盛世作为政治的目标。儒家所提出的根本性主张，是通过以仁义为核心的道德教化的力量，潜移默化地对人进行社会性塑造。但这种固本的功夫，就如用文火熬汤，需要很长时间才能见效。在战国的乱世中，它虽然获得了人们的尊重，却没有几个诸侯肯拿自己的王国作为儒家理想的试验地。而商鞅等人则是由儒术改宗法术，从而赢得了统治者的信任。

法家要做的事，首先就是从理论上解构儒家和墨家所塑造的复古体系，提出要顺应时代发展和现实的需要，因而法家反对儒家以仁义为核心的德教，从而提出以法为教。在法家看来，这有两方面的原因：第一，时代背景不同；第二，以仁义为教，不仅不具有理论上的可能性，而且不具有现实的操作性。关于第一点，韩非子主张"世异则事异，事异则备变"（《韩非子·五蠹》）。"世异则事异"主要表现在"上古竞于道德，中世逐于智谋，当今争于气力"（《韩非子·五蠹》）。古今情况不同，上古时在道德上争胜，中世时在智谋上角逐，现在主要在力量方面竞争。所以，同样是行仁义，文王能王天下，偃王则丧其国，原因就在于仁义无益于以力量为主的竞争时代。既然古今情况不同，就应"事异则备变"。韩非子提出"圣人不期修古，不法常可，论世之事，因为之备"（《韩非子·五蠹》），也就是说，圣人不羡慕远古时代，不效法永远适用的办法，而是研究当代的形势,从而采取相应的措施。现在还想用先王的政治措施来治理当代的民众,无疑是守株待兔。既然时代的主旋律不再是仁义道德,且仁义道德于治国理政也无切实的益处,就没有必要以仁义为教,而应以法为教。关于第二点,儒家的以仁义为教(即以德为教)在法家看来不具有理论上的可能性,即仁义不可教:"以仁义教人,是以智与寿说也,有度之主弗受也。故善毛嫱、西施之美,无益吾面;用脂泽粉黛,则倍其初。言先王之仁义,无益于治;明吾法度,必吾赏罚者亦国之脂泽粉黛也。故明主急其助而缓其颂,故不道仁义。"(《韩非子·显学》)韩非子认为聪明是人生来的天性,寿命是自然命定的。天性和命定的东西是不能从别人那里学来的。以仁义教导人,就跟用聪明和长寿来劝说别人一样,不仅不可能,而且无益于治;英明的君主应该看重法度和赏罚,而不空谈先王的仁义。显然,这与儒家的仁义可教是不同的。

以仁义为教不仅不具有理论上的可能性,而且不具有现实的操作性:"仲尼,天下圣人也,修行明道以游海内,海内说其仁,美其义,而为服役者七十人,盖贵仁者寡,能义者难也。故以天下之大,而为服役者七十人,而仁义者一人。"(《韩非子·五蠹》)孔子是天下的圣人,他修养德行、宣扬儒道而周游列国,但是天下喜爱他的仁爱思想、赞美他的道义学说从而给他效劳的门徒只有七十人。可见崇尚仁爱的人很少,能够奉行道义的人也不多。所以即使拥有广大的天下,为他效劳的也只有七十人,而真正能够奉行仁义的只有孔子一人。

正是基于以上两方面的考虑,法家的政治策略与儒家有根本的不同。儒家敦仁义教化,而法家强调"以法为教,以吏为师"。韩非子在《五蠹》篇中明确提出了"故明主之国,无书简之文,以法为教;无先王之语,以吏为师"。韩非之意,即有圣明君主的国家,没有经书典籍之缛节,用法作为治国的礼教;不盲从先王的训示遗语,把执法的官吏当作老师。

法家有很强的崇法意识,以法治国,以法施教。法家认为,对于不肖子弟,"以父母之爱,乡人之行,师长之智,三美加焉而终不动,其胫毛不改;州部之吏,操官兵、推公法而求索奸人,然后恐惧,变其节,易其行矣"(《韩非子·五蠹》)。意思是说:父母之爱,乡人之劝,师长之教,都难于解决对人的教育问题，只有靠法制教育才能使那些不肖子弟"变其节，易其行"。既然法制教育具有如此重大的教化作用，并且法是要众人遵守执行的，"法莫如显"，因而，必须将"法"公布于众，使家喻户晓，从这个意义上来说，官员的作用就在于使民知法。"法者，编著之图籍，设之于官府，而布之于百姓者也。"（《韩非子·难三》）通过吏师的宣传，使"境内卑贱莫不闻知"。作为吏师，不仅要宣传法，而且要以法教官，"法也者，官之所以师也"（《韩非子·说疑》）。法家不仅有鲜明的崇法意识，还有对力的崇拜。在法家看来，"上古竞于道德，中世逐于智谋，当今争于气力"。法家出于其强国目标的追求，竭力倡导的是强者崇拜，而不是道德崇拜，这是很有见识的，也应该说是有其相当好的社会效果的。法家吏师施教的基本指导思想是"德由力生"，有力才有德，所以吏师之教以力为目标，而不是以德为目标，贵力不贵义，认为"力生强，强生威，威生德，德生于力"（《商君书·靳令》），要求"任其力不任其德"（《商君书·错法》）。法家对为师者只作仁义道德的空泛说教的现象，持强烈批判甚至彻底否定的态度。法家吏师努力培植的是实力意识，个人凭实力谋生，国家凭实力治世。

因为崇法、尚力，法家所提倡的教化思想具有强悍的施教态度。韩非子主张"严家无悍虏，而慈母有败子，吾以此知威势之可以禁暴，而德厚之不足以止乱也"（《韩非子·显学》）。教育的成功不是靠道德的感化，而是靠威严的震慑，为师者要依靠政治、法律的权威，从严执教，甚至以罚代教。之所以要教刑结合，与法家对人性的基本判断有关。法家认为人性"好利恶害"，为师执教是对不良人性的改造，因而要教刑结合。如果没有一定的强制力，就不可能达到教育目的，只有以吏为师的强悍才能完成改造人的任务。由此可见，法家教化思想中具有鲜明的权威主义倾向，吏师起着主导作用，而忽视了学生的主体意识，师即真理，师即权威，学生只能"师云亦云"，只能服从。如此一来，法家教化观极其容易导致文化专制主义，为师之道也因此走向极端化。

当然，法家教化思想也有其可取之处，例如，法家所提倡教化要有明确的现实目标，那就是为富国强兵而培养各种人才。为师执教不能与此背道而驰，必须于国于民有利。

第八章 中国传统文学

第一节 中国传统文学与文化

一、文学在中国传统文化中的地位

中国古代文学是中国乃至世界文化遗产中的瑰宝，是中国传统文化中一个极为重要的组成部分。文学作品在中国古代典籍中占有很大比重。《隋书·经籍志》将文学作品列于集部，《四库全书》中集部分楚辞、别集、总集、诗文评、词曲五类。流传至今的集部文献数量远远超过经、史、子部文献，文学名家名作辈出，铸就了中国古代文学的辉煌。

二、文学的文化意蕴

文学生动地呈现社会文化风貌。刘勰《文心雕龙·时序》论述历代文学的发展特点、时代背景等，认为"文变染乎世情，兴废系乎时序"，指出文学发展与社会现实之间有着密切而复杂的联系。正所谓"一代有一代之文学"（王国维《宋元戏曲考》），各代文学既受社会文化的影响，也展现时代背景、文化精神、社会思潮等社会文化风貌。例如，《诗经》是周朝礼乐文化的产物和载体，汉朝的散体大赋以宏伟的山川、繁华的都市、巍峨的宫殿、宽广的林苑、丰饶的物产、昌隆的文教、隆重庄严的典礼等事物为描写对象，彰显了汉朝的国力之强和文化之盛。

文学记录历史和社会生活，可以与史书互相印证和补充。《诗经·大雅》中的《生民》《公刘》《绵》《皇矣》《大明》等史诗叙述了周族发祥、发展、兴盛的历史,是研究周朝历史的重要史料。《诗经》还着重表现由现实生活触发的真情实感,奠定了我国诗歌面向现实的传统。富于现实精神的《诗经》,使面向现实、关注现实、载录历史和时事的创作精神,从中国文学的源头开始就深入人心,并成为后来诗人的一种自觉的创作意识。曹操的诗歌被誉为"汉末实录,真诗史也"(钟惺《古诗归》)。杜甫的诗也被称为"诗史",《新唐书·杜甫传》云:"甫又善陈时事,律切精深,至千言不少衰,世号'诗史'。"孟启《本事诗·高逸》云:"杜甫逢禄山之难,流离陇蜀,毕陈于诗,推见至隐,殆无遗事,故当时号为'诗史'。"白居易提出"文章合为时而著,歌诗合为事而作"(《与元九书》)。这都体现了中国古典诗歌的纪实精神。

第二节 中国传统文学的发展历程

中国古代文学以其鲜明的特色和辉煌的成就,成为中国传统文化的瑰宝。从先秦至清朝,中国古代文学走过了光辉的历程。

一、先秦时期文学

中国文学的产生可以上溯到文字产生以前的远古时期。原始的神话传说和歌谣,在人们口头代代流传,后来经由文字记录下来。

神话以故事的形式表现远古时期人民对自然、社会现象的认识和愿望,是一种不自觉的艺术创作。中国远古时代的神话传说丰富,但在文献古籍中载录甚少,完整流传下来的不多。神话材料散见于经、史、子、集各类书中。较为集中地保存了神话材料的文献有《山海经》《楚辞》《淮南子》等,其中《山海经》最具神话学价值。上古神话是文学艺术的渊源,对后世文学的影响很大。神话中体现的乐观进取的人生态度、不屈不挠的顽强意志在精神上影响了后代文人及其文学创作,新奇奔放的幻想启发了后代作家的想象力,是浪漫主义文学的源头,为后世文学提供了丰富的文学题材和艺术形象。

诗歌是最古老的文学样式之一。夏商时期,已有较为完整的诗歌出现,例如

《吕氏春秋·音初》中记载的大禹时代的《候人歌》。商朝甲骨卜辞中也保留着一些古老的歌谣，例如"癸卯卜，今日雨。其自西来雨，其自东来雨，其自北来雨，其自南来雨？"（《卜辞通纂》第三七五片）中国最早的诗歌和音乐、舞蹈结合在一起，《礼记·乐记》云："诗，言其志也；歌，咏其声也；舞，动其容也。"《吕氏春秋·古乐》中记载的"葛天氏之乐"，既有"歌八阕"，又有舞容；《尚书·益稷》记载的帝舜时乐官夔作的乐曲《箫韶》，也是诗、乐、舞三位一体的，《论语·八佾》记载孔子对它的赞美之辞："《韶》，尽美矣，又尽善也。"《诗经》中的作品也都是乐歌。约在春秋以后，诗歌才从乐、舞中逐步分化独立出来。

《诗经》是中国第一部诗歌总集，收录了西周初到春秋中叶五百多年间的三百零五篇诗歌，另有六篇有目无词的笙诗，本称"诗"或"诗三百"。《诗经》的结集，有采诗、献诗等说法。《汉书·艺文志》云："古有采诗之官，王者所以观风俗，知得失，自考正也。"《汉书·食货志》云："孟春之月，群居者将散，行人振木铎徇于路，以采诗，献之大师，比其音律，以闻于天子。故曰：王者不窥牖户而知天下。"《国语·周语上》云："故天子听政，使公卿至于列士献诗。"《诗经》中的诗歌，或由王廷乐官制作，或由公卿列士献诗，或采集自各地，最后集中由乐官进行整理和编纂。《诗经》分风、雅、颂三个部分，"风"是用地方乐调（土乐）演唱的歌诗，共一百六十篇，包括周南、召南、邶风、鄘风、卫风、王风、郑风、齐风、魏风、唐风、秦风、陈风、桧风、曹风、豳风；"雅"多为西周王畿地区（今陕西中部地区）的乐歌，共一百零五篇，分大雅、小雅；"颂"是宗庙祭祀的乐歌，共四十篇，包括周颂、商颂和鲁颂。《诗经》是周代礼乐文化的重要组成部分，内容十分广泛，其中有叙述周民族发祥、发展史的史诗，描写农业生产生活的农事诗，以君臣、亲朋欢聚宴享为主要内容的宴飨诗，反映西周中叶以后社会动荡、针砭时政的怨刺诗，描写天子、诸侯武功或厌倦战争、向往和平的征戍诗，反映婚姻爱情生活的婚恋诗等，深刻反映了商周时期，尤其是西周初至春秋中叶社会生活的各个方面。《诗经》作为中国文学的源头，具有动人的艺术魅力和文学创作的典范意义，在艺术手法、思想内容上开创了影响深远的创作传统。《诗经》运用赋、比、兴艺术手法，开启了我国古代诗歌创作的基本手法，成为后代作家学习的典范。《秦风·蒹葭》是赋、比、兴手法运用得最为纯熟的作品之一，创造了情景交融、物我相谐的艺术境界。《诗经》在思想内容上富于现实精神，奠定了我国诗歌面向现实的传统，所表现出的关注现实的热情、强烈的政治和道德意识、真诚积极的人生态度，成为后世诗人所追慕的"风雅"精神。

战国时期出现的楚辞，是以屈原为代表的楚国人创作的诗歌，与《诗经》共同构成中国诗歌的源头。宋朝黄伯思《翼骚序》："屈原诸骚，皆书楚语，作楚声，记楚地，名楚物，故可谓之'楚辞'。"（陈振孙《直斋书录解题》卷十五《楚辞类》引）西汉末年，刘向辑录屈原、宋玉等人的作品，编成《楚辞》一书。《离骚》是屈原的代表作，是带有自传性质的一首长篇抒情诗，塑造了一个坚贞高洁的抒情主人公的光辉形象。屈原的作品表达了强烈的爱国主义精神，反映其伟大人格和高洁志行，在艺术上具有浓郁的抒情性、悲剧色彩和浪漫主义色彩，继承和发展了《诗经》赋、比、兴的表现手法，创造了句式长短不齐、音节抑扬顿挫、章法灵活多变的"骚体"。鲁迅赞屈作"逸响伟辞，卓绝一世"（《汉文学史纲要》）。屈原的人格精神及其作品的艺术特色对后世文人和文学产生了深远而广泛的影响。

先秦时期，散文由萌芽而至成熟。首先出现的是记载历史事件的叙事散文。甲骨卜辞和殷商铜器铭文是最早的记事文字。"左史记言，右史记事。事为《春秋》，言为《尚书》。"（《汉书·艺文志》）《尚书》和《春秋》体现了记言和记事散文的不同体例。《左传》《国语》《战国策》等历史散文的出现，标志着叙事散文走向成熟。它们的叙事体例、思想、语言和写作艺术，滋养了后代的史传文学、散文和小说创作，对后代的文学创作产生了深远的影响。

战国时代，以说理为主的诸子散文兴起，代表性著作有《论语》《墨子》《老子》《孟子》《庄子》《荀子》《韩非子》等。《论语》记载孔子及其弟子的言行，由孔子弟子和后学编纂而成，成书于战国初年，通行本包括《学而》《为政》等20篇。《论语》创立了语录体，或记录只言片语，或记录对话，较为短小简约，在语言艺术上具有言近旨远、词约义丰的特点。《墨子》主要记载墨子的言论与活动，当成书于战国中期以后，今存五十三篇。《墨子》发展了语录体的形式，有不少篇章初具议论文的规模，它采用连类而喻的方式说理，逻辑严密且具有较强的形象性。《老子》共八十一章，采用韵散结合的形式，文多用韵，句多排偶，文句整齐中富于变化，善于把抽象的理论化作具体可感的形象，达到了哲学思辨与形象说理的高度统一。《孟子》主要记录孟子的言论，由孟子及其弟子共同编著，共七篇。孟子长于论辩，书中也富有逻辑思辨色彩。语言明白晓畅，平实浅近，大气磅礴，富有感染力。这一风格和孟子的人格修养有关。《庄子》今存三十三篇，分内、外、杂三个部分。一般认为，内篇是庄子所作，外篇、杂篇出于庄子后学。《庄子》"以卮言为曼衍，以重言为真，以寓言为广"（《庄子·天下篇》），以形象生动的寓言故事、丰富奇崛的想象表达深邃的哲理，风格变幻奇诡，纵横开阖，汪洋恣肆。清人刘熙载称之"意出尘外，怪生笔端"（《艺概·文概》），鲁迅称"其文则汪洋辟阖，仪态万方，晚周诸子之作，莫能先也"（《汉文学史纲要》），对《庄子》的文学成就给予了很高的评价。在先秦说理文中，《庄子》最富文采，文学价值也最高。《荀子》今存三十二篇，其中大多是完整而详密的说理散文，奠定了我国古代议论文的基本样式，另有《成相》和《赋》两篇韵文，对汉赋的形式有直接的影响。《韩非子》共五十五篇，其犀利峻峭的特点，在诸子散文中别具一格。书中有大量的寓言故事，在古代寓言的发展史上具有重要意义。

二、秦汉时期文学

秦朝实行极端的文化专制政策，阻碍了文化学术的发展，又由于时间短暂，所以流传下来的文学作品不多。由战国末期吕不韦召集门客撰著的《吕氏春秋》，成书于秦王政八年（前239年），文风达畅，取材广泛，吸收春秋战国以来的各派思想，形成了完整的体系，是战国末年的统一趋势在文化上的要求和反映。李斯是秦朝唯一有作品流传下来的文人，其代表作《谏逐客书》铺陈排比，纵横议论，是一篇富有文采的政论散文。记载秦始皇巡游封禅的刻石铭文中有不少李斯的作品，多为四言韵语，质实雄壮，对后世碑铭文有影响。

汉朝是中国历史上的昌盛时期，国力增强，社会进步，统治者采取了一系列有利于文学发展的措施，文学出现了蓬勃发展的局面，这在作家的文学素养，文学作品的数量、种类、思想深度和艺术水平等方面均有体现。汉朝文学在价值取向、审美风尚、文体样式等诸多方面皆为后世树立了典范。

赋是汉朝文学的代表性样式，体式有骚体赋、散体赋和抒情赋之别。汉朝作家继承和发展了《楚辞》所代表的文学样式，创造出汉朝文坛独具风貌的赋。汉初贾谊的《吊屈原赋》《鵩鸟赋》皆为以骚体写成的抒怀名作。其中《吊屈原赋》是贾谊被贬为长沙王太傅，渡湘水，历屈原放逐所经之地时所作，表达了对屈原的伤悼、同情和尊敬，是汉初赋的代表作。汉朝的散体赋铺采摘文，体物写志，开创了新的文学审美时尚。西汉散体赋的代表作有枚乘《七发》，东方朔《答客难》《非有先生论》，司马相如《子虚赋》《上林赋》，王褒《洞箫赋》，扬雄《甘泉赋》《河东赋》《羽猎赋》《长杨赋》等。东汉时，以都会或京都为题材的散体赋崛起，班固《两都赋》首创京都赋的范例，张衡《二京赋》、王延寿《鲁灵光殿赋》等，皆为以都会或京都为题材的名篇。东汉还兴起抒情赋的创作热潮。以赋抒情是汉朝作家对屈原艺术创作的直接继承，贾谊《吊屈原赋》、司马相如《长门赋》、司马迁《悲士不遇赋》、扬雄《逐贫赋》等，前启后继，如涓涓细流。至东汉时，由于政治文化环境的变化，士人志向、才能不得施展，纷纷在赋中宣泄情志，抒情赋的创作遂蔚为大观，主要有纪行赋和述志赋两类。纪行赋通过记叙旅途所见而抒发感慨，是后代游记文学的先声，代表作品有班彪《北征赋》、班昭《东征赋》、蔡邕《述行赋》等；述志赋是赋家在社会动乱、宦海沉浮中用以宣寄情志的作品，代表作有冯衍《显志赋》，班固《幽通赋》，张衡《思玄赋》《归田赋》，赵壹《穷鸟赋》《刺世疾邪赋》等。

乐府诗是继《诗经》《楚辞》之后，中国古代诗歌史上又一壮丽的景观。两汉乐府诗是指由朝廷乐府系统或相当于乐府职能的音乐管理机关搜集、保存而流传下来的汉朝诗歌。宋郭茂倩编《乐府诗集》，将自汉至唐的乐府诗做了一个较为全面系统的分类，分为郊庙歌词、燕射歌辞、鼓吹曲辞、横吹曲辞、相和歌辞、清商曲辞、舞曲歌辞、琴曲歌辞、杂曲歌辞、近代曲辞、杂歌谣辞、新乐府辞等十二类。汉贵族乐章载在"郊庙"一类，其中写作年代最早的是《房中歌》，为高祖唐山夫人所作。汉乐府民歌主要保存在"相和""鼓吹"和"杂曲"三类中。相和大部分产生在东汉，其中题为"古辞"的，几乎全是"汉世街陌谣讴"；鼓吹曲是汉武帝时吸收的北方民族的新声，在当时主要用作军乐，例如《铙歌十八曲》；杂曲是一种声调失传的杂牌曲子，出现的年代最晚，在形式上接近于五言古诗。乐府民歌代表着汉朝诗歌的最高成就，它们"感于哀乐，缘事而发"（《汉书·艺文志》），最基本的艺术特色是叙事性，不少作品塑造了有一定性格的人物形象，具备了比较完整的情节，如《陌上桑》《东门行》《孔雀东南飞》等名篇。两汉乐府诗立题命意匠心独运，叙事技巧高超熟练，体制灵活多样，成为中国古代诗歌新的范本。

在乐府民歌的影响下，文人的五言诗在东汉时兴起并日趋成熟。东汉末年无名氏的《古诗十九首》代表了当时文人五言诗的最高成就。《古诗十九首》载于《文选》，由于作者姓名失传，时代不能确定，在《文选》中题作"古诗"。这十九首古诗反映的思想内容较为复杂，例如，《今日良宴会》《西北有高楼》《回车驾言迈》等篇写仕宦情绪，《去者日以疏》《明月何皎皎》《行行重行行》《青青河畔草》《冉冉孤生竹》《凛凛岁云暮》《孟冬寒气至》《客从远方来》等诗写游子思归，《青青陵上柏》《东城高且长》《驱车上东门》《生年不满百》等诗写人生无常、及时行乐，《明月皎夜光》写朋友交情凉薄，《迢迢牵牛星》写男女之情。游宦无成、游子怀乡、追求享乐、闺人怨别等低沉的情绪基调，是东汉后期动乱不安的社会现实的曲折反映。在艺术特色上，《古诗十九首》长于抒情，其中尤为突出的情感是对人生易逝、节序如流的感伤和忧虑。例如，"人生寄一世，奄忽若飙尘"（《今日良宴会》），"所遇无故物，焉得不速老""人生非金石，岂能长寿考"（《回车驾言迈》），"人生天地间，忽如远行客"（《青青陵上柏》），"昼短苦夜长，何不秉烛游"（《生年不满百》）等诗句，皆感慨人生有限、岁月易逝。《古诗十九首》还善于运用比兴手法，例如，《涉江采芙蓉》《冉冉孤生竹》《庭中有奇树》等诗，言近旨远，语短情长，含蓄蕴藉。《古诗十九首》的语言精练自然，情感真挚，结构精巧，具有高超的艺术成就，其出现是五言诗发展到成熟阶段的标志，对后世文人的诗歌创作产生了深远的影响。

　　汉朝的散文创作取得了很高的成就。西汉的政论散文得到长足发展。陆贾《新语》论秦所以失天下、汉所以得天下和古代帝王的兴衰成败之理，行文流畅，纵横捭阖。贾谊的散文收录于《新书》，《过秦论》《论积贮疏》《陈政事疏》等篇说理透辟，见解深刻且极富艺术感染力。晁错的名作《论贵粟疏》逻辑严密，质实恳切。桓宽《盐铁论》从现实问题出发，针砭时弊，颇中要害，浑朴质实。西汉的历史散文也出现了里程碑式的杰作，司马迁的《史记》开创了纪传体的史书创作体例，在人物塑造和抒情性上，体现了高超的文学艺术成就，在文风上对于后来的散文也有深远影响，成为唐以后所谓"古文"的典范，对唐以后小说、戏曲的发展也深有启发和影响。西汉散文的重要作家作品，还有汉朝皇室贵族淮南王刘安招致门客编成的《淮南子》，董仲舒《举贤良对策》，刘向《新序》《说苑》等。《淮南子》是一部具有完整思想体系的理论著作，博奥深宏，多用历史、神话、传说、故事来说理，文辞铺张繁富，文学色彩浓厚。董仲舒《举贤良对策》三篇行文明晰晓畅，理致细密，风格儒雅雍容。刘向《新序》《说苑》杂采前代群书所载史事、言论编录而成，寓以劝诫说教之意，许多篇目富有小说的意味。东汉的散文在整体上朝着骈俪化的方向发展。政论散文代表作家有王充、王符、崔寔、仲长统等。王充《论衡》是我国思想史上一部重要著作，今存85篇，从内容到表述方式都别具一格，用词朴实无华，在当时文风日趋骈俪化的潮流中独树一帜。王符《潜夫论》、崔寔《政论》、仲长统《昌言》等，结构严密，多运用历史故事和譬喻，并受辞赋影响，呈现出善于铺陈、多用排偶的特点。在历史散文方面，班固《汉书》是我国第一部纪传体断代史，是继《史记》以后出现的又一部史传文学典范之作，叙事写人生动有致，行文谨严，笔法精密，文辞详赡华茂，对后世史学和文学产生了长远的影响。杂史类散文如赵晔《吴越春秋》、袁康《越绝书》，以曲折的故事情节、荒幻的神话传说、崇武尚勇的义侠形象为特点，是吴越文化的重要载体。

三、魏晋南北朝时期文学

魏晋南北朝时期是中国文学逐步走向自觉的时期，也是各种文体演变、文学创作个性化发展的重要时期。

这一时期诗歌的成就最高。建安时代是文学开始走向自觉的时代，主要诗人有"三曹"和"七子"。曹操古直悲凉，曹丕便娟婉约，曹植文采气骨兼备，他们的创作完成了乐府民歌向文人诗的转变，为五言诗的发展开辟了道路。王粲、刘桢等"七子"竞逞才藻，各造新诗，呈现出鲜明的文学个性。建安作家的作品反映社会现实，高扬政治理想，抒发人生感受，具有慷慨悲凉、刚健遒劲的风格，形成了后世诗人所追慕的"建安风骨"。曹魏正始年间作家以"竹林七贤"为代表，他们的诗歌多抒写个人忧愤。阮籍诗"颇多感慨之词"（钟嵘《诗品》）和"忧生之嗟"（李善《文选注》），代表作是《咏怀诗》82首；嵇康诗亦"多抒感愤"（陈祚明《采菽堂古诗选》卷八），诗风"峻切"（钟嵘《诗品》）。受到玄风的影响，正始诗歌逐渐与玄理结合，诗风由建安时的慷慨悲壮变为词旨渊永、寄托遥深。西晋的著名诗人，有陆机、潘岳、左思、郭璞等。陆机、潘岳讲究形式，描写繁复，辞采华丽，诗风繁缛；左思的《咏史》诗，抒写寒士的不平，在当时独树一帜；郭璞的《游仙诗》借游仙写其坎壈之怀，文采富艳。东晋诗坛被玄风笼罩，以王羲之、孙绰、许询为代表的玄言诗人，"理过其辞，淡乎寡味"，艺术价值虽不高，对后世的影响却相当深远。东晋末年陶渊明使诗歌与日常生活相结合，将玄言诗的玄理改为日常生活中的哲理，并开创了田园诗题材，成为魏晋古朴诗风的集大成者。南朝诗人崇尚声色，追求艺术形式的完善与华美。谢灵运的山水诗以富丽精工的语言，生动细致地描绘了永嘉、会稽、彭蠡湖等地的自然景色，其后山水诗在南朝成为一种独立的诗歌题材，并日渐兴盛。鲍照学习和模拟乐府，以凌厉之势和"发唱惊挺"的独特魅力，在当时标举独出，并创造了以七言体为主的歌行体。齐梁时期，声韵学发展，使诗歌的形式产生了重大变化。齐永明年间，声律说有了突破性进展，周颙将汉语语音总结出平、上、去、入四种声调，沈约等人将四声的区辨同传统的诗赋音韵知识相结合，研究诗句中声、韵、调的配合，提出八种必须避免的声病，至此，以"四声""八病"为核心的声律说基本确立。诗人们将声律说自觉运用于诗歌创作，开创了新体诗，又称"永明体"。新体诗的代表作家有谢朓、沈约、王融等。梁陈时期，帝王和贵族文人将诗歌导向了"宫体"，诗风浮靡绮艳。与南朝诗歌日趋贵族化、宫廷化不同，北朝文人诗歌以质朴为特色。王褒、庾信等诗人由南入北，以高超的艺术技巧和全新的人生感受，写出了雄健清丽、动人心魄的诗歌，初步实现了南北诗风的融合。除了文人诗歌，南北朝的乐府民歌也取得了辉煌成就。南朝民歌如《吴歌》《西曲》等，清新活泼；北朝民歌继承了汉乐府民歌的现实主义传统，如千古传诵的《敕勒歌》反映北国自然风光，《木兰诗》塑造了女英雄木兰的光辉形象，它们在风格上古朴豪放，生动地反映了北朝的社会生活和时代特色。

在散文方面，建安时期的散文创作在整体上呈现尚情任气、真挚自然的特点，为后世建立了"以情纬文，以文被质"（《宋书·谢灵运传论》）的典范。曹操的文章清峻、通脱，被称为"改造文章的祖师"（鲁迅《魏晋风度及文章与药及酒之关系》），曹丕、曹植的文章，众体兼备，慷慨任气，文采焕然。魏晋之际，以王弼、何晏为代表的正始名士，多谈老庄玄理，使说理文有所发展；以阮籍、嵇康为代表的竹林名士，论辩之文"师心""使气"，笔锋犀利。西晋张华的笔札自然洒脱，东晋王羲之的文章清新疏朗，陶渊明的文章不尚偶丽，语言清腴，风格平淡自然。南北朝时，在史传、地理等学术著作中，有一些出色的叙事、抒情、写景的散文作品，它们在不同程度上受到骈文的影响，和魏晋以前的散文风格颇有不同。例如范晔《后汉书》纪传的论赞部分，对偶工稳，辞采润泽，声律协畅，富于篇翰之美，显示出以骈文论史的特点；郦道元《水经注》骈散相间，以散为主，对后世散文深有影响；杨炫之《洛阳伽蓝记》文笔流畅，工于描绘，在散体中显出骈俪习气。

在辞赋方面，抒情小赋涌现，王粲《登楼赋》、曹植《洛神赋》、向秀《思旧赋》、陶渊明《归去来兮辞》等名作，意绪绵邈，清新感人。散体大赋的写作，在内容上有拓展，有表现国家政治生活者，如左思《三都赋》、潘岳《籍田赋》，也有表现人生重要经历者，如潘岳《西征赋》、谢灵运《山居赋》、梁武帝《净业赋》、梁元帝《玄览赋》、颜之推《观我生赋》等。

魏晋南北朝时期小说的发展也引人注目。"小说"一词最早见于《庄子·外物》："夫揭竿累，趣灌渎，守鲵鲋，其于得大鱼难矣。饰小说以干县令，其于大达亦远矣。"以"小说"与"大达"对举，指琐屑的言谈、无关政教的小道理。小说起源于神话传说、寓言故事和史传。神话传说中有故事情节和人物性格，这是小说的两种要素；人物性格鲜明的寓言故事，已经带有小说的意味；史传描写人物性格，叙述故事情节，为小说提供了素材，积累了叙事经验。班固《汉书·艺文志》将小说列于"诸子略"十家之末，"诸子略"十家共四千三百二十四篇，其中小说一千三百八十篇，是篇数最多的一家。从语言系统来看，中国古代小说大致可分为文言小说和白话小说。魏晋南北朝小说属于文言小说，也称为笔记体小说。文言小说成熟的形态是唐传奇，白话小说成熟的形态是宋元话本。从内容来看，魏晋南北朝时期有志人小说与志怪小说。志怪小说主要记述神仙方术、鬼魅妖怪、殊方异物、佛法灵异，其兴盛与宗教迷信思想的盛行有关。代表魏晋南北朝志怪小说最高艺术水平的是干宝的《搜神记》。志人小说主要记述人物的逸闻轶事、言谈举止，又称轶事小说，其兴盛与当时士族文人之间品评人物和崇尚清淡的风气有很大关系，有较高的审美价值，展现了当时的社会生活面貌和士人精神状态。魏晋南北朝时期成就最高、影响最大的志人小说是刘义庆的《世说新语》。魏晋南北朝的志怪小说和志人小说在人物刻画、故事题材、细节描写、语言运用等方面，都对后来的小说写作产生了深远的影响。一些唐传奇的故事取自这个时期的小说，例如，李朝威《柳毅传》与《搜神记》中的《胡母班》有渊源关系；《世说新语》为后世戏曲、小说提供了丰富的素材，后世效仿《世说新语》的小说很多；唐以后的文言小说中始终有志怪一类，蒲松龄《聊斋志异》的成就最高。

魏晋南北朝时期文学理论与批评十分兴盛。曹丕《典论·论文》、陆机《文赋》、刘勰《文心雕龙》、钟嵘《诗品》等论著以及萧统《文选》、徐陵《玉台新咏》等文学总集的出现，形成了文学理论和批评的高峰。曹丕《典论·论文》、陆机《文赋》对文体的各种体裁及其体制、风格有了比较细致的区分，体现了明晰而自觉的文体辨析意识。刘勰《文心雕龙》的出现标志着中国文学理论和文学批评建立了完整的体系，全书共五十篇，最后一篇《序志》是全书的自序。其内容博大精深，论述了文学发展的外部原因和内部规律，总结了许多宝贵的文学创作经验。萧统的《文选》是现存最早的文学总集，选录了先秦至梁朝共七百余篇作品。在编排方法上，先将文体分为赋、诗、骚、七、诏、册、令、教、文等三十七大类，在一些大类之下再按题材划分若干小类，如赋分为京都、郊祀、畋猎、纪行、游览等小类。总集的编纂是文体辨析的自然结果。

四、隋唐五代文学

隋唐五代时期，中国古代文学发展到了一个全面繁荣的新阶段。隋朝文学直承南北朝的浮艳文风，但一些原是北朝的诗人如卢思道、杨素、薛道衡等，写了一些具有清新刚健气息的诗，反映了新的气象；隋唐之际的诗人王绩平淡自然的隐逸诗风，在当时独树一帜。唐朝是中国历史上的鼎盛时期，文学的发展呈现出百花齐放的局面，诗歌、散文、小说都有很大发展，还兴起了变文、词等新的文学形式。

诗歌在唐朝取得的成就最高。在不到三百年的时间里，唐朝留下近五万首诗歌，出现了许多独具风格的著名诗人，李白、杜甫的成就达到了诗歌创作的高峰，王维、白居易、李贺、李商隐、杜牧等大批优秀诗人形成了不同的流派和艺术风格。唐诗可以分为初唐、盛唐、中唐、晚唐四个阶段。初唐前期诗歌未能完全摆脱六朝的浮华和纤弱，宫廷诗人之作多富台阁气，主要成就在于发展了声律学，沈佺期、宋之问等人使律诗走向定型和规范化。"四杰"王勃、杨炯、卢照邻、骆宾王反对六朝以来华而不实的绮靡风气，提倡抒发真情实感，在诗歌内容上由宫廷走向市井，从台阁移至江山与塞漠，对于结束齐梁文风、开启盛唐之音功不可没。陈子昂更加明确地批判齐梁之风，提倡汉魏风骨和兴寄、风雅传统，为唐朝文学开辟了健康发展的道路。盛唐诗歌发展至高峰，表现之一是山水田园诗派和边塞诗派的兴盛。比起东晋陶渊明的田园诗、南朝谢灵运等人的山水诗，以孟浩然、王维、储光羲、常建等为代表的盛唐山水田园诗派将山水与田园更加紧密地结合在一起，在艺术风格上更趋优美和清新，创造了更为丰富的诗歌意境。精通音乐与绘画的王维，正是以山水田园诗奠定了他在唐诗史上的大师地位，其诗清雅冲淡，宁静空明，被誉为"诗中有画，画中有诗"（苏轼《书摩诘蓝田烟雨图》）。从军赴边、建功立业是唐朝文人的时尚，边塞生活成为诗人们共同留意的主题。唐朝边塞诗数量很大，风格繁多，盛唐的边塞诗成就尤高，有过边塞生活体验的高适、岑参，以及王昌龄、王之涣、崔颢等诗人，从各方面深入表现边塞生活，在艺术上也有新的创造，促进了盛唐诗歌的繁荣。李白是盛唐文化孕育出来的天才诗人，他的诗歌体现了开元时代乐观向上的进取精神，也反映了唐王朝处于极盛而衰的转折关头的社会现实；他追求独立的人格和自由的精神世界，以澎湃的激情和豪迈的气魄歌唱自己的远大理想，以神奇的想象和高远的格调歌颂祖国的山川自然，既书写了气势浩瀚的壮观景象，又创设了自然天成的明丽意境；他豪放飘逸、清新自然的诗风和纯真的个性风采有着巨大的魅力。李白继承了前人诗歌创作的成就，完成了盛唐诗歌的全面革新，对后代诗人有深远影响，在中国诗歌史上具有不可更替的不朽地位。杜甫衔接了诗歌从盛唐到中唐的转变，在唐诗史上承前启后。他一生将自己与国家的命运联系在一起，深切地同情民生疾苦，执着地关怀现实政治。他的大量写实的优秀诗篇深刻反映了广阔的社会现实和唐朝由盛而衰的急剧转变，因而被称为"诗史"。他的诗歌集前代诗歌艺术之大成，兼备众体而又自铸伟辞，形成了博大精深、沉郁顿挫的独特风格，因而又被尊为"诗圣"。杜甫为中国的人文精神树立了忧国忧民的百世楷模，为历代士人所崇仰，为中国的诗歌艺术树立了沉雄博大的至高标准，在诗史上的影响，历千年而不衰。中唐的诗歌在内容上以济世拯时的冷峻思考、忧国伤时的忧患意识为主流，出现了许多风格派别，以韩愈、孟郊为代表的"韩孟诗派"在艺术上追求奇特险怪，有着浓重感伤情调的李贺也属于这一诗派。

以白居易、元稹、张籍、王建等人组成的"元白诗派"，以浅近通俗风格为主要特色，倡导"新乐府运动"。以刘长卿、韦应物为主的大历诗人和柳宗元以清丽淡远为特色。晚唐时，怀古咏史诗的数量很多，普遍以伤古悼今为基调。成就最高的诗人是李商隐，其诗在表现领域上向心灵世界方面做了深入的开拓，在内涵上具有多义性的特点，对无题诗、咏史诗、咏物诗的发展做出了重要贡献。与李商隐并称"小李杜"的杜牧，诗以情致高远、笔力劲拔为特色；以贾岛和姚合为代表的"苦吟"诗人，以苦吟的态度作"清新奇僻"之诗；陆龟蒙、皮日休、司空图等具有隐士情怀的诗人，在诗歌中表现避世心态与淡泊情思。

在散文方面，初唐陈子昂提倡风雅兴寄和汉魏风骨，使"天下翕然，质文一变"（卢藏用《陈子昂文集序》），促进了唐朝前期文风的转变。自此直至开元末，散文作家增多，表现领域也日趋扩大。中唐时期，散文的创作达到高峰。与中唐严峻的政治形势以及士人的中兴愿望、儒学的复兴思潮有关，韩愈、柳宗元倡导"古文运动"，以散文文体文风的改革作为政治实践的组成部分，在内容上，主张"文以明道"，把散文引向政教之用；在形式上，由骈体而散体。散文的创作由此别开生面，去除浮靡空洞而返归质实真切，出现了许多饱含政治激情、富有感召力的杰作。

在小说方面，唐朝出现了许多打破六朝志怪小说格局、独具机杼、富于文采与意想的传奇作品。"传奇"是唐朝流行的文言小说，作者大多以记、传名篇，以史家笔法，传奇闻佚事，其名称来源于晚唐裴铏写的一部小说集《传奇》。唐传奇的出现，标志着我国文言小说发展到了成熟阶段。唐传奇与六朝志怪小说不同。在内容上，志怪小说主要记鬼神怪异之事，唐传奇虽也传写奇闻佚事，但大多取材于现实生活。鲁迅说："传奇者流，盖出于志怪……而大归则究在文采与意想，与昔之传鬼神明因果而外无他意者，甚异其趣矣。"（《中国小说史略》）在创作意识上，志怪小说把怪异当成事实，不是有意创作小说。唐人写传奇才是有意识地从事小说创作。胡应麟说："凡变异之谈，盛于六朝，然多是传录舛讹，未必尽幻设语；至唐人乃作意好奇，假小说以寄笔端。"（《少室山房笔丛》）在艺术形式上，唐传奇构思新颖，情节曲折生动，结构完整严谨，语言生动活泼，塑造了众多性格鲜明的人物形象。传奇的出现是小说发展史上的一大飞跃，标志着中国小说的发展进入了成熟阶段。

唐朝文学的繁荣，不仅体现在前代已有的文体获得推陈出新的辉煌成就，也体现在新的文学样式的兴起。变文一类通俗讲唱文体在民间广泛流传,词的创作从民间到文人,从萌芽到成熟。这皆为后代文学的发展开拓了道路。

变文是唐朝通俗文学的一种形式,其得名与佛家所谓变相有关。用绘画表现的佛教故事称变相,用文字表现的佛教故事称变文。变文最早出现于寺庙,是由俗讲僧向听众讲述的佛经中的神变故事。后来讲唱者不限于俗讲僧,讲唱的地点也不限于寺院,出现了一些职业的民间艺人,讲唱以民间传说、历史故事和现实生活为题材的变文。变文就由宗教的宣传品变成一种通俗的文学形式。变文的内容可以分为讲唱佛经故事和世俗故事两类,在艺术上富有特色,叙事曲折、描写生动、想象丰富、语言通俗;在体制上,韵散相间,诗文结合,逐段铺叙,说说唱唱。变文对后代的诸宫调、宝卷、鼓词、弹词等讲唱文学和杂剧、南戏等戏曲文学有积极的影响。

词是一种配合音乐歌唱的诗体,唐五代时通称"曲子词","词"是后起的名称,此外,又称"诗余""乐府""长短句"等。词的起源,最早可以追溯到隋唐之际的民间曲子词。宋王灼《碧鸡漫志》卷一云:"盖隋以来,今之所谓曲子者渐兴。"宋张炎《词源》卷下亦云:"粤自隋唐以来,声诗间为长短句。"他们都认为隋朝就开始有词了。词起源于民间,在敦煌发现的曲子词多为民间的作品,其中有一小部分作于唐初,大多数作于唐玄宗至五代。中唐时,文人学习民间词,创作了一些优秀的作品,如张志和《渔歌子》、韦应物《调笑令》、王建《宫中调笑》等。白居易和刘禹锡在词的早期发展史上占有重要地位,他们的作品比较多,艺术上也较为成熟。温庭筠是第一个大量写词的文人,他的词多写闺阁、歌伎、思妇等题材,以声调和谐、色彩绮丽、隐约细腻为主要特色。五代时词的创作有两个中心,一个在西蜀,一个在南唐。后蜀赵崇祚选录温庭筠、皇甫松、韦庄、和凝、孙光宪、李珣等十八家五百首词作,结为《花间集》。所选词作的共同特点是用华丽的辞藻和婉约的构思描写女性的美貌、服饰以及她们的离愁别恨,从而形成了花间词派。南唐后主李煜是唐五代成就最高的词人。李煜的词可以降宋作为界线分为前后两期。前期的词主要写宫廷生活和男女情爱,表现出他非凡的才华和出色的技巧,但题材较窄、内容空虚。后期李煜词风发生了变化,《虞美人》(春花秋月何时了)、《浪淘沙》(帘外雨潺潺)、《乌夜啼》(林花谢了春红)、《相见欢》(无言独上西楼)等都是他后期的代表作,表达了对"故国""往事"的留恋,蕴意深沉,创造了较高的艺术境界。

五、宋元时期文学

词是两宋最引人注目的文学样式。北宋前期,著名词人有晏殊、欧阳修、柳永、范仲淹、张先等。晏殊、欧阳修的词作,主要继承五代的词风,但也显示出革新求变的一面。晏殊词的情感基调雍容和缓,语言清丽,不同于五代词的轻佻艳冶。欧阳修是两宋词史上主动向民歌学习的第一人,使词朝着通俗化的方向发展。范仲淹开启了宋词贴近社会生活和现实人生的创作方向。张先缘题赋词,将日常生活引入词中,改变了以往词作有调而无题的传统格局,增强了词的纪实性和现实感,其词被视为"古今一大转移"(陈廷焯《白雨斋词话》卷一)。柳永的出现使宋词发生了重大的变化。他致力于创作慢词,改变了唐五代以来词坛上以小令为主的格局,使慢词与小令两种体式平分秋色;他创造和发展了词调、词法,是两宋词坛上创用词调最多的词人,使词的体制趋于完备;他在创作方向上改变了词的审美内涵和审美趣味,注意表现自我独特的人生体验和心态,用日常通俗的语言表现市民生活情调。柳永对词进行了全面革新,对后来词人影响甚大。北宋中后期,著名词人有苏轼、晏几道、秦观、贺铸、晁补之、周邦彦等。苏轼继柳永之后,对词体进行改革。在理论上,他认为诗词同源,本属一体,提出了词须"自是一家"的创作主张;在创作实践上,他扩大了词的表现功能,将诗的表现手法移植到词中,"以诗为词",开拓了词境,突破了词为"艳科"的传统格局,提高了词的文学地位。秦观学柳永而又自辟新境。周邦彦在音律、句法和章法上建立起严整的艺术规范,注重词的协律可歌,音律上做到拗怒与和谐的矛盾统一,王国维谓"两宋之间,一人而已"(《清真先生遗事》)。南渡词坛作家,以李清照、朱敦儒、张元幹、叶梦得、陈与义等为代表。李清照在理论上确立了词体的独特地位,提出了词"别是一家"之说,认为词是与诗不同的一种独立的抒情文体,她的词继承传统的婉约风格,而取得了超越前人的艺术造诣，王世祯谓"婉约以易安为宗"（《花草蒙拾》）。南宋中后期，辛弃疾、陆游、张孝祥、陈亮、刘过和姜夔等词坛主将把词的创作推到高峰。陆游以诗人性情写词，虽存词不多，但《诉衷情》《卜算子·咏梅》《钗头凤》等佳作脍炙人口。辛弃疾的词以广博精深的内容和雄深雅健的风格，确立并发展了苏轼所开创的"豪放"一派，而与苏轼并称为"苏辛"。王世祯谓"豪放惟幼安称首"（《花草蒙拾》）。其词风又以刚柔相济、亦庄亦谐为特色，在丰富词境和增强词的表现力方面也取得了杰出的成就。辛弃疾词鲜明的时代内容和激昂慷慨的词风在南宋产生了广泛的影响，词风与他接近或受他影响的作家，如陈亮、刘过、刘克庄、刘辰翁等，被称为"辛派词人"。姜夔精通音律，有多首自度曲。其词自注有工尺谱，是宋朝词乐的珍贵资料。其词风"不惟清空，又且骚雅"（张炎《词源》），用字运意力求淳雅，被奉为雅词的典范而别立一宗。宋词题材范围广阔，艺术风格丰富，具有独特的艺术魅力，堪与唐诗媲美。

处在唐诗极度兴盛之后的宋诗，在发展过程中体现着对唐诗的继承和创新。宋朝初期的诗歌创作主要承袭中晚唐诗风，影响较大的有白居易体、晚唐体、西昆体。白居易体师法唐朝白居易，模仿白居易与元稹、刘禹锡等人互相唱和的近体诗，诗作大多抒写闲适生活，风格浅切清雅，代表作家有李昉、徐铉、王禹偁等。晚唐体主要学习晚唐的贾岛，诗作大多描绘清幽的山林景色和淡泊的隐逸生活，代表作家有希昼、保暹、文兆、行肇、简长、惟凤、惠崇、宇昭、怀古等隐逸僧侣，世称"九僧"，又有名士魏野、潘阆、林逋等。西昆体得名于杨亿编集的《西昆酬唱集》。宋初，杨亿、刘筠、钱惟演等人曾奉敕聚集在皇帝藏书的秘阁编纂《册府元龟》，编书之余所写的酬唱诗结集为《西昆酬唱集》。这部诗集在当时影响很大，欧阳修说："盖自杨刘唱和，《西昆集》行，后进学者争效之，风雅一变，谓之昆体。"（《六一诗话》）西昆体诗人宗法李商隐，诗作注重音节铿锵，辞藻精丽，喜欢大量使用典故，追求意旨幽深。欧阳修的诗歌开创了北宋的诗风，他深受韩愈的影响，学习韩愈"以文为诗"，不仅以个别文句入诗，而且用诗发表议论，使诗歌呈现出散文化、议论化的特点。欧阳修还善于论诗，他的《六一诗话》以漫谈方式评叙诗歌，开创了新的论诗形式，是中国文学史上

第一部诗话。苏舜钦和梅尧臣的诗歌各有特色。欧阳修说:"子美笔力豪隽,以超迈横绝为奇;圣俞覃思精微,以深远闲淡为意。各极其长,虽善论者不能优劣也。"(《六一诗话》)王安石的诗歌主要学习杜甫,善于用诗歌反映社会现实,抒发济世匡俗的抱负。他作了数量较多的集句诗,严羽说:"集句惟荆公最长。"(《沧浪诗话》)苏轼的诗歌题材多样,内容丰富,善于抒发个人情感和歌咏自然景物,并善于从日常生活和自然景物中悟出新意妙理,引人深思,如《题西林壁》《琴诗》等。北宋后期,黄庭坚在诗歌创作方面的影响很大,在当时与苏轼并称为"苏黄"。黄庭坚主张作诗要"点铁成金""夺胎换骨",即师承模仿前人时要赋予古人文辞以新的意蕴,要对古人的诗意进行创造,从而达到"以故为新"的目的。他的诗追求新奇,喜欢用佛经、语录中前人未用的典故和语词,有意造拗句,押险韵,作硬语,诗风瘦硬峭拔。黄庭坚的追随者很多,南宋初年吕本中作《江西诗社宗派图》,刊行《江西宗派诗集》,首列黄庭坚、陈师道、陈与义三人,以下有韩驹、潘大临、徐俯等二十多人,后人称这个以黄庭坚为中心的诗歌流派为"江西诗派"。南宋初期的杨万里讲"活法",主张师法自然,反对以学问为诗,他的诗善于捕捉稍纵即逝、转瞬即改的自然场景,用生动、活泼而又富有变化的语言表现出来,形成了幽默诙谐、平易浅近、爽朗轻快的艺术风格,后世称为"诚斋体"。陆游是南宋时期最杰出的诗人,他的诗各体兼备,尤以七律为佳,广泛地反映了时代的社会面貌,深刻地揭示了时代的主要矛盾。他继承了屈原等前代诗人忧国忧民的优良传统,在诗中抒发对祖国的真挚热爱、对人民的深切关怀,表达了渴望报国、恢复中原的雄心壮志。南宋中期永嘉诗人徐玑(号灵渊)、徐照(字灵晖)、翁卷(字灵舒)、赵师秀(号灵秀)互相唱和,因为他们的字或号都带有"灵"字,世称"永嘉四灵"。他们不满于理学家的诗论,反对江西诗派"资书以为诗",以晚唐姚合和贾岛为"二妙",加以尊尚。他们的诗专工近体,尤重五律,刻意在炼字炼句上下功夫,题材局限于山水景物,追求野逸清瘦情趣,世称"四灵体"。南宋后期的"江湖派"因书商陈起刊刻《江湖集》《江湖前集》《江湖后集》《江湖续集》等诗歌集而得名。江湖派诗人的生活年代不一,多为在野文人,较有影响的有姜夔、戴复古、刘克庄等,他们的作品大多反映厌恶仕途、企羡隐逸的情绪。文天祥是宋末爱国诗人的代表，其代表作《过零丁洋》《正气歌》传诵千古。

宋朝的散文，继承唐朝韩愈、柳宗元古文运动的成果，又有新的发展。王禹偁反对五代以来的浮艳文风，提倡"韩柳文章李杜诗"，把"传道而明心"和"句易通、义易晓"作为古文写作的标准。欧阳修是北宋古文运动的领袖，他继承韩、柳古文运动"文以明道""文从字顺"的精神，倡导文章写作要注重"道"，反对"弃百事不关于心"（《答吴充秀才书》），"务高言而鲜事实"（《与张秀才第二书》），主张"言以载事而文以饰言"（《代人上王枢密求先集序》），提倡流畅自然的文风，反对浮靡雕琢和怪僻晦涩。他以优秀的散文创作践行了自己的理论主张。苏辙说他的文章："天材有余，丰约中度，雍容俯仰，不大声色，而义理自胜，短章大论，施无不可。"（《欧阳公神道碑》）王安石和苏轼都出自欧阳修门下，与韩愈、柳宗元、欧阳修等并称"唐宋八大家"。王安石主张"文章合用世"（《送董传》），"务为有补于世"（《上人书》）。其论说文成就最为突出，议论时析理精微、理足气盛、铿锵有力；其记叙散文也讲求议叙结合，载道见志。苏轼的论说文大多有的而发，切中时弊，书札、题记、叙跋等杂文，信手拈来，随笔挥洒，彰显其坦率、开朗、风趣的个性。

辽、金是先后与宋朝对峙的北方少数民族建立的政权，游牧民族豪放刚健的性格对辽、金文学有着深刻的影响。辽朝所存作品不多，金朝文学则作者众多，作品繁盛，并有成熟的诗学理论。元好问是金朝最重要的诗人和词人，也是杰出的诗论家。他的诗词作品之富在金朝首屈一指，成就也最为突出；他的《论诗绝句三十首》评论了汉魏至宋末的重要诗人和诗派，在古代文学批评史上占有重要地位；他编成的《中州集》十卷，附《中州乐府》一卷，收录金朝二百五十一位诗人的两千余首诗作，且每人名下各系小传，旨在以诗存史，具有重要的文献价值和史料价值。

元朝文学在中国文学发展的过程中，具有划时代的意义。叙事性文学成为当时创作的主流，第一次在文坛上居于主导地位，自宋朝始兴盛的说话和说唱艺术在元朝继续流行，现存话本多刊刻或修润于元朝；戏剧艺术走向成熟，剧本创作的成就，代表了当时文学的最高水平。在抒情性文学方面，"散曲"作为继诗词之后兴起的新诗体，代表了元朝诗歌创作的最高成就。

说话、说唱艺术至迟在唐朝就已出现。宋、金、元时期，演述古今故事、市井生活的说话和说唱艺术日益繁盛。宋朝的"说话"，有小说、说经、讲史、合生四种"家数"，其中，小说、讲史两家最为重要。小说家以讲灵怪、胭粉、传奇、公案等故事为主，讲史家讲的是前代历史、兴废争战之事。随着说话的兴盛，流播的故事越来越多，说话人演讲故事所用的底本，以口传故事为蓝本的文字记录本，以及受说话体式影响而衍生的其他故事文本，例如文人依据史书、野史笔记、文言小说等改编而成的通俗故事读本等，后世统称为"话本"。宋元小说家的话本代表作有《碾玉观音》《错斩崔宁》等，讲史家话本的代表作有《五代史平话》《大宋宣和遗事》《全相平话五种》（包括《武王伐纣书》《乐毅图齐七国春秋后集》《秦并六国平话》《前汉书续集》《三国志平话》）等。宋元话本是中国小说史的一个重要发展阶段，其语言通俗生动，开启了我国文学语言的一个新阶段，标志着白话文体的正式出现；故事情节曲折动人，人物心理描写细致，为后代小说创作提供了宝贵的经验。诸宫调是一种说唱文学，主要流行于宋、金时期。诸宫调由同一宫调的若干曲牌组成套曲，又由多种宫调串成长篇，间以说白，来演唱故事。金章宗时人董解元的《西厢记诸宫调》是现存唯一完整的诸宫调作品，它所讲述的张生、崔莺莺的爱情故事源于唐朝元稹的传奇《会真记》（又名《莺莺传》），主题思想、人物形象皆有改变，情节经增添改写更为曲折生动，元朝王实甫《西厢记》在主题、人物形象、情节、语言等方面，都受到它的影响。

元朝是中国戏剧发展的黄金时代。中国的戏剧是综合文学、音乐、舞蹈、绘画等于一体的专门艺术，其起源可以追溯到上古氏族聚居时代人们生产劳动的歌舞。先秦时期，歌舞进入宫廷或祭祀场合。上古的祭祀仪式上巫觋沟通神人的活动，被视为戏剧的源头之一。魏晋南北朝时期，北方少数民族的音乐、舞蹈和中原民间歌舞、角抵等相结合，出现了"代面""踏摇娘""拨头"等介于歌舞和戏曲之间、有一定故事性的小型歌舞戏。唐朝的参军戏是我国最早的戏剧形式。

参军戏中有"参军"和"苍鹘"两个角色,分别类似于后代戏剧中的"净"和"丑",在表演形式上有科白,又有弦管鼓乐伴奏,在一定程度上载歌载舞。晚唐、五代时参军戏发展为多人演出,情节也趋于复杂,对后世戏剧深有影响。唐朝还有"大曲舞"等较大规模的歌舞戏,供宫廷宴乐的梨园弟子的演出也很兴盛,推动了我国戏曲艺术的发展。宋朝出现了专门的戏剧演出场所——瓦舍勾栏,上演杂剧、杂技、讲史、说书、歌舞戏、诸宫调、傀儡戏、皮影戏等节目。瓦舍勾栏的出现,推动了戏剧的发展和繁荣。宋杂剧以滑稽调笑为主要特点,是中国最重要的戏剧形式之一,产生了具有丰富曲折故事情节的剧本,如《目连救母》,标志着中国戏剧逐渐走向成熟和独立发展的道路。金朝的院本是宋杂剧过渡到元杂剧的重要形式。

元朝的戏剧可分为两大类:一类是杂剧,主要兴起和繁荣于北方,人称北杂剧,是元朝文学的代表;一类是南戏,主要起源并广泛流传于南方,成就不如杂剧。元杂剧是在宋杂剧、金院本的基础上发展起来的,广泛地吸收了诸宫调、歌舞等技艺的艺术成就,并与北方民间流行的曲调结合,形成新的表演艺术和乐曲体系。元杂剧多采用每本"四折一楔子"的结构,在角色上有旦、末、净、杂之分,把戏曲演出的要素唱、念、做、打有机地结合在一起,形成独特的戏剧艺术形式,产生了许多散、韵结合,结构完整的优秀剧本。元杂剧的兴盛有多方面的原因。一批生活于下层,受压迫、受歧视的文人,通过戏剧等文艺形式反映现实,创作了一些富于反抗性的杂剧,如《窦娥冤》《鲁斋郎》《赵氏孤儿》《陈州粜米》等。繁荣的城市商品经济为元杂剧的演出提供了物质条件和群众基础。元朝前期的大都(今北京)、汴梁(今开封)等在当时是十分富庶繁荣的国际城市,即为杂剧创作和演出的中心;群众对剧本的需求,吸引了文人加入剧本写作的队伍,剧本的产量、质量逐渐提高,元杂剧成为可与唐诗、宋词媲美的一种新的文学形式。关汉卿是元杂剧的奠基人,被列为"元曲四大家"之首,是中国古代伟大的艺术家。他长期生活在瓦舍勾栏之中,并曾亲自粉墨登场,参与演出自己的作品。他全身心地投入杂剧创作,在戏剧史上有很高的地位和影响,被推为"驱梨园领袖,总编修师首,捻杂剧班头"(明初贾仲明《录鬼簿》)。据

《录鬼簿》及其他相关资料记载，关汉卿作有杂剧六十七种和许多散曲，现存杂剧十八种。关汉卿的悲剧代表作有《窦娥冤》《鲁斋郎》《蝴蝶梦》等。其中《窦娥冤》（全名《感天动地窦娥冤》）作于关汉卿晚年，是他最重要的作品，取材于"东海孝妇"的故事（见《汉书·于定国传》和《搜神记》），结合元朝社会的各种矛盾和关汉卿本人的现实生活体验，剧情震撼人心，成功地塑造了窦娥这一光辉的艺术形象，"即列之于世界大悲剧中亦无愧色也"（王国维《宋元戏曲考》）。关汉卿的喜剧作品，大都以女性为主角，代表作有《救风尘》《金线池》《谢天香》《望江亭》等。关汉卿还写了一些歌颂历史英雄人物的历史剧，如《单刀会》《西蜀梦》《哭存孝》等。关汉卿在杂剧中通过不同的人物形象反映广阔的社会生活，揭示各种矛盾冲突和斗争，曲辞和宾白都朴实自然，"曲尽人情，字字本色"（王国维《宋元戏曲考》），既有通俗生动的口语化、个性化的语言，又不乏经过锤炼的抒情性、富有诗情画意的文学语言，具有鲜明的"诗剧"特色。王实甫的《西厢记》是元朝早期杂剧的优秀作品之一。王实甫在唐朝元稹的传奇《会真记》（又名《莺莺传》）、金章宗时人董解元《西厢记诸宫调》的基础上进行再创造，使崔莺莺、张生的爱情故事在思想内容上得到极大的提高，成功地塑造了崔莺莺、张生、红娘等性格鲜明、形神兼备、栩栩如生的人物形象。其语言生动传神而又富于个性化和感情色彩，融入民间口语和前人诗词文赋中的优美词句，形成通晓流畅与秀丽华美相统一的风格，佳句美不胜收，清朝的曹雪芹在《红楼梦》中借林黛玉之口赞誉《西厢记》"词句警人，余香满口"。元朝著名的剧作家还有白朴和马致远。白朴的《梧桐雨》《墙头马上》，马致远的《汉宫秋》，均为元杂剧中的优秀作品。

散曲是金、元时期在北方民间流行起来的新的诗歌样式。散曲的体制主要有小令、套数以及介于两者之间的带过曲等。小令，又称"叶儿"，一般为单片只曲，调短字少，由民间小唱、唐宋诗词发展演化而来，也有由同题同调的数支小令组成的"重头小令"。套数，又称"套曲""散套""大令"，是从唐宋大曲、宋金诸宫调发展而来，由同一宫调的若干首曲牌连缀而生，全套一韵到底，套末一般有尾声，篇幅较长，可以包容较为丰富的内容。带过曲由同一宫调的不同曲牌组成，曲牌最多不能超过三首，比套数容量要小，且没有尾声，是介于小令和套数之间的一种特殊体式。散曲以活泼的形式、质朴的语言和强大的艺术表现力，成为元朝最富于生命力的诗歌样式。马致远是元朝成就最高的散曲作家，被誉为"曲状元"，他的名篇《天净沙·秋思》情景交融，意趣天成，"寥寥数语，深得唐人绝句妙境"（王国维《人间词话》），被誉为"秋思之祖"（周德清《中原音韵》）。

六、明清时期文学

明朝初年，诗文的代表作家有宋濂、刘基和高启，他们的作品写事抒怀，富有真情实感。永乐至成化年间，台阁体诗文歌功颂德，内容空洞浮泛，风格肤廓庸弱。当时的诗人只有于谦独树一帜，其诗歌内容反映现实生活，不事粉饰雕琢。之后出现的李东阳，作诗力主宗法杜甫，强调法度音调，有众多追随者，形成"茶陵诗派"；作文主张师法先秦古文，所创作的散文流畅自然。继李东阳之后，文坛出现了以李梦阳、何景明为代表，成员还包括王九思、边贡、康海、徐祯卿、王廷相的"前七子"复古流派，他们主张"文必秦汉，诗必盛唐"，在纠正台阁体文风方面起到积极作用。明朝后期，以李攀龙、王世贞为首领的"后七子"重新在文坛举起了复古的大旗，对明朝的八股文有一定的冲击。嘉靖年间，以王慎中、唐顺之、茅坤、归有光为代表的"唐宋派"，反对前后七子的拟古主义，主张文章取法唐宋古文。晚明杰出的思想家李贽提倡"童心"，认为"天下之至文，未有不出于童心者"，反对伪道学，提出"诗何必古选，文何必先秦"，并大力提倡通俗文学，其文学思想成为明后期新的文学思潮的纲领，影响了一个时代的文学理论和创作。以袁宏道为首要人物的"公安派"即深受李贽思想的影响，提出与李贽"童心说"相通的"性灵说"，把文学创作看作是性灵的表现，认为文学随着时代的变化而变化。"公安派"的文学成就主要在散文，尤其是一些游记、尺牍、随笔独抒性灵，清新洒脱，展现了文学发展的新面貌。继"公安派"之后，以钟惺、谭元春为代表的"竟陵派"，延续了"公安派"的一些论调，尚"真诗"，重"性灵"，反对模拟古人词句，不同的是，他们主张从古人的诗中求性灵,"引古人之精神,以接后人之心目"(钟惺《诗归序》),追求幽深孤峭的文学审美情趣,而与"公安派"浅率轻直的风格迥异。晚明的小品文代表了晚明散文的时代特色,反映了晚明文人的生活情调和文学趣尚,其体制较为短小精悍,体裁不拘一格,题材趋于生活化、个人化,代表作家有"公安派""三袁"、张岱等,杰出的作品有张岱描绘游赏生活的《西湖七月半》《湖心亭看雪》等。

明朝的小说、戏曲等通俗文学十分繁荣,小说的发展尤其引人注目。元末明初,在宋元讲史话本的基础上,产生了一些长篇章回小说,《三国志通俗演义》和《水浒传》作为其中的代表作,奠定了长篇章回小说发展的基础,为后世长篇章回小说提供了历史演义和英雄传奇两种范例。它们演述历史,但七分实事,三分虚构,在人物和情节等方面均体现了艺术创造;篇幅很长,分卷分节,每节有单句题目,在形式上初具章回小说的特点。明朝中叶以后,章回小说编著的热潮兴起,《西游记》《金瓶梅》等更加成熟的小说陆续问世,它们在内容上不完全是讲史,而开始表现广泛的社会生活,故事情节更复杂,人物形象更丰满,在形式上明确地分回,回目由单句发展为双句,开头、结尾有固定的形式。明朝的小说就题材内容而言可分为历史演义、英雄传奇、神魔小说、世情小说等类别,被称为明朝小说"四大奇书"的《三国志通俗演义》《水浒传》《西游记》《金瓶梅》分别是历史演义、英雄传奇、神魔小说、世情小说的开山或典范之作。明朝后期,白话短篇小说获得长足发展,其中最著名的集子是冯梦龙编辑的《喻世明言》《警世通言》《醒世恒言》,简称"三言",以及凌濛初编辑的《初刻拍案惊奇》《二刻拍案惊奇》,简称"二拍"。白话短篇小说与宋元小说话本有承继关系,但不再为讲唱所用,而是供读者阅读,其中不少作品是对宋元旧篇的整理和加工,有专门的作家参与编辑,在艺术上更为成熟。

明朝的戏曲创作继元朝之后又形成一个新的高潮,其主流是由宋元南戏演变而来的传奇。明前期传奇演唱的南曲声腔,主要有弋阳腔、海盐腔、余姚腔、昆腔等。嘉靖、隆庆年间,著名曲师魏良辅改革昆腔,使之融合海盐腔、余姚腔、弋阳腔乃至北曲音乐,体制全备,成为四大声腔中声势最大的一种,在剧坛上取得权威和示范的地位。梁辰鱼的《浣纱记》是第一部用魏良辅改革过的昆腔演唱的传奇，它的成功创作，为以昆曲为主体的新传奇的繁荣奠定了基础。明朝戏剧家的杰出代表是汤显祖，他的《牡丹亭》《紫钗记》《邯郸记》《南柯记》四部传奇作品，因皆有梦境的描写，合称"玉茗堂四梦"，又称"临川四梦"，其中《牡丹亭》以其深刻的思想和高度的艺术成就成为明朝传奇剧本的典范。明朝戏曲理论与研究有较大发展。徐渭著《南词叙录》，开南曲理论研究之先。在明朝后期剧坛上与汤显祖齐名的吴江戏剧家沈璟著《南词全谱》，创立昆曲格律体系，在创作上讲究声律，在他的旗帜下形成了戏曲流派"吴江派"。"吴江派"戏剧家在编创传奇的同时潜心戏曲理论研究，如王骥德著有《曲律》，吕天成著有《曲品》。明朝戏剧家创建戏曲理论，品评作家作品，对传奇的发展起到了积极的引导作用。

清朝是中国古代文学的综合鼎盛期，在文学创作上呈现出集历代文学之大成的景象，各种文体都再度辉煌，蔚为大观；在文学理论和文学典籍的整理方面，也取得了很高的成就。元明以来，呈现弱势的诗、古文，乃至已经衰落下来的词、骈文，在清朝又重新振兴；新兴的小说、戏曲，入清之后依然蓬勃发展。以往各代曾经盛行过、辉煌过的文学样式，大都在清朝文坛上占有一席之地；各类文体曾经有过的作法、风格，清朝作者大都承袭下来，并有所发展和创新；清朝的诗话、词话、文论、曲论、小说评点等数量超过前代，将文学理论推至新的高度。

清前期诗坛的代表人物，有顾炎武、屈大均等遗民诗人，"江左三大家"钱谦益、吴伟业、龚鼎孳等由明入清而出仕清朝的诗人，以及王世祯等。明清鼎革的社会动乱之际，学术文化思潮由空疏之心学转向复古形态的经世致用之学，与之相适应，伤时忧世成为诗歌创作的主旋律。遗民诗人关注国运民生，缘事而发。顾炎武认为"诗本性情"，但应"为时""为事"而作，"文须有益于天下"，其诗取材广阔，寓有家国兴亡之感，被称为"一代诗史"。屈大均与陈恭尹、梁佩兰并称"岭南三大家"，他们的诗歌反映社会现实，感情浓烈，慷慨有奇气。遗民诗人之外的其他诗人，如钱谦益、吴伟业、王世祯等，在开拓、创造诗艺方面的成就较大。钱谦益的诗歌博采众长，自铸面目，典丽宏深，对于开创有清一代诗风起到了重要作用。吴伟业的歌行体诗，反映明清之际关乎兴亡之人事，世称"梅村体"，所作《圆圆曲》《鸳湖曲》等诗篇辞藻富丽、韵调和谐，情致深远，在白居易之后又开拓出叙事诗的一种新境界。王世祯倡导"神韵说"，在诗的创作上追求冲和淡远的风格，将中国诗尚含蓄蕴藉的特征推向了极致。清朝中期，乾隆、嘉庆年间，沈德潜主张"格调说"，认为写诗须学古，且须有法度；翁方纲主张"肌理说"，要求以学问为根底，以增加诗的骨肉，他的诗中掺杂金石考证，反映了乾嘉年间考据学对诗歌的影响。郑燮、袁枚、赵翼等诗人主张书写性灵，反对复古，其中以袁枚影响最大。清朝后期，龚自珍的诗文对后世产生了深远影响。晚清，随着资本主义改良主义运动的开始，在夏曾佑、谭嗣同、梁启超等的倡导下，出现了"诗界革命"，涌现出一批新派诗人，其中最有实绩的是黄遵宪。此外，诗坛上影响较大的还有以沈曾植、陈三立、陈衍等为代表的"同光体诗派"。

词的发展在两宋时最为繁荣，元明时呈现衰落之势。清朝为词复兴的时代，词的作家和作品数量极为可观，词学理论也富有创获。明末清初，以陈子龙为代表的"云间词派"，标举北宋欧阳修、苏轼，尊南唐二主，重视探索词的创作规律，以清丽自然的笔触抒写亡国之痛，产生了很大影响。以陈维崧为宗主的"阳羡词派"和以朱彝尊为领袖的"浙西词派"势力最盛，陈维崧、朱彝尊将词置于与"经""史"同等重要、与"诗"比肩的地位。他们的词风格各异，开拓了词的境界，使词的创作呈现"中兴"的局面，树立了清朝词坛的风气。纳兰性德在清朝词坛上独树一帜，被誉为"北宋以来，一人而已"（王国维《人间词话》），其词在内容上以凄婉的爱情和北国风光为主，在风格上近于南唐后主李煜。清人词在规模和成就上都蔚为可观，再度彰显并发展了词的特殊的抒情功能。

清初著名的散文家，有号称"清初三家"的侯方域、魏禧与汪琬。清中叶声势最大、影响最著名的散文流派是"桐城派"，代表人物是方苞、刘大櫆、姚鼐等。方苞认为作文要讲究"义法"，主张学习古文的法则，又认为古文由于要

"明道""载道",内容纯正,文辞也应雅洁严谨。"义法"后来成为"桐城派"文论的纲领。刘大櫆对"义法"理论进行丰富和拓展,以"义理、书卷、经济"为"行文之实",以"神""气""音节"等为"行文之道",使"义法"理论具有了较强的实践性和可操作性。姚鼐主张作文应"道与艺合,天与人一","义理、考据、辞章"三者兼备,受当时考据学风的影响,在义法之外突出考证。他将文章的风格归纳为"阳刚"和"阴柔"两大范畴,把文章的艺术要素提炼为"神、理、气、味、格、律、声、色"八字。他的散文理论使"桐城派"文论进一步完整和系统化,并纂辑《古文辞类纂》,选辑七百余篇自战国、秦汉、唐宋八大家到"桐城派"方苞、刘大櫆的古文,以为示范,分十三类体裁,确立散文的"正宗"文统,影响甚广。晚清时,梁启超倡导"文界革命",其文章一反"桐城派"的义法,形成一种新体散文,代表了散文发展进入新阶段,为晚清的文体解放和"五四"白话文运动的兴起开辟了道路。

　　清朝小说对社会做了更深入的剖析,艺术表现形式具有新的特色。清朝前期,文言小说数量很多,其中蒲松龄《聊斋志异》是我国文言小说的典范。白话小说也有多种类型,著名的有以描写家庭生活为中心的人情小说《醒世姻缘传》,才子佳人小说《玉娇梨》《平山冷燕》《好逑传》,英雄传奇小说《水浒后传》《说岳全传》,历史演义小说《梼杌闲评》《隋唐演义》等。18世纪中叶吴敬梓《儒林外史》、曹雪芹《红楼梦》的出现,使小说的发展登上巅峰。《儒林外史》对文人的仕进道路和价值观念进行反思和批判,展示了高超的讽刺艺术成就。《儒林外史》的讽刺具有巨大的文化容量和社会意义,形成"戚而能谐"、悲喜交融的美学风格,将我国古代小说的讽刺艺术发展到一个新的境界。曹雪芹的《红楼梦》无论在思想性还是在艺术性上都超越了以往中国古典小说所达到的成就。它以贾宝玉的爱情婚姻悲剧作为主要故事情节,叙述了以贾府为代表的四大家族的衰落过程,以细密精微的笔触描绘了广阔的历史画面,广泛而深刻地反映了封建社会末期尖锐复杂的矛盾冲突,展示了封建社会走向没落的历史趋势,具有极其丰富深刻的思想底蕴,对小说传统的写法有了全面的突破与创新,极大地丰富了小说的叙事艺术、语言艺术,对中国小说的发展产生了深远的影响。《红楼梦》博大深沉的思想内容和高度的艺术成就，奠定了它在中国文学史和世界文学史上的地位。评论和研究《红楼梦》形成了专门的学问——红学。清朝中期，较为优秀的小说是李汝珍的《镜花缘》。晚清的小说创作，主要有侠义公案小说和狭邪小说两大派别。梁启超等倡导"小说界革命"，提倡小说为改良社会服务，产生了一批从不同立场揭露社会黑暗的谴责小说，成就最高的是被称为清末"四大谴责小说"的李伯元的《官场现形记》、吴趼人的《二十年目睹之怪现状》、刘鹗的《老残游记》和曾朴的《孽海花》。

戏曲方面，明末清初，以李玉为领袖人物的苏州派作家对戏曲的创作和演出都产生了很大影响。洪昇的《长生殿》、孔尚任的《桃花扇》是康熙年间剧坛上最为成功的传奇作品。《长生殿》演绎唐玄宗和杨贵妃的故事，是该题材作品的集大成之作，其曲文融合了唐诗、元曲的特点，形成清雅秀丽的风格。《桃花扇》以复社文人侯方域和秦淮歌妓李香君之间的爱情故事为主线，书写了南明弘光政权的兴亡始末，"借离合之情，写兴亡之感"，体现出历史反思的精神，在人物塑造上"字字绘影绘声"（梁廷柟《曲话》卷三），在传奇体制上也有所创新。清中叶，地方戏蓬勃发展，弹词、鼓词、子弟书等讲唱文学盛行。弹词主要流行于南方，最优秀的作品首推《再生缘》；鼓词主要流行于北方，内容较为丰富；子弟书是鼓词的一个分支，只唱不说，以七言为主。晚清时，京剧成为影响力最大的剧种。随着资产阶级改良运动和革命运动的展开，戏剧改革运动兴起，出现了一批宣传改良和革命的戏剧作品，京剧和其他地方剧种也有革新活动。在西方文化的影响下，话剧出现在中国的舞台上，并迅速发展。

第三节　中国传统文学观念

中国传统文学在创作意识上以抒情言志为主流，在价值观念上主张经世致用，在美学思想上追求温柔敦厚，这些观念是中国传统文化精神和价值观的生动呈现。

一、抒情言志的创作意识

与西方文学以史诗为重要源头、以叙事文学为主流不同，中国是"诗的国度"，以抒情言志为主要功能的诗歌在中国文学史上居于很高的地位。中国优秀的叙事文学，往往具有抒情的特质而别具"诗"的光辉。例如，《史记》作为传记文学的开山和典范之作，融入了司马迁的感情，被称为"史家之绝唱，无韵之离骚"；作为中国古典小说巅峰之作的《红楼梦》也"大旨谈情"，倾注了曹雪芹的心血，具有动人的艺术魅力。

"诗言志"是中国古老的诗学命题，最早见于《尚书·舜典》："诗言志，歌咏言。"此后又屡见于先秦两汉文献，如《庄子·天下》云："诗以道志。"《荀子·儒效》云："诗言是其志也。"均指出诗是诗人之"志"的载体。《毛诗序》中将"志"与"情"结合起来谈："诗者，志之所之也。在心为志，发言为诗，情动于中而形于言。"它揭示了诗言志抒情的本质特征。诗所抒写的诗人之"志"内涵十分丰富。一方面，它与现实社会、人生理想或政治教化等有关，朱自清在《诗言志辨》中说："这种志，这种怀抱是与'礼'分不开的，也就是与政治、教化分不开的。"另一方面，它也与作者的人品修养有关，正所谓"言为心声"，清朝纪昀论"诗言志"，说"志"是"性情之所之，亦即人品、学问之所见"（《郭茗山诗集序》），又说诗"终以人品、心术为根底"（《诗教堂诗集序》）。

西晋作家陆机在《文赋》中说："诗缘情而绮靡。"指出诗的创作是因情感而激发的。文学情感的重要来源之一，是作家感发于自然，感物而抒怀。优秀的作家能敏锐地感知天地四时的变化更迭、宇宙万物的此消彼长、社会人事的演绎变迁，并自然地以之和个体生命衔接。古代文论中"遵四时以叹逝，瞻万物而思纷。悲落叶于劲秋，喜柔条于芳春"（陆机《文赋》），"春秋代序，阴阳惨舒，物色之动，心亦摇焉"（刘勰《文心雕龙·物色》），"气之动物，物之感人，故摇荡性情，行诸舞咏"（钟嵘《诗品》）等，都是感物抒怀的诗性表达。文学情感的另一重要来源，是作家感发于人事，因事而抒情。正所谓"饥者歌其食，劳者歌其事"(东汉何休《春秋公羊传解诂》),"嘉会寄诗以亲,离群托诗以怨……凡斯种种,感荡心灵,非陈诗何以展其义?非长歌何以骋其情?"(钟嵘《诗品序》)"大凡物不得其平则鸣……人之于言也亦然,有不得已者而后言"(韩愈《送孟东野序》),生活情状、家国情怀、婚姻爱情、离愁别绪等,都是作家诗意与灵感的来源。

二、经世致用的价值观念

中国古人强调文学经世致用的功能。孔子说:"《诗》可以兴,可以观,可以群,可以怨。迩之事父,远之事君,多识于鸟兽草木之名。"(《论语·阳货》)他强调《诗经》的教育作用和政治作用,深刻地影响了后人对诗歌功能的理解和认识。两汉儒家诗歌理论的一个核心思想是强调《诗经》的社会教化作用。《毛诗序》中说:"故正得失,动天地,感鬼神,莫近于《诗》。先王以是经夫妇,成孝敬,厚人伦,美教化,移风俗。"它提出《诗经》具有伦理道德教化、移风易俗的功用。汉朝这种具有浓重政治教化色彩的《诗经》阐释,扩充到了对楚辞、汉赋等其他文学样式的阐释,例如,汉人对屈原《离骚》的评价都离不开由阐释《诗经》而来的各种标准。

建安时期曹丕的《典论·论义》是中国文学批评史上较早的一篇文学专论,堪称"文学的自觉时代"文论自觉的标志。文中提出:"盖文章者,经国之大业,不朽之盛事。"这是古人提出的"太上有立德,其次有立功,其次有立言"(《左传·襄公二十四年》)这一"三不朽"价值观在建安时期的发展,提高了文学的地位,强调了文章具有"经国"的功用和不朽的价值。

古代文论中关于文章明道、载道功能的论述,将文学进一步引向政教和经世之用。南朝刘勰阐述"文"与"道""圣"的关系:"道沿圣以垂文,圣因文而明道。"(《文心雕龙·原道》)主张文章是用来阐明自然之道的。唐朝韩愈、柳宗元倡导"古文运动",主张"文以明道",韩愈提出"修其辞以明其道"(《争臣论》),其门人李汉说:"文者,贯道之器也。"(《昌黎先生集序》)柳宗元提出"文者以明道"(《答韦中立论师道书》),宋朝周敦颐说:"文所以载道也。"(《通书·文辞》) 韩、柳等人关于文章"明道""贯道"的观念反映了重道轻文的倾向。北宋古文运动的领袖欧阳修继承和发展韩、柳的观点,倡导文章写作要注重"道",并认为"道"是与现实生活密切相关的,认为"言以载事而文以饰言"(《代人上王枢密求先集序》),主张文道并重,肯定文学的实际功用和艺术价值。王安石主张"文章合用世"(《送董传》),"务为有补于世"(《上人书》),推崇文章的"用世"功能和"适用"价值。明清之际的顾炎武提出文章应"明道""纪政事""察民隐""乐道人之善",以"有益于天下,有益于将来"(《日知录》)。

从孔子的"兴""观""群""怨"说,汉朝的《诗经》阐释,到后来历代关于"文"与"道"关系的论述,体现了中国古代文学理论强调文学经世致用功能的主流观念,这是居于主导地位的中国传统文化价值观在文学理论中的反映。

三、温柔敦厚的美学思想

"温柔敦厚"是中国诗学领域一个影响深远的命题,是儒家伦理道德学说和中庸思想在文艺审美方面的体现,是兼具丰富伦理道德内涵和艺术审美内涵的一个范畴。《礼记·经解》:"孔子曰:'入其国,其教可知也。其为人也,温柔敦厚,诗教也。'""诗教"即通过学习《诗经》提高人的修养,培育人的性情,规范人的言行,使人们在诗歌的熏陶和教育下形成温和宽厚的性情,这是"温柔敦厚"所具有的伦理道德规范的内涵。

在"温柔敦厚"的"诗教"说影响下,中国古典文学追求中和温雅的美学效果,这一审美效果又是通过委婉含蓄的表现方式实现的。《论语·八佾》载孔子说:"《关雎》乐而不淫,哀而不伤。"指出《关雎》所表达的情感是有节制的,快乐而不放荡,悲哀而不痛苦。《左传·襄公二十九年》载季札观乐,谓《周南》《召南》"勤而不怨",《邶》《庸》《卫》"忧而不困",《豳》"乐而不淫",《魏》"大而婉,险而易行"。司马迁《史记·屈原列传》评价《诗经》"《国风》好色而不淫,《小雅》怨诽而不乱"。这些文论都是中和温雅的美学思想的表达。这一美学思想，在文学的内容上，可体现为"发乎情，止乎礼义"；在文学的形式上，常表现为委婉含蓄的表现方式，以及怨而不怒、婉而多讽、戚而能谐、意味隽永等风格特征。

第九章 中国传统艺术

第一节 中国传统艺术与文化

中国传统艺术是中国传统文化的重要组成部分，它在中国传统文化中具有非常重要的地位。

一、中国传统艺术诸范畴

中华民族在悠久的发展历史中，积淀和形成了自己独特的民族性格和民族精神：自强不息、厚德载物、居安思危、乐天知足、崇尚礼仪等。很多艺术作品都贯穿了这样一种精神，正所谓画以载道、以歌载道，所画所歌的东西都是为了传达一种做人的道，这个道也可以说是仁道，是做人最根本的道理，是最高的人格追求。所以，国画也好，诗词也好，其脍炙人口的原因不仅仅在于词章的美丽，更重要的是寓意深刻。中国的艺术精神引导人们向善、向上，因为它包含着一种社会责任：艺术不是一个只是为了满足欲望的东西，它是用来教化民众、和谐社会、休养生息、陶冶心情的。所以不能够玩物丧志，不应该好恶无节，而应当通过艺术的修养，通过歌画以载道，以道来提升欣赏的趣味和审美的境界，进而来体悟生命的意义和人生的价值。所以，文化修养里面，不仅要有伦理的修养，而且要包含艺术的修养。

（一）道是中国传统艺术的精神

"天人合一"是中国传统文化和艺术的核心范畴。"道"体现了天、人的统一，也就是"天人合一"。老子认为，天地万物都是由"道"产生的，"道"是有与无的统一体，是宇宙天地万事万物存在的根据和本原。在古代中国人看来，自然过程、历史过程、人生过程、思维过程在本质上是同一的。这一思想特征贯穿了"天人合一"观念源起与演变的基本过程，贯穿于古代的哲学、科学和艺术中。在美学上，和谐关联的"天人合一"思想，深刻浸渍了中国古代审美境界论，使得古代中国人特别强调人生境界与审美境界的合一。

（二）气是中国传统艺术的生命

物质的气被精神化、生命化，这可以说是中国"气论"的本质特征。"气"在中国传统文化中占有十分重要的地位，不但中医讲"气"，气功讲"气"，戏曲表演讲"气"，绘画书法也要首先运"气"。中国传统美学用"气"来说明美的本原，提倡艺术应描写和表现宇宙天地万事万物生生不息、元气流动的韵律与和谐。中国美学十分重视养气，主张艺术家要不断提高自己的道德修养与学识水平，并要求将艺术家主观之"气"与客观宇宙之"气"结合起来，使得"气"成为艺术作品内在精神与艺术生命的标志。"气韵生动"成为中国画创作的总原则，深刻地反映了中国古典美学的基本特色。

（三）和是中国传统艺术的辩证思维

中华文化的核心和精髓，就在于"和合"二字。"和"是指事物的多样统一或对立统一，是矛盾各方统一的实现。对立统一思想是中国古代哲学具有特色的朴素辩证思维观，并对中国传统美学和艺术学产生了极大的影响。中国传统文化中贵和持中的和谐意识，表现于两个方面：一是"天人合一"，指人与自然关系的和谐；二是"中庸"，指人际关系，即人与人、人与社会关系的和谐。"天人合一"旨在承认人与自然的统一性，反对将它们割裂开来；"中庸"则强调对待事物关系要把握一个度，以避免对立和冲突。提倡"贵和""持中"的和谐意识，有利于处理现代社会各种矛盾，以保持社会的稳定。中国传统美学与艺术学的许多经典语汇都是以对立统一的形式出现的，如"刚柔""虚实""动静""形神""文质""情理""情景""意象""意境"等，其中，偏于精神性的一面，更多地在矛盾统一中处于主导地位，如"形神"中的"神"，"情景"中的"情"，"意象"中的"意"等。正是这种闪烁着中华民族理性智慧光芒的辩证思维，对中国传统艺术和美学思想产生了巨大的影响，并且形成了中国传统艺术和美学思想中极富民族特色的辩证和谐观——"和"。

（四）悟是中国传统艺术的直觉思维

重直觉是中国传统思维方式的重要特点之一。而这种传统思维方式，对中国的传统艺术思维和审美思维也产生了巨大的影响，尤其是形成了以"悟"为核心的感性直觉的审美思维方式。"悟"，作为中国美学与艺术学的重要范畴之一，在中国传统艺术创造与艺术鉴赏中，都具有十分重要的作用，并且衍生出"顿悟""妙悟"等一系列相关范畴。真正的艺术家必须具有"悟性"。艺术家与艺术匠人最大的区别就在于前者是以道驭技，而后者是有技无道。

（五）心是中国传统艺术的审美主体

中国传统美学和中国传统艺术，一开始就十分重视人的主体性，认为艺为心之表、心为物之君，主张心乐一元、心物一元。因此，中国古典美学和中国传统艺术一贯强调审美主客体的相融合一，认为文学艺术之美在于情与景的交融合一、心与物的交融合一、人与自然的交融合一。

（六）舞是中国传统艺术的形态和风貌

远古的中华大地上，原始的图腾歌舞与狂热的巫术仪式曾经形成龙飞凤舞的壮观场面。在中国古代艺术中，诗、乐、舞最初是三位一体的，只是到后来逐渐发生了分化，形成了各具特色的不同艺术门类。具有强烈生命力的"乐舞"精神并没有消失，后来逐渐渗透与融会到中国各个艺术门类中，体现出飞舞生动的形态和风貌。

二、艺术的文化意蕴

艺术的文化意蕴从一定意义上来讲，就是艺术作品蕴藏的文化内涵和人文精神，是指艺术作品应当在有限中体现出无限，在偶然中蕴藏着必然，比如中华意韵、仙风道骨，比如作品中渗透的情感，比如作品中表现出来的一种风骨，人生的某种精义，或者某种主旨，内心萌生的一种感觉等。歌德的"意蕴说"把艺术作品分为三个因素：材料、意蕴、形式，意蕴即人在素材中所见到的意义。一般把前两个因素合称为"内容"。艺术的文化意蕴，常常具有多义性、模糊性和朦胧性，体现为一种哲理、诗情或神韵，经常是只可意会、不可言传的，需要欣赏者反复领会、细心感悟，用全部心灵去探究和领悟。

中国传统艺术在一个半封闭的北温带块状大陆得以滋生发展。这片大陆物质生产方式的主体是农业自然经济，社会组织以宗法—家族制度和专制政体为基本形态，而周边则为后进民族所环绕。这样一种特定的生态环境，使中国传统艺术形成富于特色的性格。

（一）与诗词血肉相融的中国古典音乐

中国古典音乐中包含诗歌的成分，但又超越诗歌。创作者将诗文融入中国古典音乐中，演唱者在婉转的曲调中娓娓道来，使其具有丰富的审美价值。在写意方面，中国古典音乐与诗歌一样，都十分注重通过对意境的营造来衬托所要表现的内容。中国古典音乐凝聚了诗歌、音乐、舞蹈等艺术表现形式，点燃了中国人对音乐的热爱，培养了人们的想象力。

（二）追求意境的中国国画

中国国画为求得整体上的和谐感，往往在整幅画作中空出大片的留白，只有少许景物与人物点缀其中。留白其实是将纸上的空间更多地留给想象，看似空白却传递出深远的意义和内涵。为了让欣赏者能够领会到画中的和谐而不感到突兀，画家在下笔时已经将整幅作品的结构了然于胸，并会将不和谐之处剔除，因此在欣赏中国绘画时，可以见出作品的整体性与和谐感。在追求自我与现实之间，中国国画做到了很好的平衡。中国的艺术家在创作时秉持着和谐的思想观，力图让作品传递出和谐的韵律，他们与物质世界保持着一定的距离但又不完全脱离物质世界，而是以物质为基础更多地将自己的精神注入作品之中。"诗是有声画，画是有形诗"，可见两者相互影响且互相映衬。中国国画需要创作者用极简的线条去描画客体事物，不只是单纯的写实，更多的是呈现一种精神和情感。中国绘画在表现上也是强调作者的个人主观性，注重个人精神与思想感情。在绘画中不需过分拘泥创作对象的形式与写实,因此中国绘画的本质是通过作品来传达情意。中国绘画的代表非山水画莫属。中国的艺术家喜爱与自然接触,走访名山、踏遍河川,去深入地了解自然,通过自然来净化自己的内心和精神并获取灵感。当画家将自己与自然融为一体时,他就不再是一个置身事外的人,而可以身临其境地去感受自然所赋予的一切。身心与自然合二为一,这样才能创作出充满灵气与气韵的作品。一切绘画都是思想的反映。国画表现出天人合一,宇宙、生命一统,人类只是极小过客的观念。

(三) 追求和谐平稳的中国书法

书法作为中国特有的传统文化艺术,有着悠久的历史,具有不可替代的、特殊的艺术魅力。它的发展与中国的汉字有着密不可分的关系,它是古人对汉字的变形与想象,是中国人智慧的结晶。中国书法体现了中国文化的光辉历史和内在精神。中国书法一个最显著的特点是不喜匀称,大小不一的字体和变化多端的线条构成了整幅作品,在这个整体中却透露出完美的和谐感。不论形式如何复杂与多变,其总能让人产生和谐而平稳的印象,寓统一于百变之中。书法将这种协调的感觉隐藏于奇特的线条造型之下,让人在观赏时能充分地体会到静中的动态美。中国的书法家可谓是在用简洁的线条来解释中国文化深厚的历史底蕴,在书法上我们才能够看到中国人艺术心灵的极致。书法家用线条所创造出的字体形式并非毫无根据凭空想象的,而是来源于自然万物。中国的文化传统让中国的文化艺术都有取法于自然的习惯。在长期与天地自然和谐相处的过程中,人们更倾向于从自然中获取灵感,追求在精神上与自然的和谐统一。

(四) 追求与自然相融的中国古代建筑

中国古代建筑喜在陈设、装饰上添加具有象征意义的图案,这些寓意丰富的图案来自自然中的动植物,代表着中国特有的文化思想。在庭院中摆放假山怪石,在园林建筑中修建溪水河流,把自然中的山水移至建筑之中。这些都是为了让建筑能保留自然之原貌,与自然更加接近,将大自然的灵气吸收至建筑之中,体现出建筑之美的同时也体现了人们对自然之美的追求和喜爱。中国建筑将自然中的风景与建筑本身很好地组合在一起，呈现出和谐之感，达到了人与自然和谐的要求。中国古代建筑集中体现了这样的思想特点。以皇家宫殿为代表，故宫的结构、形状、位置、殿内装饰以及建筑风格无一不体现对天、地、人三者和谐统一的追求。而这种对和谐的追求也使建筑更具美感和欣赏价值。

世界其他文明古国，虽曾盛极一时，却又戛然而止，艺术文化出现大幅度"断层"，乃至完全覆亡，令人在凭吊间油然而生"白云千载，人去楼空"的感慨。唯有中国传统艺术，历尽沧桑，饱受磨难，于起伏跌宕中传承不辍，在数千年发展中，各代均有斐然成就。

第二节　中国传统艺术的成就

中国传统艺术门类繁多，主要有中国古代雕刻、中国古代建筑、中国书法、中国国画、中国古典音乐等，在人类文化史上具有非常鲜明的特色。

一、中国古代雕刻

雕刻是雕、刻、塑三种创制方法的总称，是指用各种可塑材料（如石膏、树脂、黏土等）或可雕、可刻的硬质材料（如木材、石头、金属、玉块、玛瑙等），创造出具有一定空间的可视、可触的艺术形象，借以反映社会生活，表达艺术家的审美感受、审美情感、审美理想的艺术。雕、刻通过减少可雕性物质材料，塑则通过堆增可塑性材料来达到艺术创造的目的。中国木雕刻工艺艺术可追溯到原始社会时期，那时就有了不少初具雏形的工艺品。到战国时期，木雕工艺已由商代制陶工艺中的简单刻纹和雕花板的阴刻，发展到立体圆雕工艺。汉朝动物木雕用整木雕制，将中国木雕艺术推向了一个高峰。唐宋时期，木雕工艺日趋完美。明清则是中国古典木雕艺术成熟的时代，作品十分丰富，除了动物，还有人物。

中国传统雕刻艺术，立意选材都要求有美感，寓意要有喜气，诸如"五福捧寿""龙凤呈祥""丹凤朝阳""狮子滚绣球"等，都是通过生动美丽且可借以抒情的动物、植物、器物等来确定寓意吉祥的题材，反映人们对五谷丰登、生活富裕、四季平安、婚姻美满、四世同堂、幸福长寿、邻里和睦以及其他美好事物的殷切希望。民间雕刻艺术家顺应中国老百姓的传统欣赏习惯，充分利用一切可以利用的部位装饰点缀雕刻图案，繁而不乱，多而不杂，达到了局部和整体、形式和内容的统一。

匾额纹饰的雕刻也是如此。匾额纹饰多以追求幸福为主题，题材广泛，是中国人热爱生活、努力追求幸福的乐观心理的反映。它通常以吉祥语、民间谚语、神话故事为题材，应用人物、花卉、飞禽、走兽、器物和字体等形象，借助借喻、比拟、双关、象征等表现手法创造出图案和寓意的完美结合，凭借艺术语言来寄托对于幸福、美好、富庶、吉祥的向往和追求。这些图案和造型丰富而又洗练，朴实而又高雅，使人百看不厌、回味无穷。在匾额纹饰中，有对汉语言谐音的运用，如蝙蝠谐"福"音，所以有"五福"纹饰；有对动植物生态属性的借喻，如为了象征太阳，用向日葵；有的为实物寓意，如铜钱等；有吉祥文字的直接应用，如寿、福等。古代诗情画意和多种象征手法的综合运用，使纹饰或图案更富有观赏性，寓意更广泛、更深刻，更具有思想性和教化作用。

中国传统雕刻在造型上有着极其鲜明的特点：简约、以线入体、以意象造型。虽然这些传统雕刻的造型法则和审美的标准会随着不同历史时代的政治、社会、文化背景的变化而发生变化，但是无论中国美术史怎样变迁，瑰丽的艺术形态怎样变化，艺术的本体还是很好地被保留了。而这个本体则是对艺术情理相融的人性心理，中国传统雕刻也不例外。

中国传统雕刻作品在造型处理的方式上主要运用简约的手法。所谓简约是指用最少的笔墨表现出最丰富的形象。简约体现着中国传统哲学对于单纯朴素之美的深刻认知。中国美学一直强内在美，认为朴素单纯是审美的最高境界，是需要通过去除掉多余的华丽表象才能达到的境界。中国传统雕刻始终没有像西方雕刻那样精确地塑造形象，而多从感觉和理解出发。像中国画一样，简单、明快，以少胜多又耐人寻味。例如，中国传统雕刻在刻画人物头部的时候就是极其简约的。眉毛往往被简约为几何形，没有鼻骨转折与肌肉的变化。颧骨咬肌等面部的结构也被简约法则所取消，成为平整、饱满的大形。头部造型的简约成为中国传统雕刻表现神韵的重要手段。这种简约的手法使中国雕刻更精练且块面更整体，因而有时更具雕刻感甚至建筑感。

中国传统视觉艺术的形式语言系统中，线是最基本也是最重要的组成部分。早在汉朝画像石的造型中，我们就可以看到以线入体的运用。虽然这时的以线入体基本上只是在平面中围绕图形变奏展开，但就其审美样式来看，线作为造型语言起着至关重要的作用。线的运用不仅增强了形的运动感，其框架作用也使得整个构图饱满有力。对线性审美的重视体现着东方智慧。线的艺术，正如抒情文学一样，是中华民族的文化瑰宝。雕刻是立体的，线条则是平面的。中国传统雕刻造型中线的作用非常重要。在中国传统的雕刻中，线条的运用是在形体美感之外增加的至关重要的造型语言。它与立体造型构成了密不可分的关系。从这一点上讲，中国古代雕刻具有明显的绘画性。其绘画性表现为不注意雕刻的体积、空间和块面，而是注意轮廓线与身体衣纹线条的节奏韵律。这些线条都像绘画线条一样，经过高度的推敲、概括、提炼加工而成。

中国传统雕刻与绘画发源于工艺美术，它们都具备以线入体的造型特征。线是抽象符号，既可以表象，也可以传意。以线入体，线条的形状、位置、节奏与整体造型的结合强化了雕刻的造型力量，使得雕塑的审美冲击力大大加强。线的悠扬舒展既展示了创作者内心情感的丰富，又体现了东方智慧以及东方人对自然规律的体悟。从彩陶时代起，雕刻与绘画便相互补充，紧密结合。在原始时期的彩陶作品中，我们就可以看到以线入体的造型图式，彩陶的折线、曲线图式不仅起到了对彩陶形体的装饰作用，而且这种线性图式本身就是整体作品的审美的重要组成部分。

中国传统雕刻以线入体的特点历代相延，至今民间匠师仍然大都先勾人物线描稿，再雕而刻之，也有人直接在硬质材料上勾线描稿，再雕刻。这样的雕刻创作带有绘画性就可以理解了。中国古代雕刻绘画性强，符合中国古人的欣赏习惯，因为中国古人是从绘画艺术的角度去看待雕刻艺术的。

中国古代雕塑的另一个特点是意象性，这种特点依然与中国传统绘画的意象造型观有着同一性。中国画无论工笔还是写意，都不像西洋画那样追求肖似，而是主要依据观察体验所得的印象，加上想象，经过主观美化而形成艺术形象，它和客观对象保有相当距离，所谓"妙在似与不似之间"就是此意。意和象的融合统一，体现着主观与客观的完满结合。所以，意象造型观既不单纯强调对自然的模仿，又保留了对自然的关注，既不单纯强调以主观情感为核心，又强调主观情感的重要作用，失去了物与我二者融合的哪一方面都不可能有意象的完美呈现。这种不偏不倚的兼顾方式恰恰与儒家的中庸之道相契合，所以说，意象审美是东方哲学在美学方面最为重要的概念。中国雕塑把注意力放在物象的神韵表现上，它和中国画观念是一致的，而且贯穿了整个古代雕塑史。秦始皇陵兵马俑虽然表现出高于其他时代的写实性，但那仅仅集中在俑的头部刻画上，形象也只是分为几种类型，并不是每一件都各不相同，身体部分则无一例外的是十分的写意。其他如汉唐陶俑、霍去病墓石刻、历代宗教造型等和中国画一样，追求神韵，不求肖似。我们不能用西方古典雕塑的标准来看待它们，不必挑剔它们的解剖比例不够准确，质感塑造不够充分等。我们应该换一种眼光，以我们自己的民族艺术标准和审美习惯，来欣赏中国古代雕塑以形写神的意象审美。

二、中国古代建筑

中国古代建筑具有悠久的历史传统和光辉的成就。从陕西半坡遗址发掘的方形及圆形浅穴式房屋来看，已有六七千年的历史。修建在崇山峻岭之上、蜿蜒万里的长城，是人类建筑史上的奇迹；建于隋朝的河北赵县的安济桥，在科学技术同艺术的完美结合上，早已走在世界桥梁科学的前列；高达六十七点一米的山西应县佛宫寺木塔，是世界现存最高的木结构建筑；北京明、清两代的故宫，则是世界上现存规模最大、建筑精美、保存完整的古代宫殿建筑群。至于我国的古典园林，则以独特的艺术风格，成为中国文化遗产中的一颗明珠。这一系列现存的技术高超、艺术精湛、风格独特的建筑，在世界建筑史上自成系统，独树一帜，是我国古代灿烂文化的重要组成部分。

(一) 中国古代建筑艺术的三个最基本的特征

1. 审美价值与政治伦理价值的统一

凡是艺术价值高的古代建筑,同时发挥着维系、加强社会政治伦理制度和思想意识的作用。儒家思想对建筑的影响很大,可以归结为六个方面:

第一,儒学主张中正有序,因此有建筑平面布置的方整对称,昭穆有序,从而形成都城、宫城及建筑群体严格的中轴对称布局形制。从古代文献记载以及绘画中的古建筑形象到现存的古建筑来看,中国古代建筑在平面布局方面有一种简明的组织规律,即每一处住宅、宫殿、官衙、寺庙等建筑,都是由若干单座建筑和一些围廊、围墙之类环绕成一个个庭院而组成的。

第二,儒学主张尊卑有序,上下有别,注重用建筑来体现尊卑礼序;举凡建筑的开间、形制、色彩、脊饰,都有严格的规定,不得违制僭越。一般来说,古代庭院都是前后串联起来,通过前院到达后院,这是中国封建社会"长幼有序,内外有别"的思想意识的产物。家中主要人物,或者应和外界隔绝的人物(如贵族家庭的少女),就往往生活在离外门很远的庭院里,这就形成了一院又一院层层深入的空间组织。宋朝欧阳修《蝶恋花》词中有"庭院深深深几许"的字句,古人曾以"侯门深似海"形容大官僚的居处,都形象地说明了中国建筑在布局上的这一重要特征。

第三,儒学主张君权至上,皇帝是受命于天的万民之主,因此建有以宫室为中心的都城宫殿,用以体现君权至高无上。这种庭院式的组群与布局,一般都是采用均衡对称的方式,沿着纵轴线(也称前后轴线)与横轴线进行设计。比较重要的建筑都安置在纵轴线上,次要房屋安置在它左右两侧的横轴线上,北京故宫和北方的四合院是最能体现这一组群布局原则的典型实例。这种布局和中国封建社会的宗法和礼教制度密切相关,它根据封建的宗法和等级观念,使尊卑、长幼、男女、主仆之间在住房上也体现出明显的差别。

第四,儒学主张孝亲法祖,故有宗庙、陵墓之建营。儒学提倡礼制,以礼为治国之本和个人立身行事的准则,由此产生了建筑上的多种类型及其形制,如殿堂、宗庙、坛、陵墓等。

第五，儒学主张敬天，对天地的祭祀历朝都是大祀，因此建有天坛、地坛、日坛、月坛等。

2. 方正严整，植根于深厚的传统文化，表现出鲜明的人文主义精神

建筑艺术的一切构成因素，如尺度、节奏、构图、形式、性格、风格等，都是从当代人的审美心理出发，为人所能欣赏和理解，没有大起大落、怪异诡谲、不可理解的形象。中国古代建筑群的布置总要以一条纵轴线为主，将主要建筑物布置在主轴线上，次要建筑物则布置在主要建筑物前的两侧，东西对峙，组成一个方形或长方形院落。这种院落布局既满足了安全与向阳、防风寒的生活需要，也符合中国古代社会宗法和礼教的制度。当一组庭院不能满足需要时，可在主要建筑前后延伸布置多进院落，在主轴线两侧布置跨院（辅助轴线）。中国古代建筑多由众多的单体建筑组合成为一组建筑群体，大到宫殿，小到宅院，莫不如此。它的布局形式有严格的方向性，常为南北向，只有少数建筑群因受地形地势限制采取变通形式，或是由于宗教信仰或风水思想的影响而变异方向。方正严整的布局思想，主要是源于中国古代黄河中游的地理位置与儒学中正思想的影响。

北京的四合院的四进院落各不相同。第一进为横长倒座院，第二进为长方形三合院，第三进为正方形四合院，第四进为横长罩房院。四进院落的平面各异，配以建筑物的不同立面，在院中莳花植树，置山石盆景，使空间环境清新活泼，宁静宜人。曲阜孔庙在主轴线上布置了十进院落，又在主轴线两侧布置了多进跨院。它在奎文阁前为一条轴线，奎文阁以后则为并列的三条轴线。至于坛庙、陵墓等礼制建筑布局，就更加严整了。这种严整的布局并不呆板僵直，而是将多进、多院落空间布置成为变化的、颇具个性的空间系列。

3. 山水园景，总体性、综合性很强

古代优秀的建筑作品中，山水园景是不可忽略的重要部分。山水园景中，景的意境大体分为治世境界、神仙境界、自然境界。儒学讲求实际，有高度的社会责任感，关心社会生活与人际关系，重视道德伦理价值和治理国家的政治意义，这种思想反映到园林造景上就是治世境界。治世境界多见于皇家苑囿，如圆明园

四十景中约有一半属于治世境界，几乎包含了儒学的哲学、政治、经济、道德、伦理的全部内容。佛、道两教追求涅槃与幻想成仙，园林造景上反映为神仙境界。神仙境界多反映在皇家园林与寺庙园林中，如圆明园中的蓬岛瑶台、方壶胜境，青城山古常道观的会仙桥，武当山南岩宫的飞升岩。老庄思想讲求自然恬淡和练养身心，以静观、直觉为务，以浪漫主义为审美观，艺术上表现为自然境界。自然境界大半反映在文人园林之中，如宋朝苏舜钦的沧浪亭、司马光的独乐园。

山水园景的一个重要特点是意境，它与中国古典诗词、绘画、音乐一样，重在写意。造景者用花木、山水、岩壑、建筑表现某一艺术境界，故山水园景有写意山水园景之称。从造景艺术创作来说，它摄取万象，塑造典型，托寓自我，把自然美升华为艺术美，以之表现自己的情思。赏景者在景的触发中引起某种情思，通过观察、提炼，尽物态，穷事理，进而升华为一种意境，故赏景也是一种艺术再创作。这个艺术再创作，是赏景者借景物抒发感情、寄寓情思的自我表现过程，是一种精神升华，使人心性开涤，达到更高一层的思想境界。

(二) 中国五大著名建筑

1. 世界上最大的宫殿建筑群——故宫

故宫，又名紫禁城，位于老北京城的中轴线上，是明朝和清朝的皇宫。占地七十二万平方米，建筑面积约十五万平方米，是世界上最大的宫殿群，也是中国现存最大最完整的古建筑群。整个建筑群按中轴线对称布局，层次分明，主体突出。太和殿，又称"金銮殿"，是明、清皇帝举行大典的地方，是故宫三大殿中最大的一座，也是中国古代宫殿建筑中最大的木结构宫殿。故宫是中国最大的艺术博物馆，收藏着九十多万件历史文物和艺术品，其中有许多稀世珍宝。

2. 世界屋脊上的明珠——布达拉宫

举世闻名的布达拉宫，耸立在西藏自治区拉萨市红山之上，海拔三千七百多米，占地总面积三十六万余平方米，建筑总面积十三万余平方米，主楼高一百一十七米，共十三层，其中宫殿、灵塔殿、佛殿、经堂、僧舍、庭院等一应俱全，是当今世界上海拔最高、规模最大的宫堡式建筑群。"布达拉"是梵文音译，又译作"普陀罗"或"普陀"，原指观世音菩萨所居之岛。拉萨布达拉宫俗称第二普陀罗山。

布达拉宫依山垒砌，群楼重叠，殿宇嵯峨，气势雄伟，有横空出世、气贯苍穹之势，坚实敦厚的花岗石墙体，耸峙平展的白玛草墙领，金碧辉煌的金顶，具有强烈装饰效果的巨大鎏金宝瓶、幢和红幡，交相辉映，红、白、黄三种色彩的鲜明对比，分部合筑、层层套接的建筑形体，都体现了藏族古建筑迷人的特色。布达拉宫是藏建筑的杰出代表，也是中华民族古建筑的精华之作。

3. 皇家园林博物馆——颐和园

颐和园是清朝的皇家花园和行宫。乾隆即位以前，在北京西郊一带，已建起四座大型皇家园林，从海淀到香山，这四座园林自成体系，相互间缺乏有机的联系，中间的"瓮山泊"成了一片空旷地带。乾隆决定在瓮山一带动用巨额银两兴建清漪园，以此为中心把两边的四个园子连成一体，形成了从现清华园到香山长达二十千米的皇家园林区。

4. 道教宫殿式建筑群——永乐宫

永乐宫始建于元朝，耗时一百一十多年，才建成了这个规格宏大的道教宫殿式建筑群。宫殿内部的墙壁上，布满了精心绘制的壁画，其艺术价值之高，数量之多，实属世上罕见。永乐宫是典型的元朝建筑风格，粗大的斗拱层层叠叠地交错着，四周的雕饰不多，比起明、清两代的建筑，显得较为简洁、明朗。几个殿以南、北为中轴线，依次排列。

5. 中国第一座皇家陵园——秦始皇陵

秦始皇陵位于西安以东三十千米的骊山北麓，南依骊山，北临渭水。高大的封冢在巍巍峰峦环抱之中与骊山浑然一体，景色优美，环境独秀。秦始皇陵于公元前246年，秦始皇即位之初开工修建，前后历时三十八年，动用七十二万余人。这位叱咤风云的旷世君主不仅开创了千秋伟业，还留下了这座神秘莫测的皇家陵园。陵园建制仿都邑，陵墓周围呈回字形，筑有内、外两重城垣，目前探明的大型地面建筑为寝殿、便殿、园寺、吏舍等基址。

三、中国书法

中国书法是一种很独特的视觉艺术,是一门古老的汉字的书写艺术。从甲骨文、石鼓文、金文(钟鼎文)演变而为大篆、小篆、隶书,至定型于东汉、魏、晋的草书、楷书、行书等,书法一直散发着艺术的魅力。那么究竟什么是"书法"呢?我们可以从它的性质、美学特征、源泉、独特的表现手法等方面去理解。书法是以汉字为基础、用毛笔(不同时代有不同的书写工具)书写的抽象符号艺术,它体现了万事万物"对立统一"的基本规律,又反映了人作为主体的精神、气质、学识和修养。中国书法是在中国文化里产生、发展起来的,而汉字是中国文化的基本要素之一。汉字是中国书法中的重要因素,以汉字为依托,是中国书法区别于其他种类书法的主要标志。从年代的角度来看,中国书法分为先秦书法、秦朝书法、汉朝书法、魏晋书法、南北朝书法、唐朝书法、五代书法、宋朝书法、元朝书法、明朝书法、清朝书法以及当代书法。

(一)中国书法的起源、发展及特点

中国书法艺术起源甚早,有记载可考者,大约在公元 2 世纪后半期至 4 世纪的汉末魏晋之间,文字的书写性发展到一种审美阶段——融入了创作者的观念、思维、精神,并能激发审美对象的审美情感,也就是真正意义上的书法的形成。然而,这并不是否定汉末魏晋之前书法艺术形式存在的艺术价值和历史地位。中国文字的滥觞、初具艺术性的早期作品的产生,无不具有自身的特殊性和时代性。尽管早期文字——甲骨文还有早期象形字的特点——同一字繁简不同,笔画多少不同但文字书写已具有对称、均衡的规律,用笔(刀)、结字、章法也有了一些规律性因素,笔画的起止变化已带有墨书的意味和笔致的意义。因此可以说,汉末魏晋之前书法艺术的产生和存在,不仅属于书法史的范畴,而且是后代书法艺术发展和嬗变的基础。

中国书法艺术的形成、发展与汉文字的产生与演进存在着密不可分的连带关系。中国五千年璀璨的文明及无与伦比的丰富文字记载都已为世人所认可,在源远流长的历史长河中,中国的书、画艺术以其独特的艺术形式和艺术语言再现了汉字的嬗变过程,有姊妹性质的书画艺术在历史的嬗变中又以其互补性和独立性呈现了中国的传统文化内涵。由于书、画创作所采用的工具与材料具有一致性,《历代名画记》中谈论古文字、图画的起源时说:"是时也,书、画同体而未分,象制肇创而犹略,无以传其意,故有书;无以见其形,故有画。"书画虽然同源,但以后的发展却是互补而独立的。

书法创作就是塑造形象,从而表现书法家的个性,抒发其感情。唐朝李阳冰在《上采李大夫书》中对此有生动的说明:"于天地山川得方圆流峙之形,于日月星辰得经纬昭回之度,于云霞草木得霏布滋蔓之容,于衣冠文物得揖让周旋之体,于须眉口鼻得喜怒惨舒之分,于虫鱼禽兽得屈伸飞动之理,于骨角齿牙得摆抵咀嚼之势,随手万变,任心所成,可谓通三才之品汇,备万物之情状者矣。"尤其"随手变化、任心所成"八个字,道出了表象加工和心象转换在书法创作中的作用。古人认为,想象的作用,就是把自然界和人类社会的各种形象在大脑中所形成的表象材料进行转换、加工、改造、重新组合,进而创造出书法之象,书法之"象"取象异类,如花草树木、鸟兽虫鱼、风雨雷电、山川河流等,自然界和人类社会中的一切事物均可作为书法之象的原型。

在古人看来,书法创作有三种心态:虚静创作心态、炽情创作心态和游戏创作心态。虚静创作是收视反听、绝虑凝神、居敬持志的创作心态。

古代有"书如其人"之说。早在汉朝,扬雄就提出"书为心画"说,元朝的郝经提出"书法即心法"说,明朝的项穆又提出"书为心相"说,清朝的刘熙载提出"书为心学"说。在此基础上,古代书论家又就不同个性者及其书法风格进行了界说。

(二)我国五大著名书法家及其作品

1. 王羲之(321—379年)

史称"书圣",自成家法,为古今之冠。草书浓纤折衷,楷书势巧行密,行书遒媚劲健,千变万化,纯出自然。传世名帖为行书《兰亭集序》,草书《十七帖》，小楷《乐毅论》，行书《丧乱帖》《孔侍中帖》《快雪时晴帖》《奉橘》，草书《行穰帖》《远宦帖》《寒切帖》，小楷《黄庭经》《东方朔画赞》亦为名迹。

2. 欧阳询（557—641年）

"楷书四大家"之一。其楷书法度之严谨，笔力之险峻瘦硬，意态之精密俊逸，世无所匹。其书法最初从王羲之中取法，又参合了六朝碑书后独辟蹊径，自成一家，世称"欧体"，当时被称为"唐人楷书第一"，可以说初唐书法是欧阳询的时代。其代表作《九成宫醴泉铭》被誉为"楷书之极则"，备受人们喜爱。其他还有《化度寺碑》《虞恭公温彦博碑》《皇甫诞碑》《仲尼梦奠帖》等称名于世。

3. 颜真卿（709—784年）

唐朝大书法家，品高书妙，书法雄强茂密，浑厚古朴，善用外拓笔法造包围之势，富有篆籀气，以其丰腴雄浑，大气磅礴的"颜体"名世，对后世影响巨大。楷书代表作有《多宝塔感应碑》《颜勤礼碑》《麻姑仙坛记》等，一改王羲之以来的秀美之风及初唐瘦硬的书法标准，转为阳刚之美，可谓楷书艺术的巅峰。另外，他在行书领域上也有很高深的造诣，所书《祭侄文稿》被喻为"天下第二行书"。

4. 柳公权（778—865年）

柳公权的书法在唐朝极负盛名，他吸收了欧阳询的严谨险绝和颜真卿的雄浑宽博而形成一种点画瘦劲、骨力遒劲的"柳体"，清劲瘦硬，棱角分明，爽利森挺，以骨取胜，与颜真卿并称"颜筋柳骨"，民间更有"柳字一字值千金"的说法。其代表作有《玄秘塔碑》《神策军碑》《金刚经刻石》等，是后世最多人学习的摹本。

5. 怀素（737—799年）

怀素是书法史上领一代风骚的草书家，他的草书笔走龙蛇，游转飞动，笔法精熟，用笔圆劲有力，使转如环，奔放流畅，一气呵成，超妙自得，被称为"狂草"，名迹有《自叙帖》《苦笋帖》《大草千字文》等。其小草平淡肃穆，圆熟丰美，名迹有《论书帖》《圣母帖》《藏真帖》《小草千字文》等。怀素与唐朝另一草书家张旭齐名，人称"张颠素狂"或"颠张醉素"。

四、中国古代绘画

中国古代绘画强调"外师造化，中得心源"，要求以形写神、形神兼备，做到"意存笔先，画尽意在"。国画是中国的传统绘画形式，是用毛笔蘸水、墨、彩作画于绢或纸上。工具和材料有毛笔、墨、国画颜料、宣纸、绢等，技法可分工笔、写意等。中国画在内容和艺术创作上，体现了古人对自然、社会及与之相关联的政治、哲学、宗教、道德、文艺等方面的认知。

国画主要分为人物、花鸟、山水这几大类。表面上，这是以题材分类，其实是用艺术表现一种观念和思想。所谓"画分三科"，即概括了宇宙和人生的三个方面：人物画所表现的是人类社会、人与人的关系；花鸟画表现大自然的各种生命及其与人和谐相处的关系；山水画所表现的则是人与自然的关系，将人与自然融为一体。国画之所以分为人物、花鸟、山水这几大类，其实是由艺术升华的哲学思考，三者之合构成了宇宙的整体，相得益彰，是艺术之为艺术的真谛所在。

（一）中西方绘画比较

国画重神韵，西洋画重形似。两者比较起来，有如下四个不同点：

第一，国画盛用线条，以其特有的笔墨技巧作为状物及传情达意的手段，以点、线、面的形式描绘对象的形貌、骨法、质地、光暗及情态神韵。国画的笔墨既是状物、传情的技巧，又是对象的载体，同时本身也是有意味的形式，其痕迹体现了中国书法的意趣，具有独立的审美价值。而后期印象派以前的西洋画，都是线条不显著的。国画中的线条大都不是物象所原有的，是画家用以代表物象境界的。例如国画中，描一条蛋形线表示人的脸孔，其实人脸孔的周围并无此线，此线是脸与背景的界线。又如画山水、花卉等，实物上都没有线，而画家盛用线条。山水画中的线条特名为"皴法"，用以表现山石和树皮的纹理。西洋画则不然，只有各物的界，界上并不描线，所以西洋画很像实物，而国画不像实物，一望而知其为画。

国画既可用色彩或墨色结合来描绘对象，也可用全黑的水墨。到后来，水墨所占比重愈大，墨分五色，以调入水分的多寡、运笔疾缓及笔触长短大小的不同，造就了笔墨技巧的千变万化和明暗调子的丰富多变。在以色彩为主的国画中，注重的是对象的固有色，并不注重光源和环境色，讲求"随类赋彩"。为了某种特殊需要，有时可大胆采用某种夸张或假定的色彩。国画，特别是其中的文人画，在创作中强调书画同源，作画同写字一样，随意挥洒，披露胸怀，注重画家本人的人品及素养，在具体作品中讲求诗、书、画、印的有机结合，画面上常题写诗文跋。

第二，国画注重意境，西洋画注重透视法。西洋画力求肖似真物，故非常讲究透视法。西洋画中的市街、房屋、家具、器物等，形体都很正确，竟同真物一样。若是描绘走廊的光景，竟可在数寸的地方表现出数丈的距离来。若是描绘正面的（站在铁路中央眺望的）铁路，竟可在数寸的地方表现出数米的距离来。国画则不然，不喜欢画市街、房屋、家具、器物等立体相很显著的东西，而喜欢写云、山、树、瀑布等远望如天然平面物的东西。偶然描房屋器物，亦不讲究透视法，而任意表现。国画在构图上讲求经营，它不是立足于某个固定的空间或时间，而是以灵活的方式，打破时空的限制，把处于不同时空中的物象，依照画家的主观感受和艺术创作的法则，重新布置，构造出一种画家心目中的时空境界。于是，风晴雨雪、四时朝暮、古今人物可以出现在同一幅画中。在透视上它也不拘于焦点透视，而是采用多点或散点透视法，以上下、左右或前后移动的方式，观物取景，经营构图，具有极大的自由度和灵活性。例如画庭院深深的光景，则曲廊洞房，尽行表示，好似飞到半空中时所望见的；且又不是一时间所见，却是飞来飞去，飞上飞下，几次所见的。故国画的手卷，山水连绵数丈，好像火车中所见的；国画的立幅，山水重重叠叠，好像飞机中所见的。中国人作画同作诗一样，想到哪里，画到哪里，不受透视法的拘束，在一幅画的构图中注重虚实对比，讲求"疏可走马""密不透风"，虚中有实，实中有虚。

第三，国画人物画不注重解剖学，西洋人物画很注重解剖学。解剖学，就是关于人体骨骼肌肉表现形状的研究。西洋人作人物画，必先研究解剖学。这种艺术解剖学与生理解剖学不同。生理解剖学讲究人体各部的构造与作用，艺术解剖学则专讲表现形状，也须记诵骨骼肌肉的名称及其形状的种种变态，这是一种艰苦的学问，西洋画家必须学习，因为西洋画注重写实，必须画得同真的人体一样。中国人物画家从来不需要这种学问。中国人画人物，目的只在表现出人物姿态的特点，不讲人物各部位的尺寸与比例。故国画中的男子，相貌奇古，身首不称；女子则蛾眉樱唇，削肩细腰。倘把这些人物的衣服脱掉，其形十分可怕。但这非但无妨，反而是国画的好处。国画欲求印象的强烈，故扩张人物的特点，使男子增雄伟，女子增纤丽，充分表现其性格，不用写实法而用象征法，不求形似，而求神似。

第四，国画不重背景，在创作上重视构思，讲求意在笔先和形象思维，注重艺术形象的主客观统一。造型上不拘于表面的肖似，而讲求"妙在似与不似之间"和"不似之似"。例如写梅花，一枝梅花悬挂空中，四周都是白纸；写人物，一个人悬挂空中，好像驾云一般。故国画的画纸，留出空白余地甚多。很长的一条纸，下方描一株草或一块石头，就成为一张立幅。其形象的塑造以能传达出物象的神态情韵和画家的主观情感为要旨，因而可以舍弃非本质的或与物象特征关联不大的部分，而对那些能体现出神情特征的部分，则可以采取夸张甚至变形的手法加以刻画。西洋画则不然，凡物必有背景，如画静物，其背景为桌子；画人物，其背景为室内或野外。故画面全部填涂，不留空白。国画与西洋画这点差别，也是由于写实与传神的不同而生。西洋画重写实，故必描背景。国画重传神，故必删除琐碎而特写其主题，以求印象鲜明。

国画在观察认识、形象塑造和表现手法上，体现了中华民族传统的哲学观念和审美观。在对客观事物的观察认识中，采取以大观小、小中见大的方法，并在活动中观察和认识客观事物，甚至直接参与到事物中去，而不是做局外观，或局限在某个固定点上。国画渗透着人们的社会意识，从而具有"千载寂寥，披图可鉴"的认识作用，又起到"恶以诫世，善以示后"的教育作用。即使山水、花鸟等纯自然的客观物象，在观察、认识和表现中，也自觉地与人的社会意识和审美情趣相联系，借景抒情，托物言志，体现了中国人"天人合一"的观念。

(二) 中国古代十大名画欣赏

1. 东晋顾恺之《洛神赋图》

《洛神赋图》根据曹植的《洛神赋》而作，为顾恺之传世精品。现存的宋摹本在一定程度上保留了顾恺之艺术的若干特点，千载之下，亦可遥窥其笔墨神情。全卷分为三个部分，曲折细致而又层次分明地描绘曹植与洛神真挚纯洁的爱情故事。人物安排疏密得宜，在不同的时空中自然地交替、重叠、交换，而在山川景物描绘上无不展现一种空间美。

2. 唐阎立本《步辇图》

《步辇图》是以唐贞观十五年（641年）吐蕃首领松赞干布与文成公主联姻的历史事件为题材，描绘唐太宗接见来迎娶文成公主的吐蕃使臣禄东赞的情景。

3. 唐张萱、周昉的唐宫仕女图

唐朝作为封建社会最为辉煌的时代，是仕女画的繁荣兴盛阶段。中国古代仕女众生像，"倾国倾城貌，多愁多病身"，唐朝仕女画则以其端庄华丽，雍容典雅著称。唐宫仕女图展示着"回眸一笑百媚生"的唐朝美女众生像。其中最杰出的代表莫过于张萱的《虢国夫人游春图》《捣练图》和周昉的《簪花仕女图》《挥扇仕女图》以及晚唐的《宫乐图》。它们所表现的贵族妇女生活情调，成为唐朝仕女画的主要艺术特征。

4. 唐韩滉《五牛图》

《五牛图》是韩滉最为传神的一幅画。五头健硕的老黄牛，在这位当朝宰相笔下被"人格化"了，传达出注重实际、任劳任怨的精神信息。它问世后，收藏者包括赵构、赵伯昂、赵孟頫、乾隆等著名人物。在明朝，它几易其主。清兵入关后一度下落不明，直到乾隆年间，才从民间收集到宫中珍藏。1900年，八国联军洗劫紫禁城，《五牛图》被劫出国外，直到20世纪50年代，才被一位寓居香港的爱国人士发现。

5. 五代顾闳中《韩熙载夜宴图》

《韩熙载夜宴图》全长三百三十五点五厘米，共分五段，每一段画面以屏风相隔。第一段描绘韩熙载在宴会进行中与宾客们听歌女弹琵琶的情景，生动地表现了韩熙载和他的宾客们全神贯注侧耳倾听的神态。第二段描绘韩熙载亲自为舞女击鼓，所有的宾客都以赞赏的神色注视着韩熙载击鼓的动作，似乎都陶醉在美妙的鼓声中。第三段描绘宴会进行中间的休息场面，韩熙载坐在床边，一面洗手，一面和几个女子谈话。第四段描绘韩熙载坐听管乐的场面，他盘膝坐在椅子上，好像在跟一个女子说话，另有五个女子在做吹奏的准备，她们虽然坐在一排，但各有各的动作，毫不呆板。第五段描绘韩熙载的众宾客与歌女们谈话的情景。

6. 北宋王希孟《千里江山图》

《千里江山图》，北京故宫博物院馆藏珍品。绢本，设色，纵51.5厘米，横1191.5厘米，为中国北宋青绿山水画作品，作者王希孟。王希孟十八岁为北宋画院学生，后召入禁中文书库，曾得到宋徽宗的亲自传授，半年后即创作了《千里江山图》。惜年寿不永，二十余岁即去世，是一位才华横溢而又英年早逝的优秀青年画家。

7. 北宋张择端《清明上河图》

《清明上河图》画卷，北宋风俗画作品，传世名作、一级国宝。《清明上河图》是中国绘画史上最著名的作品之一，不但艺术水平高超，而且围绕着它还流传下来许多有趣的故事。这幅画描绘的是汴京清明时节的繁华景象，是汴京当年繁荣的见证，也是北宋城市经济情况的写照。通过这幅画，我们可以了解当时北宋的城市面貌和各阶层人民的生活。《清明上河图》具有极高的史料价值。

8. 元黄公望《富春山居图》

元至正七年（1347年），黄公望开始创作这卷山水画名作，历时四年方始告竣。它以长卷的形式，描绘了富春江两岸初秋的秀丽景色，峰峦叠翠，松石挺秀，云山烟树，沙汀村舍，布局疏密有致，变幻无穷，以清润的笔墨、简远的意境，把浩渺连绵的江南山水表现得淋漓尽致，达到了"山川浑厚，草木华滋"的境界。

9. 明仇英《汉宫春晓图》

《汉宫春晓图》是仇英重彩仕女画的杰出代表。此图勾勒遒劲而设色妍雅，画家借皇家园林殿宇之盛，以极其华丽的笔墨表现出宫中嫔妃的日常生活，极勾描渲敷之能事。不仅是仇英平生得意之作，在中国重彩仕女画中也独树一帜，独领风骚。

10. 清郎世宁《百骏图》

《百骏图》，稿本为纸质，纵一百零二厘米，横八百一十三厘米，目前保存在美国纽约大都会博物馆。意大利人郎世宁 1715 年以传教士的身份远涉重洋来到中国，就被重视西洋技艺的康熙皇帝召入宫中，从此开始了长达五十多年的宫廷画家生涯。在绘画创作中，郎世宁融中西技法于一体，追求精细逼真的效果，创造出了新的画风，因而深受康熙、雍正、乾隆器重。《百骏图》是他的代表作之一。

五、中国古典音乐

中国古典音乐有悠久的历史传统，1840 年中国进入半封建半殖民地社会之前的音乐，统称中国古代音乐，包括原始社会（约前 21 世纪以前）的音乐、奴隶社会（约前 21 世纪—前 475 年）的音乐和封建社会（前 475—公元 1840 年）的音乐。按历史进程，又可分为远古的音乐；夏、商、西周至春秋时期的音乐；战国、秦、汉的音乐；三国、两晋、南北朝至隋、唐的音乐；宋、元的音乐；明、清的音乐。

中国古代的记谱方法是用宫、商、角、徵、羽这些文字来记谱的。古代音乐的理论基础是五声音阶，即"宫""商""角""徵""羽"，现代音乐为七声音阶，分别是 Do、re、mi、fa、so、la、si，中国古代其实也有，就是上面五音加上变徵、变宫。

中国古典音乐犹如一棵古老而常青的参天大树，以其源远流长和多彩多姿屹立于世界音乐艺术之林。中国的古典音乐就仿如中国的茶，它的味道、意境是那样幽玄，内涵是那样博大精深；它与其他音乐都有所不同，在舒缓中隐含着激情，在平淡中深透着真挚。我国古典音乐的高雅气质是从旋律中透出来的，严谨而完整的结构、优雅而曼妙的旋律、丰富而深邃的思想内涵，这些是古典音乐"高雅"的根源。它反映了中华民族以音乐修身养性的精神，体现了中华民族的意志、道德、文化和追求，从中可以听到人类最圣洁的情感、发自心灵最深处的呼唤和最崇高的理想。

（一）中国古典音乐的主要特点

首先，中国古典音乐与中国的诗词歌赋有千丝万缕的关系。诗经、楚辞、乐府、唐诗、宋词、元曲原本都是有谱的，中国古代文学与古典音乐的融合成为中国古典音乐发展的一个特征。

其次，中国古典音乐场面与气势都不宏大。中国古典音乐很多是独奏或者"琴瑟合奏""琴箫合奏"，场面不大，感情流露委婉缠绵、细水长流，如同知己之间的交流、密闺之间的私话，注重听觉与领会，是心灵的艺术，讲究天人合一，你中有我，我中有你，似有混沌不清的感觉，但静心凝听，股股韵味悠然而来，透过感官直达心底，在心灵深处回旋、激荡，微妙含蓄、意味深长而难以言表。

最后，中国古典音乐追求以旋律为中心，并不注重和声。中国古典音乐虽然很早已经掌握七声音阶，但一直偏好比较和谐的五声音阶，重点在五声中发展音乐，同时将重心放在追求旋律和节奏变化上，轻视和声的作用。中国古典音乐好像是用线条画出的中国画，如果没有轮廓（旋律）则不成其为音乐，但和声是可有可无的。中国古典音乐需认真聆听旋律，才能品赏音乐表达的感情及意境。当二胡、琵琶、古琴、古筝、笛子、大鼓等民族乐器演奏的乐曲自音箱流泻而出的一刹那，你可以清楚地感到，在空气中流动的是山、水、落叶、冬雪……要深入理解音乐那美妙的意境，必须细心、反复地听辨旋律，体味其中奥妙，唤起人们对某种情绪、某些画面、某个生活片段或者有关故事的理解和联想。

（二）中国古代五大著名歌曲

中华民族在几千年的历史长河中创造了无比丰富的民族音乐文化，流传下来许多脍炙人口的音乐和诗歌作品,如李白的《关山月》,杜牧的《清明》,刘禹锡的《竹枝词》,王之涣的《凉州词》,王维的《阳关曲》《陇头吟》,柳宗元的《渔翁》等。其中有的作为民歌在民间长期流传,有的则被琴家所吸收,以琴歌形式被保存了下来。

1. 《关山月》

汉朝乐府歌曲之一,属于"鼓角横吹曲",是当时守边将士经常在马上奏唱的。唐朝大诗人李白曾为之填写新词,内容是抒写作者感怀古代边防战士的艰难困苦,借以非议唐朝统治者的穷兵黩武,有反对侵略战争的意思。这首歌曲纯朴自然,带有北方民歌的风味。它惯用同音重复,并配以大起大落的连环乐句,既显示出琴歌的特色,又比较贴切地体现了原诗豪放的气质和感怀的情调。

2. 《胡笳十八拍》

汉末著名文学家、古琴家蔡邕的女儿蔡琰(文姬)在兵乱中被匈奴所获,留居南匈奴嫁与左贤王为妃,生了两个孩子。后来曹操派人把她接回,她写了一首长诗,叙唱她悲苦的身世和思乡别子的情怀。全诗共十八段,谱写成套歌十八首。音乐基本上用一字对一音的手法,带有早期歌曲的特点。

3. 《阳关三叠》

该曲是根据唐朝诗人王维的诗《送元二使安西》谱写的一首琴歌。王维这首诗在唐朝就曾以歌曲形式广为流传,并收入《伊州大曲》作为第三段。后来又被谱入琴曲,以琴歌的形式流传至今。王维的诗是为友人去关外服役而作:"渭城朝雨浥轻尘,客舍青青柳色新。劝君更尽一杯酒,西出阳关无故人。"谱入琴曲后又增添了一些词句,加强了惜别的情调。这首琴歌的音调纯朴而富于激情,充分表达出作者对即将远行的友人那种无限关怀留恋的诚挚情感。

4. 《念奴娇·赤壁怀古》

这首词是苏轼被贬黄州,游览传说中的"三国周郎赤壁"时写的。诗人面对如画的江河,缅怀古代叱咤风云的英雄人物,想到自己的政治理想不为朝廷所容,而今华发早生,一事无成,不禁感慨万千,发出了人生如梦的悲叹,但整个基调是健康昂扬的。曲为散板，按词调传统由两个乐段（即上、下片）组成，后乐段基本上是前乐段的发展，既有对比，又有联系，其整体情绪的起伏均与歌词密切结合，具有雄健豪放的气质和浓厚的古典风格。

5.《苏武牧羊》

此曲约产生于1912年，流行于20世纪二三十年代。传说作者是北京的一位中学教师，内容采自古代历史故事：汉武帝时，中郎将苏武奉命出使匈奴，被匈奴贵族囚禁冰窟逼降，他饮雪吞毡，坚决不从，后来匈奴贵族又把他送到北海边上放牧公羊，说要等公羊生仔之后才能放他回朝。苏武不顾威逼利诱，不怕艰苦折磨，坚持十九年而终不屈服。歌词为长短句，音乐也仿照词调传统作上下阕处理，除第一句引子外，上下阕的曲调完全相同，乐曲采用民间"背工调"手法，显示出北方民间歌曲的风格，其中"历尽难中难，心如铁石坚"加强了坚定诚挚的情感。此曲虽用古代题材，却寄托着当时人民群众反帝反封建的爱国主义精神。全曲音调流畅，内容通俗，感情深切，因而流传较广。

第三节　中国传统艺术精神

中国传统艺术的显著特点是虚实相生、气韵生动、中和冲融。

一、虚实相生

中国传统艺术的一个显著特点是虚实相生。虚实相生法，是指把直接的、具体有形的描写与间接的、虚幻无形的描写结合使用的写作方法。"虚实"最早即发源于老子的哲学思想。"道"是老子哲学思想的中心范畴和最高范畴，老子说："道可道，非常道；名可名，非常名……道之为物，惟恍惟惚。惚兮恍兮，其中有象。""道"便是宇宙的主体，包含"有"和"无"，将二者的属性全然包容和囊括。"无"便是没有确立的物象或者形体，没有规定，永恒延伸。"有"便是"无"的对立概念，即被确立的物象或形体。正是因为"道"包含"有"的属性，才产生了宇宙中众多形色各异的被确立的多种事物。"道"具有"无"

和"有"这双重属性。"道"是无限和有限的统一,或者说,是"虚"和"实"的统一。世界是"有"和"无""虚"和"实"的统一。有了这种统一,万物才得以流动、运化,才能生生不息。这种"有"与"无""虚"与"实"的哲学思想在中国艺术上的体现就是"虚实相生"的艺术原则。这种有无恍惚的状态,便是虚实相生、虚实互动,似有若无,无中生有、有中之无。"虚"与"实"两个方面直接体现出中国传统哲学思想对于世界的认识,是在一种对立的条件下建立起来的相辅相成的关系,两者保持着一种自然、和谐、统一与平衡的关系,就是这种和谐与平衡之美为中国的美学理论打下了根基。

二、气韵生动

气韵,本是两个概念。"气"的概念产生较早,哲学的意味很浓;"韵"和音乐有关,有旋律、节奏之含义。"气"可以追溯于《易》中所论天地元气、阴阳刚柔之气。正因为有这样一种深厚的哲学思想铺垫,六朝人把个人的天赋秉性与后天修养、阅历综合在一起聚成一股"气"。汉朝人说"人禀气而生,含气而长",故有"人之生,气之聚也"一说,可见古人对"气"的解释角度不同,但都充满了哲学的味道。究其在艺术上的含义,还得从孟子"浩然之气"说起。从境界上讲,"浩然之气"要比"生命之气"高得多。后来由"浩然之气"演变出神气、风骨等,嵇康的"神气晏如"正是人物品操的气化描绘。宋人范温曰:"自三代秦汉,非声不言韵;舍声言韵,自晋人始;唐人言韵者,亦不多见,惟论书画者颇及之。至近代先达,始推尊之以为极致。"这段话概括了"韵"在中国艺术美学中的发生、发展过程,说明早期的"韵"指的是声韵,是音乐上的"声应律吕"。自晋开始,"韵"的范畴被扩展,借"韵"指代人的胸次和才智,有了韵、神韵、气韵、远韵、弦韵、道韵、雅韵、清韵等说法。"气韵"合用,在六朝人遗存下来的书法墨迹中已经有所表现,但书法审美意识中,"气韵"这一审美概念却晚于绘画。南齐画家谢赫在《古画品录》中提出"气韵生动"这一审美概念,他指出,绘画有六法,第一法就是气韵生动。比谢赫更早的晋朝画家顾恺之,在画学原则方面,曾提出过"悟对之通神"的审美观念。后世之人慢慢接受了"气韵论"的学说。

三、中和冲融

中和,"中"即中正,"和"即合作与和谐。《论语·雍也》:"中庸之为德也,其至矣乎。""中和"是中国认识史上的一个古老概念,是儒家哲学的重要范畴,也是中华传统文化的精华之一。"中和"是指把相异或对立的方面按其内部规律有机地统一起来,相辅相成,最终达到总体的和谐中正。"中和"作为儒家的矛盾观和方法论,蕴含着丰富而深刻的辩证内涵,其深刻影响已经遍及社会生活、政治、经济、军事、文化等各个领域。当今的纯哲学领域,对"中和"思想内涵的挖掘及现代价值的研究与开发已经达到相当的高度,赋予这个传统概念以强烈的时代特征。

作为"中和"思想在中国艺术中的具体体现,"中和"之美是儒家学派美学家追求和提倡的一种理想美或理想境界,是一种以正确性原则为内在精神的普遍的艺术和谐观。"中和"之美原则最突出的特征是主张和谐美,它不仅表现为形式美,更主要的是表现为内在的美以及内在外在统一的美,包括适中、适度、和谐、多样性的统一以及多重因素的交融相济等内容。

参考文献

[1] 张岱年,方克立. 中国文化概论[M]. 修订版. 北京:北京师范大学出版社,2004.
[2] 张岂之. 中国传统文化[M]. 3版. 北京:高等教育出版社,2010.
[3] 李宗桂. 中国文化概论[M]. 广州:中山大学出版社,1988.
[4] 田广林. 中国传统文化概论[M]. 2版. 北京:高等教育出版社,2011.
[5] 冯希哲. 中国传统文化概要[M]. 北京:中国人民大学出版社,2012.
[6] 干春松. 中华文化简明读本[M]. 北京:中国社会科学出版社,2017.
[7] 黎红雷. 国学经典九百句[M]. 南京:江苏人民出版社,2016.
[8] 张建. 中国传统文化[M]. 北京:高等教育出版社,2007.
[9] 赵洪恩. 中国传统文化通论[M]. 北京:人民出版社,2016.